Ressource Wissen im Bauprojekt

Schriftenreihe Bau- und Immobilienmanagement
herausgegeben von Bernd Nentwig

Band 8

Elisabeth Krön

Ressource Wissen im Bauprojekt

Ein Wissensmanagement-Prozessmodell für Bauplanungs- und Beratungsleistungen in kleinen und mittleren Unternehmen

Das Digitalisat dieses Titels finden Sie unter:
http://dx.doi.org/10.1466/20090309.01

© Verlag und Datenbank für Geisteswissenschaften, Weimar 2009
www.vdg-weimar.de

Gestaltung & Satz: Alexandra Pommer und Bert Liebold
Druck: VDG

ISBN 978-3-89739-623-4

Bibliografische Information der Deutschen Nationalbibliothek
Die Deutsche Nationalbibliothek verzeichnet diese Publikation in der
Deutschen Nationalbibliografie; detaillierte bibliografische Daten
sind im Internet über http://d-nb.de abrufbar.

Die Organisation der Zukunft atmet Wissen.

Heiko Roehl

Vorwort des Herausgebers

Die strategische Bedeutung von Wissen im Unternehmen wird in der Regel unterschätzt. Die Unternehmen der stationären Industrie setzen Wissensmanagement mit großem Aufwand zur Steigerung ihrer Effizienz ein.

Die vorliegende Publikation behandelt vor allem kleinere und mittlere Unternehmen, deren Tagesgeschäft durch hohe Projektdurchdringung und geringe Ansätze zur strategischen Auseinandersetzung mit Wissen geprägt ist. Die Umsetzung und Implementierung von Wissensmanagement wird auf der Grundlage des aktuellen Forschungsstandes bei gleichzeitig hohem Praxisbezug beschrieben.

Es entstehen wirkungsvolle, konsistente Handlungsmodelle, die für die konzeptionelle Auseinandersetzung mit Wissensmanagement und die konkrete Umsetzung im Unternehmen von großem Wert sind.

Weimar, Februar 2009   Prof. Dr.-Ing. Bernd Nentwig

Vorwort

Wissen ist ein zunehmend (an)-erkannter Wertefaktor in der Wirtschaft. Einfache Arbeit verlagerte sich in großem Umfang auf weniger entwickelte Regionen, wovon vor allem Deutschland, Österreich, Schweiz und im Ansatz auch schon einige Zonen in den mittel- und osteuropäischen Ländern betroffen sind.

Organisationen des Bauwesens können sich nur noch durch Wissen (um die besseren Lösungen) behaupten. Wissen ist die Vorstufe zur Glaubwürdigkeit und Glaubwürdigkeit die Voraussetzung für Vertrauen.

Die örtliche Ungebundenheit des Projektgeschäfts hat sich immer auch in der Mobilität der Wissensträger dargestellt, womit die Detektion, die Bewahrung des Wissens, das motivatorische Binden der Wissensträger für viele Unternehmen zu einer besonders wichtigen Frage wurde.

Gravierende Änderungen der tradierten Geschäftsmodelle und fachlichen Inhalte, die Fülle neuer Werkstoffe, Werkzeuge und Methoden macht die Suche nach neuen Wegen der Transformation alten und neuen Wissens dringend erforderlich. Konsequente Untersuchungen dieses Kreises aus Wissensbedarfsanalyse, Wissensbeschaffung, Wissenstransfer sind noch selten, das Thema im Tagesgeschäft noch nicht voll ins Handlungskonzept der Unternehmensleitungen integriert.

Die Aufbereitung der „Ressource Wissen im Bauprojekt" wird in der vorliegenden Arbeit durch konkrete und neue Ansätze zur Implementierung dargestellt und ist ein sehr guter Beitrag zur Weiterentwicklung dieses Bereichs. Damit ist ein großer Schritt in die Anwendungsfähigkeit für projektorientiert arbeitende Unternehmen gemacht.

Wien, Februar 2009

Univ.-Prof. Dipl.-Ing. Hans Lechner
Vorstand des Institutes BBWpepm

Vorwort und Danksagung der Autorin

Die Entwicklung und Planung von Bauvorhaben ist dann erfolgreich, wenn die Zusammenfügung und Integration unterschiedlichsten Spezialistenwissens erfolgreich gelingt. Dieses Wissen erfolgreich vorzuhalten, zu integrieren und weiterzuentwickeln ist damit eine Kernaufgabe aller, die in der Bauplanungs- und Beratungswirtschaft tätig sind. Mein Interesse am Wissensmanagement begann während meiner praktischen Tätigkeit in der Planung von komplexen Großprojekten. Das Thema beschäftigt mich weiter bei meiner derzeitigen Hochschultätigkeit bei der bedarfsgerechten Konzeption von Lehr- und Studieninhalten. Wissensmanagement ist eine vielgestaltige, teils auch schwer fassbare und komplexe Disziplin und eine der derzeit herausforderndsten aber auch faszinierendsten Managementaufgaben. Sie verspricht, gerade für wissensgenerierende Ingenieurtätigkeiten, ein Stellhebel für Innovation, Qualität und Wirtschaftlichkeit zu sein. Dies zu prüfen und Lösungsansätze zu liefern, ist Ziel dieser Arbeit.

Mein Dank gilt zuerst Herrn Prof. Dr. Bernd Nentwig, dem Mentor dieser Arbeit, für die aufmerksame und konstruktive Betreuung und Herr Prof. Hans Lechner für sein Interesse, die kritische Diskussion und die Übernahme der Zweitbetreuung. Daneben danke ich Herrn Prof. Dr. Hans-Joachim Bargstädt für sein detailliertes Gutachten.

Meiner Tätigkeit an der Hochschule Augsburg verdanke ich vielfältige Anregungen für diese Arbeit, sowohl im Rahmen der von mir betreuten Diplom- und Masterarbeiten als auch im Rahmen der Konzeption und Weiterentwicklung des Weiterbildungsstudiums Baumanagement. Namentlich und alphabetisch möchte ich mich bei Andreas Beccard, Jürgen Deuringer, Jens Jamnitzky, Barbara Peschke, Diane Reufer, Fabian Schäfer, Wilhelm Wipfler, sowie bei allen Personen, die an der Befragung teilgenommen haben, herzlich bedanken.

Ein Promotionsstipendium des Hochschul- und Wisssenschaftsprogramms ermöglichte mir im Jahr 2006 einen Freiraum zur konzentrierten Bearbeitung dieser Arbeit.

Folgende Personen und Unternehmen standen dankenswerterweise für vertiefte Befragungen und Fallstudien zur Verfügung:

Baureferat der Landeshauptstadt München, Christian Buck, Christian Zimmermann; Beratungsgesellschaft INTEP GmbH, München, Uta Käding; Goldbeck Public Partner, Bielefeld, Dr. Andreas Iding; Obermeyer Planen Beraten, München, Gerhart Neuwirth; Patrizia AG, Augsburg, Jörg Praetorius; Ingenieurgesellschaft Wipflerplan, Pfaffenhofen, Wilhelm Wipfler.

Dem Arbeitskreis der Gesellschaft für Wissensmanagement in München, insbesondere Dr. Josef Hofer-Alfeis, Anja Flicker und Prof. Dr. Klaus Teich, verdanke ich interessante Diskussionen zum Wissensmanagement.

Außerdem möchte ich gerne folgenden Personen für ihren jeweils ganz individuellen Beitrag zum Gelingen dieser Arbeit danken: Brigitte Beer, Dr. Andrea Cüppers, Hans-Jürgen Frank, Prof. Dr. Gunter Henn, Prof. Dr. Heinz Mandl, Ute Meierhöfer, Prof. Dr. Julius Natterer, Prof. Dr. Martin Schieg, Prof. Sepp Starzner, Dieter Vitzthum.

Meinem Ehegatten Peter Möltgen danke ich herzlich für den Rückhalt bei dieser Arbeit, meinen beiden Söhnen Fridolin und Theodor für ihre Geduld und meinen Eltern Ingrid und Alois Krön für die stetige Motivation.

Vielen Dank an Sie/Euch alle!

München, Februar 2009   Elisabeth Krön

Inhalt

1 Einführung

„Der einzige Wettbewerbsvorteil der entwickelten Welt liegt darin, über Wissensarbeiter zu verfügen. (…) Diesen quantitativen in einen qualitativen Vorteil umzuwandeln, ist eine – und vielleicht die einzige – Möglichkeit für die entwickelten Nationen, ihre Wettbewerbsposition in der Weltwirtschaft zu erhalten. Dies bedeutet kontinuierliche, systematische Arbeit an der Produktivität des Wissens und der Wissensarbeiter, eine Arbeit, die immer noch vernachlässigt wird und verschwindend gering ist."[1]

Die Wissensgesellschaft des 21. Jahrhunderts und damit auch ihre Wirtschaft zeichnet sich durch folgende Eigenschaften aus:

1. Komplexität: Produkte und Dienstleistungen werden komplexer, Märkte differenzieren sich und reagieren weniger vorhersehbar.
2. Innovation: Unternehmen erhalten ihre Position auf dem Markt durch Innovationen. Die Zyklen, in denen neue Produkte auf den Markt kommen und andere ersetzen, werden kürzer. Der Wissensbedarf steigt, die Halbwertszeit von Wissen sinkt. Neues Wissen zu generieren und vorhandenes zu erhalten, wird zur zentralen Aufgabe und Grundlage für die Innovationsfähigkeit.
3. Destabilisierung: Unternehmen strukturieren sich um und verlieren oder gewinnen dabei Wissen. Mitarbeiter wechseln häufiger, nehmen ihr Wissen mit, der Generationenwechsel führt zum Wissensverlust.
4. Effizienzdruck: Der steigende Effizienzdruck wirkt sich auf alle Gebiete aus, auch auf den Umgang mit Wissen.
5. Wissen und intellektuelles Kapital als Maßstab: Wissen wird zum Maßstab bei der Bewertung von Unternehmen an den Börsen, denn es zeigt besser als bisherige Größen das Zukunftspotenzial.
6. Immaterialität: Die Erfolgsfaktoren von Unternehmen haben sich von materiellen auf immaterielle Komponenten verlagert.

---

[1]   Drucker: Die Kunst des Management, S. 9

1.1 Bauwirtschaft im Wandel

Die Bauwirtschaft benötigt Strategien für den globalen Wettbewerb. Die Thesen der Schweizer Bank UBS zum Status Quo der Bauwirtschaft bringen dies zum Ausdruck:

1.1.1 Thesen zur Stärkung von Wettbewerbsfähigkeit und Zusammenarbeit in der Bauwirtschaft

Die im Jahr 2000 veröffentlichen Thesen[2] identifizieren drei Handlungsfelder:

1. die Optimierung des Bauprozesses
2. die Steigerung des Mehrwerts im einzelnen Unternehmen
3. die Steigerung des Mehrwerts durch zwischenbetriebliche Zusammenarbeit

Die Optimierung des Bauprozesses erfordert eine professionalisierte Beratung, einen integrierten Planungsprozess und einen beschleunigten, industrialisierteren Bauprozess.

Der Mehrwert im Unternehmen erhöht sich durch gesteigerte Produktivität, unter der Voraussetzung optimierter Unternehmensprozesse.

Der Mehrwert durch Zusammenarbeit zwischen Unternehmen erfordert intensive Vorbereitung, aufeinander abgestimmte Leistungsangebote mit Mehrwert und aufeinander abgestimmte Prozesse und Kulturen. Beratung und integrierte Planungsprozesse erfordern, ebenso wie die Entwicklung von Kooperationen, qualifiziertes Wissen.

1.1.2 Baunahe Dienstleistungen

Baunahe, wissensintensive Dienstleistungen nehmen eine Schlüsselstellung ein und sind ein Wachstumsfeld, das gute Erträge verschafft. So setzt z.B. auch Hochtief auf „baunahe Dienstleistungen"[3] und erzielt in diesen Servicefeldern Wachstum: „Hochtief hat seine Ergebnisprognose für 2005 angehoben und erwartet nun einen Anstieg des Konzerngewinns um 50 % (...). Das Wachstum (...) erfolgt insbesondere in den baunahen Servicefeldern

---

[2]   UBS outlook: Bauwirtschaft, S. 56

[3]   Weber in Süddeutsche Zeitung 24./25.03.05

wie Flughafenmanagement, Facility Management und PPP, sagte Vorstandschef Hans-Peter Keitel."[4]

1.1.3 Planer und Projektmanager als Teil der Bauwirtschaft

Die Produktion von Unikaten bestimmt die Planungs- und Bauwirtschaft. Die Tätigkeiten der Architekten und Ingenieure sind demnach wenig repetitiv und erfordern viel, in oft lang laufenden Projekten angesammeltes Wissen. Ihr Charakter ist der einer reinen Projektarbeit mit der ständigen Herausforderung, neue und individuelle Lösungen zu generieren. Das klassische Prinzip der Trennung von Planung und Ausführung ist immer noch präsent, zunehmend entstehen jedoch alternative Abwicklungsformen, in denen die Planer als Partner oder Auftragnehmer des Bauunternehmens, oder selbst als unternehmerisch Tätige auftreten.[5] Dabei gewinnt die Einbindung von Ausführungswissen in die Planungsphase im Rahmen einiger Abwicklungsmodelle an Bedeutung und beseitigt damit „eine Schwachstelle der Betriebsorganisation, (…) die Unterbrechung des Informationsflusses zwischen den Projektphasen."[6]

Die geistig-schöpferische Arbeit der Architekten und Bauingenieure im Bauprozess erfordert die Einbeziehung aller relevanten Informationen, z. B. über Baurecht, Konstruktion und Arbeitsabläufe. Die Konfiguration der unterschiedlichen Anforderungen erfordert umfangreiches Anwendungswissen und vor allem die Interaktion der unterschiedlichen Wissensgebiete. Diese Prozesse unterliegen bei steigendem Haftungsrisiko drastisch gefallenen Projektbearbeitungszeiten.

Voraussetzung für richtige und gute Ergebnisse ist, dass relevante und aktuelle Informationen im Moment des Bedarfs vorliegen, miteinander in Beziehung gebracht und richtig gewertet werden. Dabei ist der Zugang zu Informationen weniger problematisch als die Auswahl und Gewichtung. Durch die große Anzahl beteiligter Spezialisten steigt der Koordinationsbedarf. Im Projektverlauf erfordern die projektspezifischen Informationen große Aufmerksamkeit. Diese sind z. B. Bauherrenwünsche, Bauherrenentscheidungen, Beiträge der Fachplaner, Auflagen der Behörden oder Einwendungen und Anregungen der Unternehmen.

---

[4]   Keitel in: Immobilienzeitung aktuell, 11.05.2006
[5]   nach Peschke: Netzwerke im Bauwesen, S. 50
[6]   BMVBW, S. 10

Neben dokumentierten oder recherchierbaren Fakten (explizites Wissen) geht in hohem Maß die Erfahrung der Bearbeiter aus vorangegangenen Projekten als deren implizites Wissen mit ein (z. B. über Arbeitsweisen und Verhalten von Vertragspartnern, Dauerhaftigkeit von Materialien und Konstruktionsweisen).

Dies ist meist nicht dokumentiert, sondern nur im direkten Gespräch und Austausch zugänglich. Die Personengebundenheit von Wissen kommt in nachfolgendem Zitat zur Auswahl von Projektbeteiligten zum Ausdruck: „Sie wären ja gut, aber wer ist Ihr Projektleiter? Garantieren Sie diesen und jenen Wunderbauleiter auf 6 Monate Angebotsfrist und 5 Jahre Baustelle? Zeigen Sie mir den Reserveprojektleiter, wenn der Erste ein „Mords"angebot bekommt und Ihr Büro verlässt."[7]

Die Notwendigkeit verstärkter Vernetzung beruht auf der Tatsache, „dass aufgrund der veränderten wirtschaftlichen Rahmenbedingungen auch sämtliche rechtlichen, steuerlichen und ökonomischen Faktoren von Anfang an in den Planungsprozess mit einfließen müssen, und dieses nicht nur für die Planungsphase, sondern für den gesamten Lebenszyklus des Gebäudes."[8]

Die eigentliche Herausforderung bleibt jedoch die Unbestimmtheit der Aufgaben, und die Unmöglichkeit, Strukturen und Kenntnisse passgenau bereitzustellen. Damit wird „Flexibilität und die Fähigkeit, in einem nicht perfekten Umfeld zu arbeiten, (…) die Kernqualifikation (der) Mitarbeiter und Bedingung für ein Fortkommen in (der) Organisation."[9], so Frank Spandl.

1.2 Wissensmanagement als Hilfsmittel?

Aufgrund der immer dynamischeren Wissensentwicklung und der steigenden Bedeutung des Wissens als Ressource müssen Unternehmen entsprechende Professionalität im Umgang mit Wissen aufbauen. Diese kann einen erheblichen Beitrag zur Wertschöpfung im Unternehmen liefern.

Die noch junge Disziplin Wissensmanagement kennt allerdings noch einige Herausforderungen. So ist „eine brauchbare Bewertung von Wissen (…) das bislang wichtigste ungelöste Problem der Wissensorganisation. Das Dilemma ist: Obwohl der Wert des Wissens für

---

[7] Lechner: Wissensmanagement im Baumanagement, in Diederichs: Strategien des Projektmanagements, DVP-Tagung 2000, S. 8

[8] Schmid, in Initiative kostengünstig und qualitätsbewusst bauen, S. 1

[9] Spandl: QM und WM im Spannungsfeld, in Diederichs, S. 13

Organisationen exponentiell zunimmt, fällt es in der Praxis offensichtlich äußerst schwer, sich darauf zu einigen, warum und in welchem Zusammenhang welches Wissen als wertvoll angesehen wird."[10]

Dabei ergibt sich „der ökonomische Wert des Wissens (…) nicht aus seinem bloßen Besitz, sondern allein aus der Anwendung des Unternehmenswissens. Und diese benötigt das handelnde Individuum – den Mitarbeiter."[11]

Nutzbares und genutztes Wissen beeinflusst den Unternehmenswert und gilt als Ursache für die Differenz zwischen dem Buchwert eines Unternehmens und dem Börsenwert. Der Begriff des „intellektuellen Kapitals" hat sich dafür eingebürgert, das auch im Rahmen einer Wissensbilanz dargestellt werden kann. Gemäß dem Leitfaden "Wissensbilanz made in Germany" des Bundesministeriums für Wirtschaft und Arbeit besteht das intellektuelle Kapital aus drei Bestandteilen:

„Das Humankapital charakterisiert (…) die Kompetenzen, Fertigkeiten und Motivation der Mitarbeiter.

Das Strukturkapital umfasst all jene Strukturen und Prozesse, welche die Mitarbeiter benötigen, um in ihrer Gesamtheit produktiv und innovativ zu sein, also all jene intelligenten Strukturen, welche bestehen bleiben, wenn die Mitarbeiter nach der Arbeit die Organisation verlassen.

Das Beziehungskapital stellt die Beziehung zu Kunden und Lieferanten sowie zu sonstigen Partnern und der Öffentlichkeit dar."[12]

Eine besondere Relevanz haben, so Haeder, „die Investitionen in Weiterbildung – in das Humankapital. (Sie) müssen gerade in Planungsbüros, wo die Kompetenzen und Fähigkeiten der Mitarbeiter das größte Kapital darstellen, den gleichen Stellenwert wie die Sachinvestitionen haben. Neben der Qualifizierung für einzelne Aufgabenbereiche sollten die ausgewählten Maßnahmen darauf abzielen, die gesamten Arbeitsprozesse in einem Planungsbüro professioneller und effektiver zu gestalten."[13]

Für jeden der Bestandteile gibt es typische und allgemein gültige Einflussfaktoren, die unternehmensindividuell gestaltet werden können.

Wenn auch die Anstrengungen, intellektuelles Kapital meßbar zu machen, zunehmen, ist derzeit der Nachweis des Nutzens von Wissensmanagement (z. B. Steigerung des Unternehmenswerts, verbesserte Wettbewerbsfähigkeit) nur punktuell zu führen. Gleichwohl zeigt

---

[10] Roehl, Organisationen des Wissens, S. 53
[11] Schneider, in: Wissensmanagement 2/02, S. 52
[12] BMWA: Wissensbilanz – Made in Germany, S. 15
[13] Haeder: Durch Qualifizierung aktiv die Zukunft gestalten, in: DAB 09/2006, S. 62 ff.

beispielweise eine internationale McKinsey-Studie, dass Wissensmanagement-Maßnahmen in erfolgreichen Unternehmen in höherem Maße anzutreffen sind als in weniger erfolgreichen.[14]

Erschwerend wirkt derzeit auch noch die Tatsache, dass Wissensmanagement nicht eindeutig definiert ist. Zudem finden sich unter dieser Querschnittsdisziplin zahlreiche Maßnahmen, die auch traditionell schon in Unternehmen angewendet werden. Neu am Wissensmanagement ist zweierlei: einige tatsächlich neue Tools und vor allem das Bestreben, die Wissensaktivitäten einer gemeinsamen und strategisch ausgerichteten Betrachtung zu unterziehen und dadurch Optimierungsmöglichkeiten zu realisieren. Dabei entsteht Nutzen in folgenden Feldern:

1. Neugewinnung von Wissen: Erweiterung von Handlungsoptionen, Beschleunigung von Wissenszyklen
2. Zugang zu Wissen: Vermeidung von Wissensdefiziten, Steigerung der Innovationsfähigkeit, Erhöhung von Effizienz und Produktqualität
3. Erzielung von Wissenstransparenz: Verbesserung von interner und externer Kommunikation
4. Verkürzung von Durchlaufzeiten: Beschleunigung von Arbeitsprozessen
5. Wissenstransfer: effektives Kooperieren
6. Erkennen von Synergiepotenzialen: Vermeidung von Parallel- und Doppelarbeiten
7. Bedarfsgerechte Wissensbereitstellung
8. Konservierung von Wissen[15]

Folgende Erfolgsfaktoren gelten für die Einführung von Wissensmanagement:

- Mensch – Organisation – Technik: Allgemein herrscht die Meinung vor, dass die Aufmerksamkeit bisher zu sehr auf einer IT-Unterstützung lag. Es zeigt sich, dass Wissensmanagement als relativ junge Disziplin selbst noch einer Lernkurve unterliegt und die Erfahrung aus dieser Phase zeigen, dass die Balance zwischen den Komponenten Mensch, Organisation, Technik wesentlich ist.
- Integration und Verzahnung: Auf die Integrierbarkeit in vorhandene Unternehmensstrukturen sowie die Ausgewogenheit der einzelnen Elemente und die Akzeptanz bei Geschäftsführung und Mitarbeitern muss besonderer Wert gelegt werden.

---

[14] Nach: Kluge, Stein, Licht, Kloss: Wissen entscheidet , S. 29 ff.
[15] Nach: BMWT, Wettbewerbsausschreibung „WissensMedia"

- Individuelle Lösungen und systematisches Vorgehen bei der Einführung: Die unternehmensindividuellen Problemstellungen und Bedürfnisse im Bezug auf die Bewirtschaftung von Wissen sind sehr verschieden, so dass die individuelle Anpassung des Systems und die Ausrichtung auf operative und strategische Unternehmensziele Schlüsselcharakter haben. Damit sind die Ziel- und Projektdefinition und die Planung des Einführungsprozesses von großer Bedeutung.

Immer jedoch wird ein kultureller Wandel hin zu mehr Wissenteilung und Vernetzung (z. B. eine bewusste Auseinandersetzung mit der Ressource Wissen und mit deren Kommunikation) ein Bestandteil der Aktivitäten sein müssen. Denn Wissen zu teilen und weiterzugeben, ist vorerst für viele ungewohnt und auch von widersprüchlichem Nutzen. Nur ein vertrauensvoller Umgang damit und ein wohlwollendes Unternehmensklima schaffen dafür die Grundlage.

1.2.1 Status Quo der WM-Anwendung: Blick in andere Branchen

Je nach Branche ist die Nutzung von Wissensmanagement unterschiedlich weit fortgeschritten:

Für Beratungsunternehmen ist das gesammelte Beratungswissen die zentrale Ressource. Daher ist es nachvollziehbar, dass diese Branche Vorreiterfunktion einnimmt. „Hier wird durch Anwendung von Wissen auf Wissen Mehrwert erzeugt. Beratungsorganisationen zeichnen sich einerseits durch besondere Wissensintensität ihrer Prozesse aus, andererseits nutzen sie effektive Koordinationsformen für Wissen. Sie gelten als Prototypen intelligenter Wissensorganisationen"[16]

Die Medizin ist beispielhaft ein Sektor, in dem neben hochinnovativer Forschung das Bedürfnis nach höchster Anwendungssicherheit steht. Für spezialisierte Themen (z. B. Onkologie) sind daher weltweit vernetzte Wissensdatenbanken und Entscheidungsunterstützungen verfügbar, die teils auch kommerziell geführt und gepflegt sind.

Internationale Unternehmen investieren in die Vernetzung ihrer Standorte und führen EDV-basierte Wissensmanagement-Elemente sowie entsprechende Strukturen zum persönlichen Kennenlernen und Austauschen ein.[17]

---

[16] Roehl: Organisationen des Wissens, S. 29

[17] Nach Jamnitzky: Konzeption eines Dienstleistungszentrums für ein europaweit agierendes Großunternehmen

Eine Studie zum Stand des Wissensmanagements in deutschen Unternehmen von Ohle kommt zu folgenden Kernaussagen:

- Ein Großteil der Unternehmen (75 %) beschäftigt sich mit Wissensmanagement.
- Die Steuerung des Wissens erfolgt ungenügend professionell (Know-how-Verluste und Doppelarbeiten).
- Zeitknappheit, mangelnde Transparenz und Machtdenken blockieren Wissensmanagement.
- Ein Drittel der Unternehmen verfügt über systematische Informationsbeschaffung.
- Weniger als ein Viertel verfügt über allen zugängliches Wissen.
- Für Wissenstransferprozesse dominieren Gespräche, als Wissensquelle dominiert das Internet.
- 70 % der Unternehmen fördern Wissensaustausch aktiv.
- Softwaretools zur Wissensverwaltung spielen noch eine untergeordnete Rolle. [18]

Zusammenfassend ist festzustellen, dass wissensintensive und forschungsaktive Branchen Vorreiterrollen spielen. Für die planenden und beratenden Ingenieure gelten das Charakteristikum der Wissensintensität und damit auch der Sinn der Auseinandersetzung mit Wissensmanagement.

1.2.2 Status Quo der WM-Anwendung: Baubereich

Wissensmanagement ist auch im Baubereich Thema. Baukonzerne und große Unternehmen haben in den vergangenen Jahren Aktivitäten entwickelt (z. B. Bilfinger Berger: weltweites Suchportal „tore"[19], Hochtief: Hochtief Akademie, Hochtief Campus[20] [21], Bögl: „Bau Expert"[22]). Auch Projektsteuerungs-Unternehmen haben ihre Aktivitäten auf einer DVP-Tagung im Jahr 2000 vorgestellt (z. B. Arcadis Homola: Personalisierungsstrategie und dezentrale EDV für mobilen Einsatz, Drees & Sommer: Intranet, Akademie[23]). Wissensmanage-

---

[18]   Ohle: Wissensmanagement in deutschen Unternehmen, S. 4 ff.

[19]   Kögel: Telefoninterview am 09.05.06

[20]   Schild: Ideen, die Hochtief weiterbringen, in: Hochtief Baubude, März 2007

[21]   Wissenstransfer über Grenzen, in: Hochtief Baubude, März 2006

[22]   Hauß: Vortrag Bau-Expert, KnowTech 15.10.02

[23]   Diederichs (Hrsg.): Wissensmanagement im Baumanagement, DVP-Tagung 2000

ment wird auch in der Immobilienwirtschaft thematisiert: „Man holt sich kompetente Leute herein und bietet ihnen ein Umfeld, in dem das firmeneigene Know-how miteinander geteilt wird und realistische Aufstiegschancen bestehen." Auf die Frage, wer sich nach dem Immobilienboom behaupten wird, sagt Oost: „Derjenige, der in seiner Firma das meiste intellektuelle Kapital angesammelt hat."[24]

Dies darf nicht darüber hinwegtäuschen, dass ein gemeinsames Verständnis über Inhalte, Schwerpunkte und Einsatz von Wissensmanagement aussteht. Insbesondere fehlt eine Auseinandersetzung mit der Frage, inwieweit Wissensmanagement auch auf die planenden und beratenden Büros in Bauplanung und –management nutzbringend anwendbar ist. Diese sind mehrheitlich kleine und mittlere Unternehmen oder Mikrounternehmen. Breiter zugängliche Modelle mit einheitlicher Terminologie und eine Sammlung von „best practices" stehen aus.

1.3   Ziel und Aufbau der Arbeit

Ziel dieser Arbeit ist es, ein Wissensmanagement-Referenzmodell für kleine und mittlere Büros und Unternehmen im Bereich der planenden und beratenden Ingenieurleistungen in Projekten (Planungs- und Beratungswirtschaft) zu entwickeln. Die Grundlage dafür bildet eine Bestandsaufnahme der Charakteristika und Bedürfnisse in Bauprojekten sowie die Darstellung des aktuellen Stands der Wissensmanagement-Forschung. Die Ergebnisse werden durch ausgewählte Pilotprojekte und Befragungen abgesichert.

---

[24]   Oost: Know-how-Management in der Immobilienbranche, in: Immobilien Zeitung, 01.03.2007

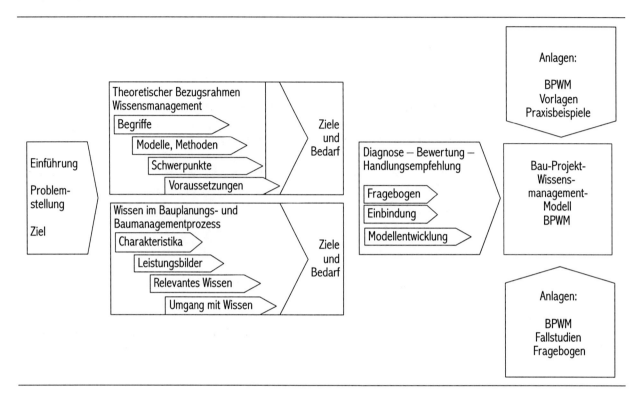

Abbildung 1-1: Aufbau der Arbeit

2 Wissen im Bauplanungs- und Baumanagementprozess

2.1 Charakteristika von Bauprojekten

Bauprojekte zeichnen sich durch folgende Charakteristika aus:

- Eine große Zahl von Projektbeteiligten aus unterschiedlichen Büros und Unternehmen wirken mit.
- Eine Vielzahl von Fachdisziplinen ist beteiligt.
- Die Entwicklung der Anforderungen an ein Bauprojekt verläuft dynamisch.
- Die Prozesse Planung und Ausführung sowie Entwicklung und Vertrieb überlagern sich.

Der Unikatcharakter eines Bauprojektes stellt hohe Anforderungen an das Wissen der Projektbeteiligten.

2.2 Leistungsbilder in der Planung und im Management von Bauprojekten

Die Planungs- und Managementprozesse, denen hier die Aufmerksamkeit gilt, finden dabei mehrheitlich in kleineren und mittleren Büros und Unternehmen (KMU) statt, die einzeln beauftragt sind oder in Kooperationen zusammenarbeiten.

Die Leistungen sind den Sphären Entwicklung, Planung und Management zuzuordnen sowie der Erstellung und dem Betreiben eines Objektes.

Leistungsbilder finden sich derzeit in Deutschland in der Honorarordnung für Architekten und Ingenieure sowie in den Veröffentlichungen der AHO-Fachkommissionen[25]. Daneben entwickeln in letzter Zeit zunehmend auch größere Planungs- und Beratungsunternehmen[26] und Baukonzerne[27] eigene Leistungsbilder, oder die Leistungspakete sind individuell definiert.

---

[25] z. B. AHO-Schriftenreihe Hefte 9, 16, 19

[26] z. B. Drees und Sommer Leistungskatalog, siehe www.dreso.com vom 24.10.2007

[27] z. B. Bilfinger Berger „i.volution", Hochtief „prefair", Züblin „teamconcept"

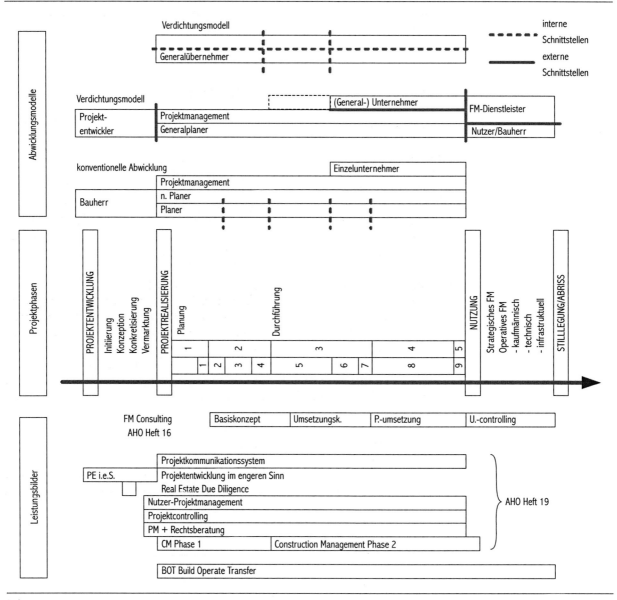

Abbildung 2-1 (links): Leistungsbilder Bauplanung und -management

Abbildung 2-1 zeigt derzeit gebräuchliche Leistungsbilder in Deutschland und platziert sie im Projektablauf. Sie zeigt interne und externe Leistungsschnittstellen und dient als Übersicht über das betrachtete Feld von Leistungen.

2.2.1 Entwicklungstendenzen der Leistungsbilder

Folgende Entwicklungstendenzen bezüglich der Leistungsbilder lassen sich identifizieren:

Zunehmende Interdisziplinarität

Der gestiegenen Bedeutung gebäude- und energietechnischer Planungsaspekte trägt beispielsweise der Ansatz der „integralen Planung" Rechnung, der in Entwicklung begriffen ist. Er zielt darauf, die Planungsbeteiligten möglichst frühzeitig und zeitsynchron zusammenzubringen und in Abstimmung der Disziplinen optimierte Lösungen zu entwickeln. Die Prozessfolge weicht von den in der HOAI festgelegten Leistungsphasen und der dort jeweiligen Bearbeitungstiefe und Fachplanereinbindung ab.

Individualisierung und Pluralisierung der Leistungsbilder

Die zunehmende Pluralisierung auf Auftraggeberseite erfordert individuell konfigurierte Leistungsbilder. So bietet die AHO-Fachkommission Projektsteuerung/Projektmanagement ein modular aufgebautes Leistungsbild („Kaskadenmodell"[28]) an, das Bauherren in unterschiedlicher Tiefe in seinen Bauherrenfunktionen unterstützt:

Daneben wird auf Initiative der Europäischen Union die kartellrechtliche Überprüfung der gesetzlich eingeführten Honorarordnungen für Planungsleistungen betrieben. Dies führte in einigen Nachbarländern Deutschlands bereits zu deren Abschaffung und einer Deregulierung des Marktes.

Kumulierung und Stückelung von Leistungen

Die Kumulierung von Teilleistungen zu Gesamtpaketen erfolgt häufig mit dem Ziel, den Koordinationsbedarf des Auftraggebers zu reduzieren, ermöglicht aber teilweise auch Synergien in der Zusammenarbeit. Einige Beispiele, deren Bezeichnungen dem allgemeinen Sprachgebrauch folgen, aber nicht normiert sind, finden sich in nachfolgender Aufstellung:

---

[28] AHO-Schriftenreihe Heft 19, S. 1

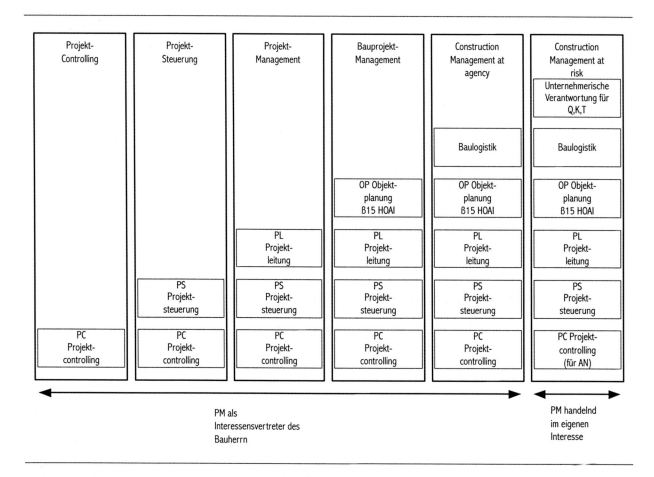

Abbildung 2-2: Kaskadenmodell Projektmanagement im Bauwesen

Tabelle 2-1: Kumulierte
Leistungsmodelle

Einzelleistung		Einzelleistung		Kumulierte Leistung
Objektplanung HOAI §15	+	Fachplanung HOAI § 45 ff., 55 ff., 64 ff., …	=	Generalplanung
Projektmanagement AHO Nr. 9, §204	+	HOAI §15 LPH 6,7,8	=	Baumanagement
Projektmanagement AHO Nr. 9, §204	+	Rechtsberatung	=	PM und Projektrechtsberatung aus einer Hand
Projektmanagement AHO Nr. 9, §204	+	Ausführungskompetenz	=	Construction Management at agency
Planungs- und Ausführungsleistungen	+	Gebäudemanagement und Finanzierung	=	Lebenszyklus-Komplettanbieter (BOT, PPP, …)
Planungs- und Ausführungsleistungen	+	Risikoübernahme	=	Construction Management at risk

Dem gegenüber steht die Praxis der phasenweisen Beauftragung von Leistungen, die dem Auftraggeber Steuerungsmöglichkeiten im laufenden Projekt schafft. Für die Auftragnehmerseite bedeutet dies meist einen höheren Aufwand und die Übernahme eines größeren Risikos.

Lebenszyklusbetrachtung

Das Bestreben, über eine Betrachtung des gesamten Lebenszyklus eines Produktes oder einer Dienstleistung Optimierungsmöglichkeiten zu schaffen, gewinnt in allen Industriebereichen an Gewicht. Unter dem Begriff den Produktlebenszyklus-Management (PLM) werden neue Methoden der Zusammenarbeit und Know-how-Bereitstellung erforscht und erprobt: „Die integrierte Produktentwicklung bildet die Basis für PLM. In der IPE (integrierten Produktentwicklung) liegt der Fokus auf der Zusammenarbeit aller Beteiligten, die alle Entscheidungen und Festlegungen zum frühest möglichen Zeitpunkt treffen und umsetzen. Dies bedingt eine interdisziplinäre Kooperation aller am Produktleben beteiligten Bereiche, das rechtzeitige Bereitstellen von Wissen und Information und der benötigten Menge und Güte, eine Verflachung von Hierarchien und die Delegation von Kompetenzen. (…) Im PLM kommt dem rechtzeitigen Bereitstellen des benötigten Wissens eine wesentliche Bedeutung zu."[29]

Im Baubereich manifestiert sich dies beispielsweise in nachfolgenden Leistungsangeboten:

---

[29] Vajna, in: FAZ 27.01.2003, S. 24

Das FM-Consulting[30] siedelt sich über den gesamten Planungs- und Ausführungsprozess an, betont aber besonders die Einbindung von FM-relevanten Gesichtspunkten in den Planungsprozess. So leistet ein FM-Berater einen Beitrag zur Ermittlung der Baunutzungskosten und gibt über das Betriebskonzept für ein Gebäude Impulse für das Nutzerbedarfsprogramm. Eine höhere Sicherheit für die Erfüllung der Nutzerbedürfnisse ist dabei das Ergebnis.

Partnerschaften zwischen öffentlicher Hand und privatwirtschaftlichen Unternehmen (PPP-Modelle) beziehen sich häufig auf den Bau, die Finanzierung und das Betreiben einer Immobilie. Ein wesentlicher Teil der Ertragschancen liegt dabei im professionellen Umgang mit der Nutzungsphase des Gebäudes. Sie setzen, neben dem Wissen über die vertragliche, finanzielle und organisatorische Abwicklung dieser komplexen Organisationsformen, entsprechendes Wissen über die Betriebsphase voraus (Lebensdauern von Bauteilen und Materialien, Kosten in Betrieb, Wartung und Instandhaltung, zu erwartende Einnahmen, …). Die Möglichkeit der „Know-how-Aktivierung im Systemwettbewerb"[31] bedeutet dabei den Anreiz, angesichts eigener Ertragschancen für das Unternehmen die Optimierungspotenziale in den Planungsprozess einzubringen.

Überwindung der Phasentrennung/Schnittstellen

Phasentrennungen und Schnittstellen zwischen Vertragspartnern haben neben ihren qualitätssichernden Funktionen auch Nachteile bezüglich des Projektwissens: Das Wissen jenseits der Schnittstelle kann in die Konzeption nicht optimal eingebunden werden. Mögliche Reaktionen auf diesen Sachverhalt sind die Planung und Ausführung durch ein Unternehmen oder die beratende Einbindung von Experten für Bau und Betrieb in den Planungsprozess (z. B. FM-Consulting).

Inwieweit das ursprünglich angelsächsische Leistungsmodell des Construction Management geeignet ist, Ausführungs-Know-how in die Planungsphase zu bringen, wird diskutiert. In jedem Fall erfordert eine ausführungsbasierte Beratungsleistung besondere Fachkenntnis: „In einem Construction Management Team werden ausgewählte Mitarbeiter mit den notwendigen Erfahrungen eingesetzt. Firmenspezifisches Know-How kann so frühzeitig als Schlüssel für eine erfolgreiche Projektrealisierung eingebracht werden."[32]

Baukonzerne bieten zweistufige Modelle an, die in der Planungsphase aus Beratung und Optimierung durch Einbeziehung von Ausführungs-Know-how bestehen und erst in der zweiten Stufe aus der Bauleistung selbst. Damit wollen sie „Auftraggebern helfen, die kri-

---

[30] AHO-Schriftenreihe Heft 16

[31] Zimmermann: PPP-Modelle - Chancen für die Bauwirtschaft, Folie 8

[32] AHO-Schriftenreihe Heft 19, S. 79

tischen Punkte bei einem Projekt zu lösen, und bringen dazu (ihre) Kompetenz in einer frühen Phase ein. Das eigentliche Bauen verläuft dann stressfrei und ohne Überraschungen."[33] Häufig greifen Konzerne dabei allerdings auf externe Partner zurück und der Wissens-Vorteil kommt nicht zum Tragen.[34]

Spezialisierung und Professionalisierung

Das Entstehen neuer, spezialisierter Leistungsbilder zeigt auch eine zunehmende Professionalisierung der bau- und immobilienbezogenen Leistungen:

Die „Real Estate Due Diligence"[35] ist eine systematische Prüfung einer Immobilie oder eines Projektes vor deren bzw. dessen Veräußerung und ist eine von Investoren intensiv nachgefragte Dienstleistung.

Das sog. Nutzer-Projektmanagement[36] bietet ein Dienstleistungspaket aus nutzerseitiger Planung, Vorbereitung der Inbetriebnahme und des Umzugs, nutzerseitiger Inbetriebnahme, Ein-/Umzug, Räumung der Altstandorte.

Der klassische Projektsteuerer entwickelt sich besonders im Rahmen „schwieriger Projekte" vom AHO-Leistungsbild aus weiter in Richtung eines „Unternehmensberaters mit baufachlichem Schwerpunkt".[37]

Ein weiteres Beispiel für ein neues, besonderes Wissen erforderndes Leistungsgebiet ist das Projektcontrolling, das „aufgrund der sehr hohen Verantwortung im Projektverlauf ein überdurchschnittliches Wissens- und Erfahrungsniveau in den bautechnischen, bauwirtschaftlichen und auch baurechtlichen Belangen, verbunden mit entsprechendem Verhandlungsgeschick und ggf. Durchsetzungsvermögen in den verschiedenen Gremien (erfordert)."[38]

Dezentralität

Die Projektbearbeitung erfolgt in großem Umfang dezentral und an verteilten Orten. Webbasierte Projektplattformen gewinnen daher an Bedeutung und der Aufwand für das Besprechungswesen steigt.

---

[33]   Abel, in SZ 11.02.05

[34]   Nach Vitzthum: Seminar Managementsysteme

[35]   AHO-Schriftenreihe Heft 19, S. 36 ff.

[36]   AHO-Schriftenreihe Heft 19, S. 44 ff.

[37]   Spandl: Qualitäts- und Wissensmanagement im Spannungsfeld, S. 5

[38]   AHO-Schriftenreihe Heft 19, S. 54

2.2.2 Folgerungen für den Umgang mit Wissen

Interdisziplinarität

Die Interdisziplinarität erfordert von jedem der Beteiligten ein Grundverständnis für die beteiligten Wissensgebiete. Neben der Entwicklung und Pflege des eigenen Spezialwissens erfordert die interdisziplinäre Zusammenarbeit also auch ein belastbares Überblickswissen über die beteiligten Disziplinen.

Individualisierung und Pluralisierung

Die Individualisierung führt zur Notwendigkeit, projektbezogen zu beurteilen, ob der Wissensbedarf für die Aufgabenstellung angemessen gedeckt ist, und erfordert es, projektbezogene Prozesse zum Umgang mit Wissen zu installieren. Zur Auswahl der Leistungen und Planungspartner in Abhängigkeit von den Auftraggeberkapazitäten gibt es hierfür einen ersten Ansatz in AHO-Heft Nr. 19 (vgl. Tabelle 2-2, 2-3).[39]

Auch der Rückgang verbindlicher und allgemeingültiger Leistungsbilder erfordert projektbezogene Maßstäbe für die Formulierung des Leistungsbedarfs und des Wissensbedarfs, nach denen Projektpartner ausgewählt werden können. Es besteht also Entwicklungsbedarf.

Kumulierung und Stückelung von Leistungen

Kumulierte oder gestückelte Leistungen erfordern den Aufbau zusätzlicher Kompetenzen im eigenen Haus oder die Fähigkeit, Partnerschaften einzugehen und entsprechende Partner zu kennen. Die Platzierung des eigenen Büros oder Unternehmens im „Wissensnetz" ist eine strategische Aufgabe. Das Spektrum reicht von der Teilnahme an Netzwerken über das Eingehen von strategischen Allianzen und projektbezogenen Kooperationen bis hin zur Akquise von Unternehmen.

Baukonzerne decken beispielsweise ihren Know-how-Bedarf zum Gebäudebetrieb durch Zukauf von FM-Unternehmen (Beispiele in jüngerer Zeit: Hochtief und Lufthansa Facility Solutions, Bilfinger Berger und Reinhold & Mahla) und versetzen sich damit in die Lage, das für PPP-Projekte erforderliche Know-how-Spektrum abzubilden.

Die Stückelung von Leistungen erfordert eine hohe Aufmerksamkeit in Richtung der Leistungsschnittstellen zu Projektbeginn und Projektende. Die Vollständigkeit des verfügbaren Projektwissens gezielt abzufragen, wird notwendig.

---

[39] AHO-Schriftenreihe Heft 19, S. 2

Tabelle 2-2: Auswahlmatrix von PM-Leistungsbildern in Abhängigkeit von der Kapazität beim Auftraggeber

PM-Leistungsbilder	Kaskadenmodell gemäß AHO Heft 19				
fachl. und pers. Kapazität beim AG	Controlling	PS/CM at agency	PM nach AHO Heft 9	Baumanagement	CM at risk
sehr hoch	x	X	X		x
hoch		X	X		x
durchschnittlich			x	X	
gering			x	X	
sehr gering			x	X	

Tabelle 2-3: Auswahlmatrix neue Leistungsbilder in Abhängigkeit von der Kapazität beim Auftraggeber

PM-Leistungsbilder	weitere neue Leistungsbilder gemäß AHO Heft 19					
fachl. und pers. Kapazität beim AG	Projektkommunikationssysteme Int./Ext.	Projektentwicklung i. e. S.	Erstbewertung/ Bestandsbewertung	Nutzer-Projektmanagement	Unabhängiges Projektcontrolling für Dritte	Bauprjekt- und Bauvertragsmanagement aus einer Hand
sehr hoch		(x)	(x)	je nach Kompetenz und Kapazität des Nutzers	je nach Kompetenz und Kapazität des Dritten (Investor, Bank, Nutzer)	
hoch	x	(x)	x	(x)		(x)
durchschnittlich	x	x	x	X		x
gering	(x)	x	x	X		x
sehr gering		x	x	X		x

Lebenszyklusbetrachtung

Die Betrachtung des Immobilien-Lebenszyklus führt beispielsweise dazu, dass in der Konzeptionsphase einer Immobilie Know-how über die spätere Nutzung benötigt wird, denn die Nutzungsphase entscheidet über die Gesamtwirtschaftlichkeit mit. Der Aufbau eigenen Know-hows und entsprechender Partnerschaften erlangt für Planer und Berater große Bedeutung.

Überwindung der Phasentrennung

Grundsätzlich bietet die Überwindung der Phasentrennung großes Potenzial für den Wissenstransfer. Inwieweit die Leistungsbündelung selbst für Wissenstransfer sorgt, ist zu prüfen. Vermutlich bleibt es eine Aufgabe, entsprechende Prozesse des Wissensaustausches zu installieren und deren Ziele klar zu formulieren. Zu prüfen wäre auch, inwieweit Anreizsysteme in Form einer Vereinbarung eines garantierten Maximalpreises (GMP) als Anreiz zur Lösungsoptimierung und zum Austausch von Wissen und Ideen geeignet ist.

Spezialisierung und Professionalisierung

Spezialistenwissen bleibt nur dann hochwertig, wenn es gepflegt wird. Die Anforderung, aktuelle Entwicklungen auf dem Gebiet der Normierung, Praxiserfahrungen, Best Practices zu kennen und zugänglich zu haben, erfordert eine strategische Festlegung der Wissensgebiete und die Installation von Prozessen zur Wissenspflege. Das Auswerten eigener Projekterfahrungen ist dabei eine mögliche Erkenntnisquelle. Dies findet sich beispielsweise auch in den „seven pillars of partnering", einem Partnerschaftsmodell, das ursprünglich für die britische Bauwirtschaft entwickelt wurde und in der AHO-Schriftenreihe Nr. 19 Niederschlag findet. Einer der sieben Pfeiler des Konzeptes ist es, "feedback – capturing lessons from projects" durchzuführen und "task forces to guide the development of strategy[40]" zu installieren.

Dezentralität

Bei dezentralen Projekten führt häufig das gestraffte Besprechungswesen dazu, dass die Gelegenheiten, implizites Wissen im persönlichen Gespräch auszutauschen, abnehmen. Dies zu kompensieren kann ein Ziel des Wissensmanagements sein. Bedingt wird dies nach Frank und Schönert sowohl aus der dezentralen Arbeitsweise als auch aus der Flexibilisierung der Organisationsformen: „Flexible Organisationsformen und eine weit reichende oft internationale Arbeitsteilung bedürfen eines verstärkten Wissensaustausches und ermöglichen damit einen stärkeren Zugriff auf unternehmensexterne Wissensbestände."[41] Übergeordnet lässt sich damit in der Planungs- und Beratungspraxis ein Bedarf in folgenden Bereichen ausmachen:

- Steigerung der Wissensbasis zu Beginn des Projektes zur Sicherung der Projektergebnisse
- Vergrößerung des Wissenshorizonts durch Kooperationen und Netzwerke
- Förderung von Lernprozessen zum Ausbau von Spezialistenwissen

---

[40] Sieben Pfeiler des Partnering, nach: AHO-Schriftenreihe Nr. 19, S. 99

[41] Frank, Schönert: Wissensmanagement in Projekten, in: Projektmanagement 4/2001, S. 25

2.3   Identifikation relevanten Wissens

Mit dem Ziel, eine Wissensstrategie für ein Unternehmen in Bauplanung und –management zu erstellen, ist es erforderlich, notwendiges Wissen zu identifizieren und zu kategorisieren. Dabei werden inhaltliche Kategorien (siehe z. B. Kap. 2.3.1.), Wissensarten (Sachwissen, Handlungswissen, Überblicks- bzw. Metawissen, Spezial- bzw. Detailwissen, siehe Kap. 3.1.2.) sowie, bezogen auf das Unternehmen, Art und Grad der Verfügbarkeit und Personengebundenheit erfasst.

2.3.1   Beispiele zur Wissenskategorisierung für Bauplanung und -management

Die Planung eines Gebäudes führt in möglichst optimaler Weise Anforderungen aus unterschiedlichen Bereichen (Raumbedarf, Erscheinung, Materialien, Recht, finanzielle und zeitliche Ressourcen, Energie, …) zu einem Gesamtkonzept zusammen. Relevante Themen definieren sich je nach Aufgabe. Je nach Bearbeitungsphase stehen dabei bestimmte Wissensfelder im Vordergrund, (z. B. Baurecht, Bauprodukte, …). Phasenübergreifend ist eine Kategorisierung hinsichtlich der planerischen Beschreibung (einschließlich der Fachdisziplinen), der Kosten, der Termine, des Managements, der juristischen Aspekte und des Marktes möglich.

Beispielhaft sei hier das Informationsmodell zum ganzheitlichen Bauen von Kahlen erwähnt, das einem erweiterten HOAI-Phasenmodell (einschließlich Initiierung, Betrieb und Abriss) phasenbezogene (z. B. Leistungsbeschreibung in LPH 6) sowie phasenübergreifende (Kosten, Geometrie, Behörde, CAD) Themen zuordnet.[42]

Demgegenüber nimmt Lechner eine Kategorisierung nach „Wissensarten" vor. Dabei ist „Projektwissen" das Wissen über durchgeführte Projekte, meist verbunden mit detailliertem Wissen über Erfolgsfaktoren oder Probleme. Die Möglichkeit, dieses Wissen zu sammeln, beschränkt sich auf den persönlichen Erfahrungsbereich bzw. den des Büros und ist damit begrenzt, aber besonders hochwertig. Auch „Prozess- oder Ablaufwissen" aus eigener Projekterfahrung ist auf die eigenen Kapazitäten begrenzt. Die „situative Kompetenz" nährt sich aus Wissen und Fähigkeiten und aus Schlüsselkompetenzen. Schließlich ist „Tech-

---

[42]   Kahlen: Informationskomplexe, Schneider Bautabellen, S. 1.104

Wissensformen und Gliederungen / Wissensarten	Gewerke	Positionen	Elemente	Projekte	Projektarten	Lösungen	Wettbewerbe	Leistungsphasen	Themen	Alphabet	Sachgebiet	Planer	Autor
Technisches Wissen	x	x											
Bauschadenssammlung	x		x										
Systemwissen				x		x							
Konzeptwissen				x								x	
Projektwissen					x			x					
Projektbeispiele					x		x						
Produkte		x											
Rechtsdatensammlung									x		x		
Wörterbuch										x	x		
Namenssuchpfade												x	x

Tabelle 2-4: Zugangspfade nach Lechner

nisches Wissen" das am ehesten explizierbare Wissen, allerdings auch das mit der geringsten „Halbwertszeit".[43] Daneben entwickelte Lechner ein Modell von „Zugangspfaden". Er stellt dabei die Wissensarten in einen anwendungsbezogenen Kontext. (Tab. 2-4)[44]

Beccard erarbeitete in seiner Masterarbeit einen Wissensleitfaden für Fassaden-Entscheidungen und gliedert Anforderungen an die Gebäudehülle in folgende Kategorien:

• Gestaltung,
• Bautechnik,
• Bau- und Genehmigungsrecht,
• Haustechnik und Energie,
• Wirtschaftlichkeit und
• Nutzungsanforderungen.[45]

---

[43] Lechner: Wissensmanagement im Baumanagement, S. 15
[44] Lechner: Wissensmanagement im Baumanagement, S. 18
[45] Beccard: Die integrale Planung der Gebäudehülle in der Projektentwicklung, S. 2

Tabelle 2-5: Wissens- und Kompetenzfelder einer internationalen Bau-Unternehmensgruppe

Wissens- und Kompetenzfelder	
1. Prozesswissen: interne Abläufe	Zuständigkeiten, Bearbeitungsfolgen, EDV-Unterstützung, Arbeitsvorbereitung
2. Prozesswissen: Herstellung und Produktion	Fertigungsmöglichkeiten und -abläufe, Qualitätssicherung, Normen, Qualifikationen, Erfahrungen, Maschinentechnik, Werkstoffkenntnis, Weiterentwicklungen
3. Produkt- und Systemwissen	Eigenschaften, Anwendungen, Lösungen, Erfahrungen, Normen, Bauphysik, Konstruktionen, Lieferbedingungen, Schnittstellendefinitionen, Weiterentwicklungen
4. Projektwissen	Abwicklung, Kooperationen, Lösungen, Vorschriften, Motivation, Menschenkenntnis, Normen, Baurecht, Vertragsrecht, Gesundheitsschutz, Schnittstellendefinitionen
5. Anwendungswissen	Normen, Materialien, Erfahrungen, Konstruktionen, Bauphysik, Holzschutz, Weiterentwicklung
6. Marktwissen	Kunden, Wettbewerber, Anforderungen, Beziehungen, Marktpreise
7. Kalkulationswissen	Kosten, Leistungen, Abläufe, Marktsituation, Wettbewerbsfähigkeit

Dies erlaubt ihm, relevante Aktivitäten und Entscheidungen für verschiedene Planungsphasen transparent zuzuordnen und zu kontrollieren.

Ein in einer internationalen Unternehmensgruppe agierendes Holzbauunternehmen stellt die aus der Unternehmensstrategie und in Anlehnung an die Haupt-Geschäftsprozesse abgeleiteten Wissens- und Kompetenzfelder wie in Tabelle 2-5 dar.[46]

Nentwig differenziert die Funktionen im Planungsbetrieb und nutzt sie als Grundlage für funktionsbezogene Wissens- und Kompetenzfelder:

- „administrative Aufgaben (Leitung – konzeptionelle Planung, Personal, kaufmännische Funktionen, Akquisition/Verkauf),
- Produktion von Planungsunterlagen (Planungsfunktionen entsprechend Leistungsbild HOAI, Planungsfunktionen mit dem Ergebnis Planungsprodukt (HOAI 1–4, 9),
- Planungsfunktionen mit dem Ergebnis Verdingung und Planungsprodukt als Ausführungsunterlage (HOAI 5–7),
- Dienstleistungen für die Planungs- und Steuerungsfunktionen (EDV-Anlagen-Support, Plotter, Pauserei, Modellbau, usw.,
- Steuerungsfunktionen, Planung der Planung, Planung der Realisation,

---

[46] Jamnitzky: Konzeption eines Dienstleistungszentrums für ein europaweit agierendes Großunternehmen, S. 75

- Objektüberwachung (HOAI 8)".[47]

Aus den Beispielen wird ersichtlich, dass die Aufgabe darin besteht, thematische Wissensfelder, prozessbezogene Wissensfelder und die Art und Tiefe des für entsprechende Aufgaben erforderlichen Wissens zu formulieren. Auf dieser Basis können Entwicklungen der Büro-Wissensbasis betrieben werden oder Auswahlprozesse für Projektbeteiligte qualifiziert durchgeführt werden. In Erweiterung dieser Überlegungen kann auch der entsprechende „Wissensraum" eines Büros, Unternehmens oder Projektes, der auch externes, zugängliches Wissen umfasst, abgesteckt werden.

2.4 Ingenieurleistungen und ihr Umgang mit Wissen

Nach Zucker überwiegen je nach Tätigkeit die eher Wissen entwickelnden oder die eher Wissen nutzenden und multiplizierenden Anteile. Tätigkeiten im Rahmen standardisierter Produkte und Dienstleistungen nutzen hauptsächlich vorhandenes, meist explizites Wissen. Beratungs- und Entwicklungsleistungen dagegen entwickeln Wissen selbst und nutzen nur teilweise vorhandenes Wissen. Die im Rahmen dieser Arbeit betrachteten Tätigkeiten befinden sich demnach (Design, Engineering) mit ihrem Schwerpunkt auf der Seite der Wissensentwicklung. (Abb. 2-3)[48]

    Dabei liegt eine Definition der Ingenieur-(dienst-)leistungen von Haas zugrunde, wonach „Ingenieurdienstleistungen (…) selbstständige, marktfähige Leistungen (sind), die insbesondere mit dem Einsatz von Leistungsfähigkeiten (z. B. für Planungsleistungen) verbunden sind (Potenzialorientierung). Interne (z. B. Geschäftsräume, Personal, Ausstattung) und externe Faktoren (z. B. Anforderungen der Kunden, der Gesetzgebung, der Verwaltung oder der Politik) werden im Rahmen des Erstellungsprozesses kombiniert (Prozessorientierung). Die Faktorenkombination des Ingenieurdienstleisters wird mit dem Ziel eingesetzt, an den externen Faktoren, hier vor allem an deren Objekten (z. B. Abwasseranlage einer Kommune) nutzenstiftende Wirkungen (z. B. Planung und Bau einer Kläranlage) zu erzielen (Ergebnisorientierung)."[49]

    Daneben wendet Haas ein Ordnungssystem nach Komplexitätsdimensionen nach Meffert/Bruhn auf Ingenieurleistungen an und charakteristiert sie durch

---

[47]   Nentwig: Modellbildung als Mittel zur Planung und Steuerung von Planungsprozessen, S. 117
[48]   Nach Zucker: Wissen gewinnt, S. 199
[49]   Haas: Konzept zur Erweiterung des Angebotsportfolios eines Ingenieurbüros, S. 13

Abbildung 2-3: Leistungen und Produkte und erforderliche Wissensarten

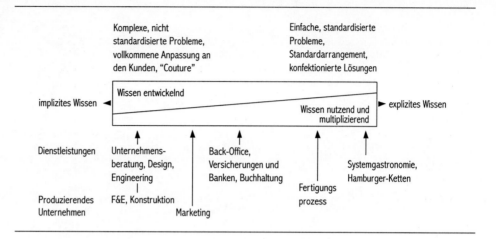

- einen hohen Integrationsgrad mit externen Faktoren
- einen hohen Individualisierungsgrad der Leistungen
- einen hohen Immaterialitätsgrad der Leistungen
- eine meist lange Projektdauer
- die erforderliche Leistungsfähigkeit des Dienstleistungsanbieters[50]

Zusammenfassend lässt sich feststellen, dass planende und steuernde Architekten- und Ingenieurleistungen im Kern eine hohe Komplexität aufweisen und in großem Umfang selbst Wissen entwickeln sowie vom Einsatz impliziten Wissens bestimmt sind. Dieser Sachverhalt wird bei der Konzeption eines Wissensmanagement-Modells zu berücksichtigen sein. Auch die Potenzialorientierung der Ingenieurleistungen muss Berücksichtigung finden.

2.4.1 Rollenkonzepte und der Umgang mit Wissen

Bezüglich ihres Wissensprofils (Wissenskurve) unterscheidet man Generalisten (breites Themenspektrum, aber geringere Wissenstiefe) und Spezialisten (weniger breites, aber dafür vertieftes Wissen im Spezialgebiet). Generalisten „verlegen den Fokus von ihrer Fachkompetenz in einem spezifischen Sachgebiet hin zur Erkennung und Interpretation von fach-,

---

[50] Vgl. Haas: Konzept zur Erweiterung des Angebotsportfolios eines Ingenieurbüros, S. 14

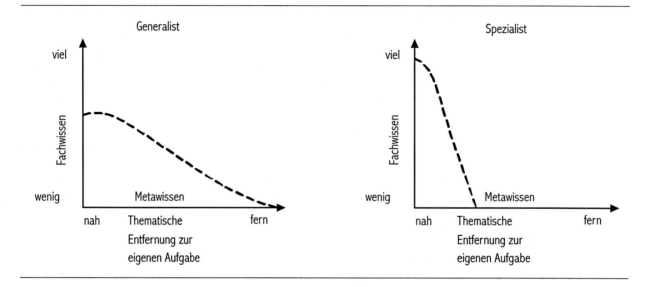

projekt- oder bereichsübergreifenden Zusammenhängen. Meist wächst ein Mitarbeiter aus einer mehrjährigen Erfahrung als Spezialist für ein bestimmtes Gebiet heraus in ein Generalistentum hinein." Spezialisten dagegen verzichten zugunsten ihres tiefreichenden Fachwissens, „auf den Aufbau eines breiteren Metawissens".[51] (Abb. 2-4)[52]

Beiden Wissensprofilen kann man geeignete Aufgaben zuordnen bzw. umgekehrt. Bezüglich der Zusammensetzung eines Projektteams ist zu beachten, dass die Aufgabe der Projektleitung eher das Wissensprofil des Generalisten, die fachlichen Bearbeitung eher das Profil des Spezialisten erfordert.

Schnauffer et al. stellen im Rahmen ihrer Untersuchungen fest, dass im Rahmen erhöhter Anforderungen im Umgang mit Wissen die zunehmende Kommunikationerfordernis dazu führt, dass auch Spezialisten zunehmend Überblickswissen bereithalten müssen und sich das Wissensprofil des Spezialisten verändert.

Abbildung 2-4: Wissenskurven Generalist und Spezialist

---

[51]   Nach Schnauffer et al.: Wissen vernetzen, S. 31
[52]   Schnauffer et al.: Wissen vernetzen, S. 32

Projektleitung

Projektleitung erfordert das Wissensprofil des Generalisten. Dies spiegelt sich auch in dem von Diederichs im Leitfaden zur Beauftragung von Leistungen des Projektmanagements genannten Anforderungen an den Bau-Projektmanager. Die „wünschenswerten Eigenschaften eines Projektmanagers" sind demnach, neben hoher sozialer Kompetenz und Integrität, die „Fähigkeit zur konzeptionellen und systematischen Planung und zur rechtzeitigen Herbeiführung der erforderlichen Entscheidungen, die Fähigkeit, das Wesentliche rechtzeitig zu erkennen und jederzeit die Übersicht zu behalten sowie die Fähigkeit, die eigenen Grenzen zu erkennen und zu wissen, wann welche Experten und Mitarbeiter zu Rate gezogen werden müssen."[53]

Daneben muss ein Projektleiter auch Kompetenzen im Umgang mit Wissen haben, denn seine Aufgaben haben „aufgrund ihrer Schnittstellenfunktion zur Systemwelt und der enthaltenen informations- bzw. wissensidentifizierenden und -weitergebenden Pflichten regelmäßig einen wissenskoordinierenden Charakter."[54]

Projektbearbeitung

Im Wissensmanagement wurde der Begriff des „Wissensarbeiters" geprägt. Seine Hauptressource, mit der er wertschöpfend tätig ist, und das Ergebnis seiner Tätigkeit ist Wissen. Damit grenzt er sich zu produzierenden Tätigkeiten ab. Der Wissensarbeiter kann Spezialist und Projektbearbeiter sein, kann aber auch wissenskoordinierende Tätigkeiten (Wissens-Dienstleistungen wie Recherchen, Verteilen, etc.) ausführen.

2.4.2 Organisationsform kleine und mittlere Unternehmen (KMU)

Büros und Unternehmen der Bauplanungs- und Beratungswirtschaft sind überwiegend kleine und mittlere Unternehmen (KMU). KMU haben üblicherweise Mitarbeiterzahlen unter 500 und einem Jahresumsatz von weniger als 50 Mio. Euro.

Inwieweit Wissensmanagement nicht nur in großen, sondern auch in kleinen und mittleren Unternehmen ein nützliches Instrument ist, untersuchte Pawlowsky[55]. Drei Wirkungsfaktoren, die den Umgang mit Wissen prägen, wurden dabei identifiziert:

---

[53] AHO-Schriftenreihe Heft 9, S. 116

[54] Schindler: Wissensmanagement in der Projektabwicklung, S. 63

[55] Pawlowsky et al.: Wissen als Wettbewerbsvorteil in kleinen und mittelständischen Unternehmen, S. 3

- KMU verfügen über geringe Ressourcen.
- KMU sind aufgrund ihrer geringeren Größe in ihren Organisationsstrukturen weniger komplex.
- KMU haben einen besonderen Sozialcharakter, d. h. „eine deutlich größere Bedeutung des persönlichen Engagements in der Arbeits- und Arbeitgeber-Arbeitnehmer-Beziehung"[56] ist kennzeichnend.

Daraus lässt sich im Allgemeinen ein Interesse an kurzfristigen Lösungen mit überschaubarem und schnellem, sichtbarem Nutzen ableiten. WM-Stabsstellen sind, anders als in großen Unternehmen kaum vorhanden. Vorrang haben dezentrale Lösungen, die einfach in der Handhabung sind. Wissen ist in KMU stärker an Personen gebunden, die Entscheidungswege sind kürzer. Die guten Möglichkeiten zur direkten Kommunikation bedingen, dass Zuständigkeiten, Kompetenzen und Erfahrungen der Mitarbeiter bekannt sind und beispielsweise Expertenprofile („Yellow Pages"), die in Großunternehmen häufig anzutreffen sind, eine untergeordnete Rolle spielen. Befragungen ergaben, dass mehr als drei Viertel der befragten Unternehmen gezielt WM einsetzen. Neben der Bereitstellung von Informationszugängen, Maßnahmen zur internen und externen Weiterbildung und der Nutzung informeller Lernformen spielt vor allem das Lernen aus Projekterfahrungen eine große Rolle, während Dokumentation und Vernetzung weniger verbreitet sind. Mehr als Branchenunterschiede beeinflussen die unterschiedlichen strategischen Ausrichtungen (innovationsorientierte Produktstrategie, wissensintensive Kundenorientierung und Kostenstrategie) die eingesetzten Instrumente. Unternehmen, die ihren Wettbewerbsvorteil in günstigen Preisen sehen, nutzen weniger Wissensmanagement als die mit wissensintensiver Kundenorientierung bzw. innovationsorientierter Produktstrategie. Die innovationsorientierten Unternehmen setzen auf Kooperationen mit Hochschulen, auf Einbindung von Kunden und Lieferanten, die Unternehmen mit wissensintensiver Kundenorientierung eher auf Weiterbildung und Schließung von Wissensdefiziten.

Die Leistungen der Bauplanung und des Baumanagements sind hauptsächlich der Kategorie wissensintensiver Kundenorientierung zuzuordnen. Für die Entwicklung eines Modells für den Bauplanungs- und Baumanagement-Sektor sollen daher folgende Aspekte weiterverfolgt werden:

---

[56]   Pawlowsky et al.: Wissen als Wettbewerbsvorteil in kleinen und mittelständischen Unternehmen, S. 3

1. eine pragmatische Herangehensweise, denn „KMU formulieren Erwartungen und Ziele stärker und vor allem pragmatischer."[57]
2. die Möglichkeit, sich über Bausteine schrittweise anzunähern, denn „eine 80 %-Variante, welche die wesentlichen Anforderungen erfüllt, aber einfach eingerichtet, geändert und ggf. ohne Verluste wieder abgeschafft werden kann, ist oft effektiver als eine auf Vollständigkeit bedachte 100 %-Lösung, die jedoch bei geringfügiger Änderung der Rahmenbedingungen unbrauchbar wird."[58]
3. ein möglichst dezentrales Vorgehen, so dass „Wissensmanagement (...) aus der zentralen Stabsfunktion in die operative Prozess- und Projektebene verlagert (wird). Die Mitarbeiter dort sollten dazu berechtigt und qualifiziert werden, ihr Wissen selbst zu managen, da vor allem in der fachlichen und inhaltlichen Auseinandersetzung mit anderen Wissensträgern neue Ideen für innovative Projekte und effiziente Arbeitsprozesse entstehen."[59]

2.5 Folgerungen

Für Bauplanung und Baumanagement kann zusammenfassend festgestellt werden, dass

1. der Bereithaltungscharakter von Ingenieurdienstleistungen die Bereithaltung von Wissen im Rahmen einer Wissensstrategie erfordert,
2. der Unikatcharakter der Projekte die Entwicklung neuen Wissens zum Kernprozess macht,
3. die Interdisziplinarität und Spezialisierung der Projekte zu einer hohen Bedeutung von Überblickswissen führt,
4. eigene Projekte ein großes Lernpotenzial beinhalten sowie dass
5. kleine und mittlere Unternnehmen eine kompakte, eher personenbezogene und effiziente WM- Unterstützung brauchen.

Diese Aspekte sind bei der Modellentwicklung zu berücksichtigen.

---

[57] Rabl: Wissensmanagement in KMU- Chancen und Risiken, in: wissensmanagement 07/05, S. 22
[58] Longmuß, Mühlfelder, Projektintegrierte Know-how-Sicherung, in: Projektmanagement 2/2003, S. 24
[59] Longmuß, Mühlfelder, Projektintegrierte Know-how-Sicherung, in: Projektmanagement 2/2003, S. 22

3 Theoretischer Bezugsrahmen

Im Rahmen dieses Kapitels werden notwendige Wissensmanagement-Begriffe definiert, die Methode vorgestellt und relevante Strategien, Instrumente und Schwerpunkte aufgezeigt.

3.1 Begriffe

Die sog. „Wissenstreppe" (vgl. Abb. 3-1)[60] von North hierarchisiert wichtige Begriffe des Wissensmanagements. Die Kernaussage ist dabei, dass die Begriffe aufeinander aufbauen und die Komplexität mit jeder Stufe zunimmt. Das Feld erstreckt sich dabei vom „Zeichen" als Basis-Bedeutungsträger bis zum „Handeln" und, bezogen auf die Bedeutung im unternehmerischen Kontext, zur „Handlungsfähigkeit":

3.1.1 Zeichen, Daten, Informationen

Nach North werden „Zeichen (Buchstaben, Ziffern, Sonderzeichen) (…) durch Ordnungsregeln (einen Code oder eine Syntax) zu Daten. Daten sind Symbole, die nocht nicht interpretiert sind, d. h. beliebige Zeichen bzw. Zeichenfolgen; dies können Zahlen oder auch ein rotes Licht einer Ampel sein. Zu Informationen werden diese Daten erst, wenn ein Bezug hergestellt ist, z. B. 2,7 % Produktivitätssteigerung der Elektronikfertigung pro Quartal, (…) Informationen sind also Daten, die in einem Bedeutungskontext stehen und aus betriebswirtschaftlicher Sicht zur Vorbereitung von Entscheidungen und Handlungen dienen."[61]

3.1.2 Wissen

Nachfolgende Definitionen eignen sich für den vorliegenden Kontext am besten:
Nach Probst bezeichnet „Wissen (…) die Gesamtheit der Kenntnisse und Fähigkeiten, die Individuen zur Lösung von Problemen einsetzen. Dies umfasst sowohl theoretische Erkenntnisse als auch praktische Alltagsregeln und Handlungsweisen. Wissen stützt sich auf Daten

---

[60]   North: Wissensorientierte Unternehmensführung, S. 39
[61]   North: Wissensorientierte Unternehmensführung, S. 38

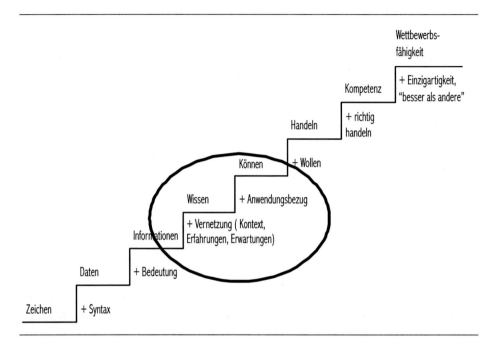

Abbildung 3-1: Wissenstreppe nach North

und Informationen, ist im Gegensatz zu diesen jedoch immer an Personen gebunden. Es wird von Individuen konstruiert und repräsentiert deren Erwartungen über Ursache-Wirkungs-Zusammenhänge"[62]

Damit gewinnt Wissen seine Relevanz in der Anwendung. Erfolgreiches Handeln ist das Ergebnis erfolgreicher Wissenanwendung.

Reinmann-Rothmeier konkretisiert die Unterscheidung zwischen Daten und Wissen weiter und erläutert die Personengebundenheit: „Wissen mit Sinn und Bedeutung entsteht nur unter der Voraussetzung, dass Menschen auswählen, vergleichen, bewerten, Konsequenzen ziehen, verknüpfen, aushandeln und sich mit anderen austauschen. Wissen ist bedeutungsgerecht bewertetc Information."[63]

---

[62]   Probst: Wissen managen, S. 46

[63]   Reinmann-Rothmeier: Wissensmanagement lernen, S. 16

Implizites und explizites Wissen

Implizites Wissen ist das persönliche „Know-how" und bildet sich durch eigene Erfahrung. Es verliert, wenn es niedergeschrieben wird, einen Teil seines Gehalts, denn der Personen- und Kontextbezug geht dabei zumindest teilweise verloren.

Demgegenüber ist explizites Wissen dokumentiertes (kodifiziertes) und verbalisiertes Wissen, „das beispielsweise in Handbüchern oder Arbeitsanweisungen enthalten ist."[64]

Explizites Wissen wird erst dann nützlich, wenn es zur Anwendung kommt: „Explizites Wissen für sich allein nützt so viel wie der Hammer, der den Heimwerker noch nicht mit der Fähigkeit ausrüstet, den Nagel auch richtig in die Wand einzuschlagen."[65]

Die Grenzen zwischen implizitem und explizitem Wissen sind fließend und beide Wissensarten sind grundsätzlich, wenn auch in unterschiedlicher Ausprägung, im Unternehmen notwendig.

Organisationales Wissen

Eine Sonderform impliziten Wissens bildet das implizite Wissen in Organisationen, das als organisationales Wissen oder Systemwissen[66] bezeichnet wird. Darunter fallen Handlungsweisen und im Unternehmen etablierte Prozesse, die die Beteiligung mehrerer Personen erfordern, aber nicht dokumentiert sind. Das organisationale Wissen hat für die Leistungsfähigkeit eines Unternehmens eine große Bedeutung und kann auch aktiv gefördert werden.

Systemwissen kann auch in Form von juristisch geschütztem Wissen, „das in Patenten, Lizenzen, Geheimnissen und in Marken enthalten ist, .z.B. Coca Cola, Nike"[67], vorhanden sein. Der Wettbewerbsvorteils eines Unternehmens bemisst sich allerdings nicht nur im juristisch geschützten Wissen, sondern auch in seinem restlichen Systemwissen, so dass auch der Schutz dieses Wissens in einem Unternehmen thematisiert werden muß.

Organisationales Wissen braucht einen „Wissensraum", d.h. eine räumliche oder organisatorische Abgrenzung, innerhalb derer es sich entwickelt. Henn visualisiert Wissensräume wie folgt: (Abb. 3-2)[68]

---

[64]   Girmscheid in Diederichs, S 135
[65]   Zucker: Wissen gewinnt, S. 58
[66]   Nach Zucker: Wissen gewinnt, S. 34
[67]   Zucker: Wissen gewinnt, S. 34
[68]   Nach Henn: Der Raum des Wissens, Vortrag, 28.11.05

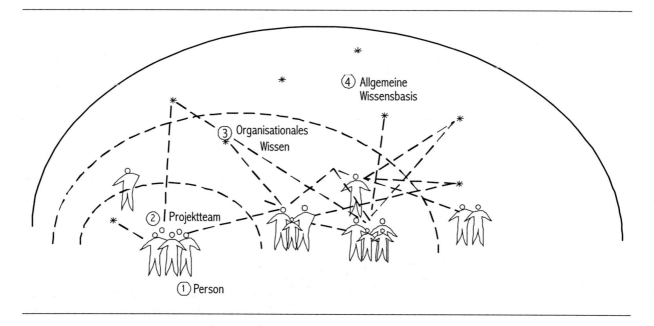

Diese Wissenskategorien können auf allen Ebenen einer Organisation (außerdem, nach Schindler, auch zwischen Organisationen) vorliegen und sind nachfolgend anhand einiger Beispiele belegt: (Tab. 3-1)[69]

Abbildung 3-2: Wissensräume

Sach- und Handlungswissen, Metawissen

Sach- oder Fachwissen, „das auch als Wissen erster Ordnung bezeichnet wird, umfasst vor allem inhaltliche Wissensbestände"[70], und ist faktengeprägt und eher explizierbar, Handlungswissen dagegen umsetzungsbezogen und eher implizit.[71] Im Allgemeinen hat Sach- oder Faktenwissen kürzere, Handlungs- oder Methodenwissen längere Halbwertszeiten.

Metawissen, als „Wissen über Wissen"[72], hat im Rahmen von Wissensmanagement eine besondere Bedeutung: „Der Vorteil von Metawissen besteht darin, dass es den Aufbau von

---

[69]   Schindler: Wissensmanagement in der Projektabwicklung, S. 31

[70]   Schnauffer et al.: Wissen vernetzen, S. 29

[71]   Siehe auch Reinmann-Rothmeier: Wissensmanagement lernen, S. 17

[72]   Schnauffer et al., Wissen vernetzen, S. 29

	Persönliche Ebene (Individualebene)	Projektebene (Teamebene)	Organisations-ebene	Interorganisatio-nale Ebene
Explizites Wissen	Fakten über Kunden, Schriftwechsel	Kollektives Teamwissen, kodifiziert z. B. in Projektdokumenten	Organisationshand-bücher, Projekt-Methoden-handbücher, Experten-profile	Projektverträge, Kunden-/Lieferantenbe-ziehungen im Projekt
Implizites Wissen	Persönliche Einstellung zu den Teamkollegen oder der Projektleitung	„Projektkultur": gemein-same Einstellung/Haltung gegenüber anderen aus Sicht des Teams	Von teamfremden Organisationsmitglie-dern wahrgenommener Projektauftritt	Umgangsformen in der Zusammenarbeit bei der Projektdurchführung

eigenem Fachwissen, das nicht direkt zur Arbeitsaufgabe gehört, ersparen kann. In Summe ergibt sich damit für die Organisation ein Effizienzgewinn, da ein Zugriff auf vorhandenes Wissen zumeist schneller möglich ist als der Aufbau eigenen Wissens."[73]

Wissensniveaus

Für die Klassifizierung von Wissens- oder Fähigkeitsniveaus gibt es verschiedene, im Detail leicht variierende Ansätze, die jeweils von einer Beschreibung der Tätigkeiten ausgehen. Stellvertretend wird hier die Skala der Studie zur Zertifizierung informellen Lernens („Profil-PASS") dargestellt, die derjenigen gleicht, die im Unternehmen Siemens verwendet wird[74]:

„Niveau A: Tätigkeiten, die unter Anleitung durch eine andere Person oder mit Hilfe einer Anleitung/Gebrauchsanweisung ausgeführt werden können („beginner").

Niveau B: Tätigkeiten, die selbstständig unter ähnlichen Bedingungen ausgeführt werden können („skilled and trained").

Niveau C1: Tätigkeiten, die selbstständig in einem anderen Kontext (Situation, Bedingung, Ort, Arbeitskontext) ausgeführt werden können („professional expert").

Niveau C2: Tätigkeiten, die selbstständig in einem anderen Kontext ausgeführt, erläutert und vorgemacht werden können. („world-class expert")"[75]

---

[73] Schnauffer et al., Wissen vernetzen, S. 30

[74] Nach Hofer-Alfeis, Vortrag, 24.05.2007

[75] Bretschneider, Hummelsheim: Wissensbilanzierung mit Profil, in: wissensmanagement 08/06, S. 44

Zeitliche Dimension von Wissen

Wissen unterliegt ständiger Veränderung und Weiterentwicklung; damit ist die Wissensspeicherung als einzige Aktivität nicht zielführend: „In den meisten Wissensmanagement-Ansätzen wird immer noch eher auf Bestandssicherung durch Kodifizierung in Daten als auf zeitliches Wissen gesetzt. Mit zeitlichem Wissen ist gemeint, dass dieses immer im Fluss ist und das kognitive System einer Organisation erst durch Informationen in Bewegung gesetzt wird. Das Entscheidende dabei ist, dass es unmöglich ist, Informationen und Wissen festzuhalten und als etwas Zeitfestes und Beständiges zu behandeln. Damit wird Wissen zu einer stets aktuellen Operation der Akteure, die, indem sie abläuft, schon wieder entschwindet."[76]

Bei der Entscheidung für Wissensmanagement-Maßnahmen bedeutet dies, auch der Wissenskommunikation und -entwicklung einen großen Stellenwert einzuräumen.

Gewählter Wissensbegriff

Folgende Aspekte eines Wissensbegriffs sind für die weiteren Überlegungen relevant:

* Wissen setzt grundsätzlich Information voraus und schließt Informationen und Daten mit ein.
* Der Personenbezug und die ständige Veränderung von Wissen sind relevante Charakteristika.
* Wissen und dessen Nutzung gelten als Teile des Wertschöpfungsprozesses im Unternehmen und sind zweckgebunden.

3.1.3 Können, Handeln und Kompetenz

Die weiteren Stufen der Wissenstreppe („Können", „Handeln", „Kompetenz", „Wettbewerbsfähigkeit") bringen zum Ausdruck, dass die Maßnahmen zur Optimierung des Umgangs mit Wissen auf Wertschöpfung ausgerichtet sind.

Wissen ist dabei eine der Voraussetzungen für Kompetenz, denn „unter Kompetenz werden zusammenfassend alle Fähigkeiten, Wissensbestände und Denkmethoden verstanden, die ein Mensch in seinem Leben erwirbt und betätigt. Es sind Dispositionen, die den Menschen auch in neuen, komplexen Situationen handlungs- und reaktionsfähig machen und ihn befähigen, effektiv mit seiner Umwelt zu interagieren."[77]

---

[76] Schnauffer et al.: Wissen vernetzen, S. 79
[77] Nach: Henning, Oertel, Isenhardt: Wissen – Innovation – Netzwerke, S. 144

Kompetenz ist damit „mehr" als Wissen und steht damit auf ähnlicher Hierarchieebene wie „Können und Handeln". Kompetenzen können an Personen und an Organisationen gebunden sein. Folgende Unterscheidung ist verbreitet:

- Fach- und Methodenkompetenz
- Sozialkommunikative Kompetenz
- Personale Kompetenz[78]

3.1.4 Lernen

Die individuelle Aneignung oder Entwicklung von Wissen als aktiver Prozess („Lernen") ist ein integraler Bestandteil der Arbeit, denn „wenn Wissen die Grundlage von Wertschöpfung ist, dann werden Arbeit und Lernen eins."[79]

Dies erfordert allerdings entsprechende Rahmenbedingungen. Die Verankerung von Lernprozessen im Arbeitsprozess im Sinne eines „learning by doing" (die effektivste Art zu lernen) sowie dessen Unterstützung durch geeignete Maßnahmen (z. B. Lessons Learned) oder auch das bewusste Erschließen des erforderlichen Wissens für die jeweilige Aufgabe sind Handlungsfelder von Wissensmanagement. Die Unterstützung dieser Lernprozesse im Unternehmen steht häufig noch am Anfang. Senge spricht von einem „zentrale(n) Lerndilamma von Organisationen: Wir lernen am meisten aus Erfahrung, aber wir erfahren häufig nicht, wie sich unsere wichtigsten Entscheidungen auswirken."[80]

Lernfähigkeit stellt nach Reinmann-Rothmeier eine unternehmerische Größe dar: „Es besteht heute relativ große Einigkeit darin, dass sowohl die Lernfähigkeit einer Organisation als soziales System als auch die Lernfähigkeit ihrer Mitglieder mit wachsendem Druck am Markt einen zentralen Wettbewerbsvorteil darstellen. Dabei bedeutet organisationales Lernen vor allem eine Veränderung der organisationalen Wissensbasis, die auf verschiedenen Wegen erfolgen kann."[81]

---

[78]   Nach: Henning, Oertel, Isenhardt: Wissen – Innovation – Netzwerke, S. 145
[79]   Hopfenbeck, Müller, Peisl: Wissensbasiertes Management, S. 171
[80]   Senge: Die fünfte Disziplin, S. 35
[81]   Reinmann-Rothmeier, Mandl: Individuelles Wissensmanagement, S. 22

3.1.5 Projekt

Die DIN-Begriffsnorm 69901 definiert das Projekt als „ein Vorhaben, das im Wesentlichen durch die Einmaligkeit der Bedingungen in ihrer Gesamtheit gekennzeichnet ist, wie z. B. Zielvorgabe, zeitliche, finanzielle, personelle und andere Begrenzungen, Abgrenzung gegenüber anderen Vorhaben, projektspezifische Organisation."[82]

Projekten wird hinsichtlich des Lernens und der Wissensentwicklung eine wichtige Rolle zuerkannt, denn „(Projekt-) Teams werden immer mehr zur bedeutendsten Lernzelle einer Organisation."[83] Daher ist dem Thema im Kapitel 3.5.3. ein besonderer Schwerpunkt gewidmet.

Im Hinblick auf die Untersuchungen zum Wissensmanagement ist die Unterscheidung von Schindler in „offene" und „geschlossene"[84] Projekte bedeutsam. Offene Projekte sind dabei Projekte mit externen Partnern, geschlossene Projekte sind Projekte, die innerhalb eines Unternehmens bearbeitet werden.

3.2 Methoden

Managementsysteme bieten ein Paket von aufeinander abgestimmten Methoden und Hilfsmitteln zur Steuerung eines Unternehmens. Grundsätzlich sind dabei die Aspekte Zielsetzung, Steuerung, Kontrolle in einen Regelkreis eingebunden, der die Reaktion auf Abweichungen ermöglicht. Die verschiedenen Systeme haben zwar im Detail unterschiedliche Schwerpunkte, weisen jedoch in den Grundzügen gleiche Strukturen auf. Zur Vermeidung von Redundanzen bietet sich eine integrierte Betrachtung an. Nachfolgend werden die Schnittstellen benachbarter Systeme zum Wissensmanagement beschrieben.

3.2.1 Benachbarte Managementsysteme

Ein Grundprinzip aller Managementsysteme ist, durch Standards im Laufe der Zeit eine dauerhafte (Prozess-)Verbesserung zu erreichen. (Abb. 3-3)[85]

---

[82] Nach: Schelle: Projekte zum Erfolge führen, S. 11

[83] Schindler: Wissensmanagement in der Projektabwicklung, S. 45

[84] Schindler: Wissensmanagement in der Projektabwicklung, S. 26

[85] Nach www.kanbanconsult.de, 22.11.2007

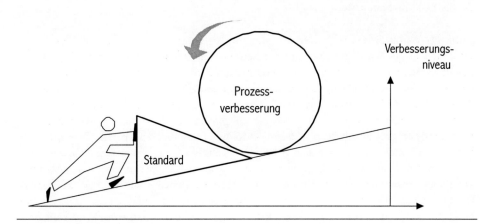

Projektmanagement

Projektmanagement unterstützt die erfolgreiche Abwicklung von Projekten von der Formulierung der Aufgabe über die Installation des Teams, die Bearbeitung, die Erfolgskontrolle bis zum Abschluss. Anknüpfungspunkte zum Wissensmanagement finden sich beispielsweise in Standardvorgaben für Projekte (z. B. Muster-Organigrammen oder Muster-Terminplänen). Sie sind sowohl Instrumente des Projektmanagements als auch akkumuliertes Wissen: „Wenn ein projektorientiertes Unternehmen wiederholt eine Projektart durchführt, können für diese Projektart Standardprojektpläne entwickelt werden. Diese Standardisierung stellt ein Instrument des organisatorischen Lernens bzw. des Wissensmanagements dar."[86]

Auch der Umgang mit Erfahrungen und Erkenntnissen aus Projekten ist Gegenstand des Projektmanagements. So fordert die DIN 69904 Projektmanagementsysteme (2000) zum Thema „Vorgehensweise bei der Erfahrungssicherung und -auswertung" folgende Festlegungen:

- „die Zeitpunkte der Durchführung
- die auszuwertenden Elemente des Projektmanagementsystems
- die zur Auswertung anzuwendenden Messgrößen
- das Vorgehen, mit welchen Maßnahmen Erkenntnisse abgeleitet werden
- die Methodik und Umsetzung von sich ergebenden Maßnahmen

---

[86] Gareis: Der professionelle Projektstart, in: Projektmanagement 03/2000, S. 28

- die Dokumentation der Ergebnisse"[87]

Qualitätsmanagement

Qualitätsmanagement zielt primär auf die Steuerung der Produkt- und Servicequalität eines Unternehmens. Dazu stellt es Wissen für bestimmte Bearbeitungsschritte zur Verfügung, sammelt Wissen über Fehlerquoten und Erfolgs- oder Misserfolgsfaktoren und wertet diese im Hinblick auf Optimierung aus.

Cüppers stellt in ihrer Arbeit „Wissensmanagement in einem Baukonzern" fest: „Wissensorientierte Projektgespräche und Projektdokumentationen sind bereits Bestandteil des Qualitätsmanagements. Zwischen den beiden Managementdisziplinen bestehen zahlreiche Schnittstellen, denn Wissen spielt auch bei der Qualitätsverbesserung eine wichtige Rolle. Die Dokumentation von Geschäftsprozessen, wie im Qualitätsmanagement gefordert, überführt implizites Wissen in explizites Wissen und stellt es so der Organisation zur Verfügung. Es mangelt jedoch häufig an der praktischen Umsetzung und Aspekte des Wissensmanagements werden bisher nicht explizit berücksichtigt." [88]

Girmscheid sieht alle Managementsysteme im Unternehmen „unter einem Dach" [89], dem des kontinuierlichen Verbesserungsprozesses KVP. Dieser zielt darauf, alle vorhandenen Prozesse einer ständigen Optimierung zu unterziehen.

Risikomanagement

Risikomanagement steuert in einem mehrstufigen Prozess (Analyse, Bewertung, Minimierung, Kontrolle, Verfolgung) unternehmerische und Projektrisiken. Identifizierte Risiken werden hinsichtlich ihrer Eintrittswahrscheinlichkeit und ihres Schadensausmaßes geordnet. Die Chancen, die mit dem Tragen eines Risikos verbunden sind, werden berücksichtigt.

Als Wissensrisiken bezeichnet man Risiken, die im unmittelbaren Zusammenhang mit der Ressource Wissen stehen, z.B. wenn ein Projekt spezielles Wissen erfordert (Krankenhausbau, Flughafenbau, Finanzierungswissen für PPP-Projekte) und dies nur einem Wissensträger vorliegt. Wissensrisiken sollen in bestehenden Risikomanagement-Systemen platziert und bewertet werden können.

---

[87] nach: Cüppers: DIN 69904 Projektmanagemensysteme
[88] Cüppers: Wissensmanagement in einem Baukonzern, S. 86
[89] Nach Girmscheid: Unternehmenserfolg durch Best Practice

3.2.2 Wissensmanagement

Aus verschiedenen vorausgegangenen Definitionen, z. B. von Probst (1999) [90] und Bullinger (2001) [91] entwickelte sich 2005 in Australien die weltweit erste Norm zum Wissensmanagement. Sie definiert Wissensmanagement wie folgt: „Wissensmanagement bezeichnet den bewussten und systematischen Umgang mit der Ressource Wissen und den zielgerichteten Einsatz von Wissen in der Organisation. Damit umfasst Wissensmanagement die Gesamtheit aller Konzepte, Strategien und Methoden zur Schaffung einer „intelligenten", also lernenden Organisation. In diesem Sinne bilden Mensch, Organisation und Technik gemeinsam die drei zentralen Standbeine des Wissensmanagements."[92]

Ohle ergänzt und konkretisiert dies: „Wissensmanagement (ist) der Kernprozess zur Bereitstellung und aktiven Nutzung von vernetzten Informationen sowie Fähigkeiten von Personen. (Es schließt) Kompetenz- und Performance-Management (mit ein, d. h.)

- Individuelles Bereichswissen zu Unternehmenswissen zu vernetzen,
- Know-How und Erfahrungen unternehmensweit und global systematisch auszutauschen,
- Wissensgenerierung nicht dem Zufall zu überlassen, sondern zum Bestandteil der Unternehmensprozesse zu machen,
- Wissen aktiv weiterzugeben und einzufordern,
- Best Practices abrufbar zu machen,
- Doppelarbeiten und Fehler zu vermeiden,
- Kulturunterschiede sukzessive abzubauen,
- Know-how-Verlust bei Personalfluktuation zu vermeiden,
- Vorhandenes Wissen systematisch zu pflegen und anwendungsgerecht aufzubereiten."[93]

---

[90] „Wissensmanagement bildet ein integriertes Interventionskonzept, das sich mit Möglichkeiten zur Gestaltung der organisatorischen Wissensbasis befasst." Probst, Wissen managen, S. 47

[91] AS 5037 (2005) nach North: Wissensmanagement Down Under, in: Wissensmanagement 01/06, S. 49

[92] „Wissensmanagement ist ein disziplinübergreifender Ansatz zur Verbesserung organisatorischer Ergebnisse und des Lernens durch die Maximierung der Wissensnutzung. Es beinhaltet Gestaltung, Implementierung, und Beurteilung von sowohl sozialen und technischen Aktivitäten und Prozessen zur Verbesserung der Entwicklung, Teilung, Anwendung und Nutzung von Wissen." Bullinger nach: Reinmann-Rothmeier et.al.: Wissensmanagement lernen, S. 18

[93] Frank Ohle, Wissensmanagement in deutschen Unternehmen, ME Unternehmensberatung, S. 7

*Abbildung 3-4: Querschnitts-
funktion Wissensmanagement*

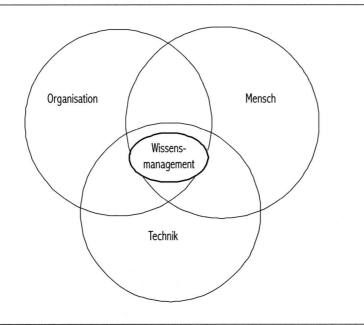

Drei Säulen: Mensch – Organisation – Technik

Wissensmanagement berührt als interdisziplinäres Arbeitsgebiet mit den drei Säulen Mensch, Organisation und Technik folgende Wissenschaftsgebiete:

- Mensch: Die Psychologie hinterfragt, wie sehr Wissen kommunikations- und personengebunden ist, welche psychologischen Barrieren den Austausch von Wissen verhindern, und welche Motivationszusammenhänge es beim Umgang mit Wissen gibt. Diese sind von besonderer Bedeutung, denn in herkömmlichen Unternehmenszusammenhängen gilt Wissen als Machtfaktor. Die Psychologie beschäftigt sich darüber hinaus mit Kompetenzprofilen, Anreizsystemen und transparenten Einführungsstrategien von Wissensmanagement im Zusammenspiel mit der Unternehmenskultur.

- Organisation: Die Einbindung der Ressource Wissen in das unternehmerische Gesamtsystem wird seitens der Betriebswirtschaft betrachtet. Dabei ist die Verzahnung von Wissensmanagement mit Unternehmensprozessen ebenso notwendig wie die Ausrichtung

*Abbildung 3-5: Unterstüt-
zungsfunktionalitäten von
Groupware-Anwendungen*

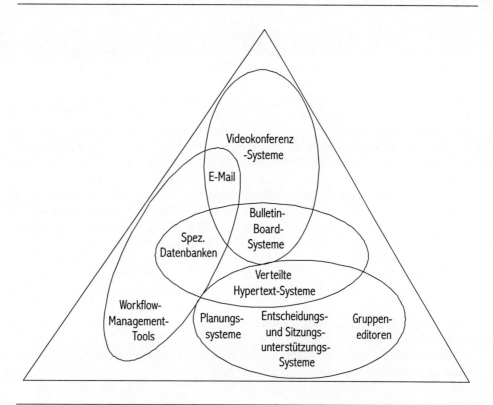

von WM-Maßnahmen an Unternehmenszielen. Denn „wird Wissen als ein den anderen Produktionsfaktoren übergeordneter verstanden, so ist Wissensmanagement immer ein integraler Bestandteil des Unternehmensmanagements. Das Wissensmanagement stellt dabei eine Querschnittsfunktion dar, die untrennbar mit der Führungsaufgabe verbunden ist."[94]

• Technik: Die Informatik trägt zum Wissensmanagement technische Lösungen zur Bereitstellung (Intranet, Dokumentenmanagement, …) und Suche von Informationen sowie

---

[94] Hopfenbeck, Müller, Peisl: Wissensbasiertes Management, S. 208

Werkzeuge zur Unterstützung der Kommunikation bei. Die Technologien reichen bis hin zu Inhaltserkennungs-Systemen und künstliche Intelligenz. Abbildung 3-5[95] zeigt verschiedene Möglichkeiten für kooperationsunterstützende Technologien. Diese können für Wissensmanagement eine besondere Bedeutung gewinnen.

Ausschließlich technikbasierte Wissensmanagementsysteme erlangen selten die Akzeptanz der Nutzer. Nach Schütt artete das Streben nach technischer Perfektion „letztlich darin aus, dass viele versuchten, Wissen in Datenbanken ablegen zu lassen, was nur in wenigen Ausnahmenfällen gelingt. Der Grund ist, dass „man mehr weiß als man sagen kann und dass man mehr sagen kann als man niederschreiben kann."[96]

Die integrale Betrachtung aller drei Säulen gilt als der eigentliche Erfolgsfaktor. Daraus folgt, dass Wissensmanagement nicht einer klassischen Funktionsstelle (Personalentwicklung, Organisation, EDV) zugeordnet werden sollte, sondern eine Querschnittsfunktion bildet.

Die vorliegende Arbeit legt ihren Schwerpunkt bewusst auf die Organisation und die Säule „Mensch", denn diese Bereiche galten bisher als wenig erforscht.

Wissensziele: Normativ – Strategisch – operativ

Klare Ziele und deren Darstellung auf den drei Zielhierarchie-Ebenen (normative, strategische und operative Ebene) sind der notwendige Rahmen für Wissensmanagement-Maßnahmen und deren Messbarkeit. Nachfolgendes Beispiel für ein Ingenieurbüro der Tragwerksplanung macht diese Zielhierarchien deutlich:

„Normative Wissensziele: Schaffung einer wissensbewussten Unternehmenskultur mit grundlegender unternehmenspolitischer Vision (z. B. „Das Wissen unserer Firma stellt den größten Wert des Unternehmens dar und steht im Mittelpunkt unserer Aktivitäten.")

Strategische Wissensziele: Festlegung langfristiger Programme, die zur Erreichung der Vision entwickelt werden (z. B. „Wir bauen unsere Fähigkeiten im Bereich der Stahlbau-Tragwerksplanung so aus, dass wir Projekte bis zum Jahr xx ohne Unterstützung von externen Ingenieurbüros umsetzen können.")

Operative Wissensziele: Sie sollen für die Umsetzung der strategischen Programme auf der Ebene der täglichen Aktivitäten sorgen (z. B. „Jeder Mitarbeiter gibt sein in Seminaren erlerntes Wissen an Kollegen weiter")[97]

---

[95] nach: R. Borner: Einsatz und Potenziale von Wissensmanagement in Unternehmen der Bauwirtschaft, in: Bauingenieur Bd. 76, Mai 2001, S. 256

[96] Schütt, in: Wissensmanagement 2/2004, S. 14

[97] Deuringer: Praxisorientiertes Qualitäts- und Wissensmanagement im Ingenieurbüro, S. 33

Borner betont daneben den unterschiedlichen Zeithorizont der Ziel-Ebenen: „Bei der Planung eines Wissensmanagements ist zwischen der strategischen und der operativen Geschäftsebene zu unterscheiden. Das hauptsächliche operative Geschäft der Unternehmen der Bauwirtschaft umfasst die Abwicklung von Bauprojekten, während auf strategischer Ebene die Entwicklung neuer Geschäftsfelder und die Existenzsicherung des Unternehmens im Vordergrund stehen."[98]

Diese Zielebenen finden sich gleichermaßen auf Unternehmens- und Projektebene. So ist beispielsweise die Wissenssicherung beim Projektabschluss eine Aktivität, die weniger die operativen Ziele des aktuellen Projektes unterstützt, sondern einem längerfristigen strategischen Ziel des Wissensaufbaus im Unternehmen dient.

3.2.3 Schnittstellen

Qualitäts-, Risiko- und Wissensmanagement sind auf Unternehmens- und Projekt-ebene anwendbar. Folgende Synopse zeigt Gemeinsamkeiten, Unterschiede und Überschneidungen dieser benachbarten Systeme. Eine Gemeinsamkeit ist das Ziel, mit aufeinander abgestimmten Aktivitäten einen Schwerpunkt (Projekt, Qualität, Risiko, Wissen) im Hinblick auf den Unternehmenserfolg positiv zu beeinflussen.

---

[98]   Borner, in: der Bauingenieur Bd.76, Mai 2001, S. 256

	Projektmanagement	Qualitätsmanagement	Risikomanagement	Wissensmanagement
Definition	„Gesamtheit von Führungsaufgaben, -organisation, -technik und -mittel für die Abwicklung eines Projektes"[99] (DIN 69901)	„Aufeinander abgestimmte Tätigkeiten zum Leiten und Lenken einer Organisation bezüglich Qualität."[100]	„Bewusste Handhabung der verschiedenen Arten des Risikos."[101]	„Wissensmanagement ist ein disziplinübergreifender Ansatz zur Verbesserung organisatorischer Ergebnisse und des Lernens durch die Maximierung der Wissensnutzung. (…)"[102]
Vorgehen	linear entlang des Projektverlaufes	„Regelkreis" plan – do – check – act	Risiken identifizieren – bewerten – steuern - überwachen	Regelkreis: Wissen identifizieren, bewahren, nutzen, verteilen, entwickeln, erwerben
Gemeinsame und individuelle Ziele	„Erhöhung der Wahrscheinlichkeit der Zielerreichung" Wertschöpfung Verbesserung organisatorischer Ergebnisse			
	Projekterfolg (Abwicklungserfolg, Anwendungserfolg) Wettbewerbsposition	Produktqualität Kundenzufriedenheit Wettbewerbsposition	Umgang mit Risiken, Unternehmenssteuerung Versicherungsschutz, Gesetzgebung	Verbesserung organisatorischer Ergebnisse und des Lernens, „Lernende Organisation", Wettbewerbsposition
Schnittstellen und -mengen			Wissens-Risikomanagement	
	Projekt-Qualitätsmanagement			
	Projekt-Risikomanagement		Projekt-Risikomanagement	
	Projekt-Wissensmanagement			Projekt-Wissensmanagement
Inhalte	Qualitäten – Quantitäten – Termine	Prozesse	Prozesse Quantifizierung Risiken und Wahrscheinlichkeiten	Prozesse implizites und explizites Wissen
Methoden Handlungsfelder	Workflows, Checklisten, Arbeitsanweisungen			
	Delphi	Messen Analysieren FMEA	Matrix Eintrittswahrscheinlichkeit/ Schadensausmaß	Messen Analysieren Gestaltung von Kommunikation
		Prozessgestaltung und -evaluation	Statistik Stochastik	Mensch – Organisation –Technik

Tabelle 3-2: Synopse der Managementsysteme

---

[99]   DIN 69901, nach: Greiner, Mayer, Stark: Baubetriebslehre Projektmanagement, S. 3
[100]   DIN EN ISO 2000:2005
[101]   Schneck: Lexikon der Betriebswirtschaft, S. 626
[102]   AS 5037 (2005) nach North: Wissensmanagement Down Under, in: Wissensmanagement 01/06, S. 49

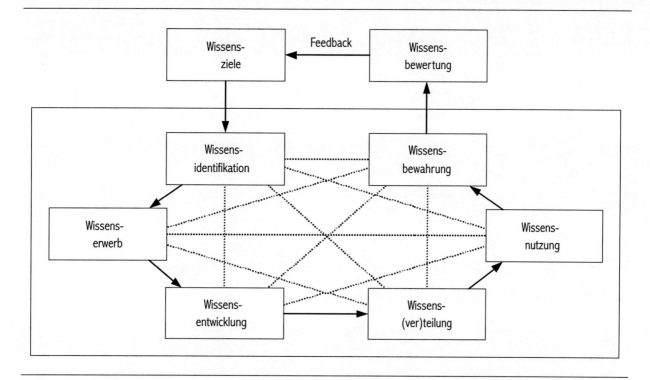

Abbildung 3-6: Kernprozesse des Wissensmanagements nach Probst

3.3 WM-Modelle

Die bekannten Wissensmanagement-Modelle gliedern jeweils nach unterschiedlichen Prinzipien:

Probst („Genfer WM-Modell") gliedert Wissensmanagement in sechs Prozessgruppen, die die Hauptaktivitäten im Umgang mit Wissen darstellen und in einem Regelkreis über Wissensziele und Wissensbewertung eingebunden sind. Die Prozessgruppen folgen nicht zwingend aufeinander, die gewählten Maßnahmen sollen jedoch einen in sich geschlossenen Kreis abbilden. (Abb. 3-6)[103]

---

[103] Probst et al.: Wissen managen, S. 58

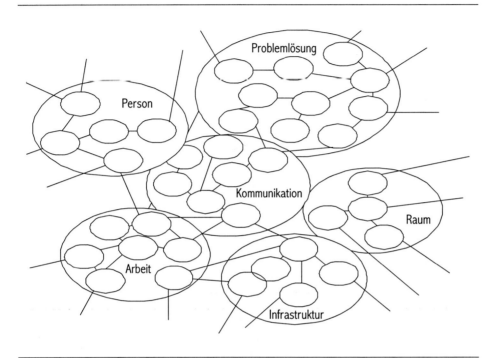

Abbildung 3-7: Instrumente der Wissensorganisation nach Funktionsgruppen

Roehl ordnet nach möglichen Interventionsfeldern, beispielsweise sind Coaching oder Weiterbildung personenbezogene, Checklisten oder Simulationen problemlösungsorientierte Instrumente (siehe Abb. 3-7)[104]

Zucker legt ihren Schwerpunkt auf Transformationsprozesse, die den Zustand von Wissen ändern, und zwar als Übergang zwischen vorhandenem und neuem Wissen sowie zwischen „innen" und „außen" (innerhalb des Unternehmens, außerhalb des Unternehmens). Wertschöpfung erfolgt durch Nutzung von vorhandenem und der Entwicklung von neuem Wissen, und zwar innerhalb des Unternehmens oder im Austausch mit seinem Umfeld.

Diese Wissens-Transformationsprozesse sind im Rahmen der Wissensentwicklung noch Gegenstand näherer Betrachtung.

---

[104]   Roehl: Organisationen des Wissens, S. 85

Abbildung 3-8: Wissensqua-
drant nach Zucker

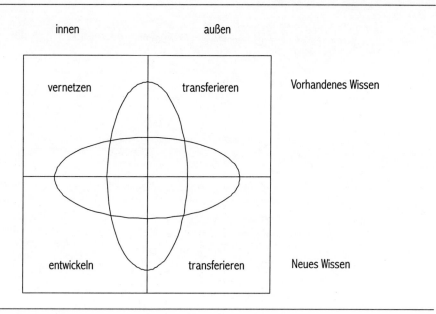

Während das probstsche Modell in seiner prozesshaften Darstellung an Unternehmensprozesse anschließt, liegt die Stärke des Funktionsgruppen-Modells von Roehl in der Visualisierung des Repertoires der Handlungsfelder. Zucker verdeutlicht den Aspekt der Wissenstrans-
formation. (Abb. 3-8)[105]

3.3.1 Das WM-Modell von Mandl und Reinmann-Rothmeier

Ähnlich wie Probst folgt das sog. Münchner WM-Modell von Reinmann-Rothmeier und
Mandl den wissensbezogenen Prozessen. (Abb. 3-9)[106]
  Die vier Kategorien werden nachfolgend näher erläutert:

---

[105] Zucker: Wissen gewinnt, S. 113
[106] Krön, nach: Reinmann-Rothmeier et al.: Wissensmanagement lernen

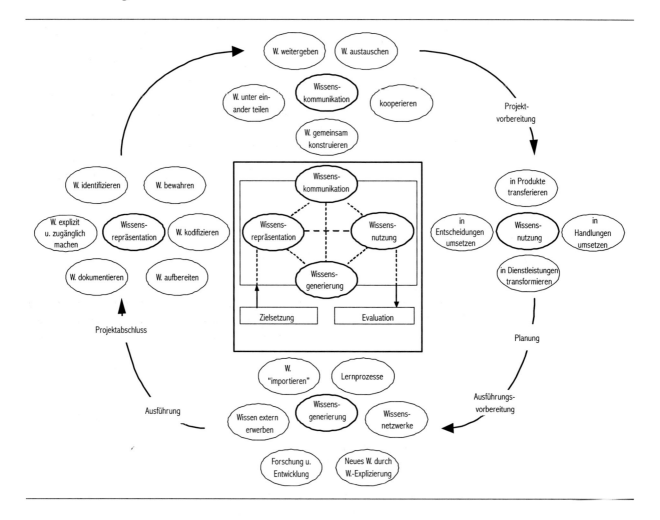

Abbildung 3-9: WM-Modell Reinmann-Rothmeier und Mandl

- Die Wissensrepräsentation befasst sich mit der Identifikation vorhandenen Wissens (Wissen und Wissensschwerpunkte von Mitarbeitern, Wissen in der Bibliothek, Wissen aus Projekten, …) und mit Maßnahmen, es zugänglich und nutzbar zu machen. Dies erfolgt durch Explizierung, d. h. Überführung impliziten Wissens in explizites Wissen, und Dokumentation. Eine entsprechende Gliederung zur Themenzuordnung ist Voraussetzung. Wegen des meist großen Aufwands sind Aufwand und Nutzen abzuwägen. Dabei sind die Wahrscheinlichkeit der Wiederverwendung und die strategische Bedeutung der Wissensgebiete zentrale Kriterien. Auch strategisch wichtige, aber derzeit im Unternehmen nicht besetzte Wissensfelder können dabei identifiziert werden.

- Die Wissenskommunikation umfasst das Weitergeben, Austauschen und Teilen von Wissen. Sie ist häufig auch eine Basis für die Wissensgenerierung. Die Wissensweitergabe über direkte Kommunikation ist schnell und direkt, die Qualität der Übertragung ist, wegen des mitübertragenen Kontext-Wissens (impliziten Wissens) hoch. Die direkte, persönliche Kommunikation ist in dieser Hinsicht virtueller Kommunikation überlegen. Idealerweise ergeben sich Kombinationen aus virtueller und direkter Kommunikation. Wissenskommunikation braucht einen geeigneten Rahmen (Zeit, Raum, Unternehmensklima), um stattzufinden.
- Die Wissensnutzung als eigentliches Ziel von Wissensmanagement setzt die vorangehenden Prozesse voraus und zeigt deren Erfolg. Sie wird unterstützt durch den Abbau von Nutzungsbarrieren, entsprechende Vorbilder und eine geeignete Gestaltung von Arbeitssituationen und Dokumenten[107].
- Die Wissensgenerierung umfasst die Entwicklung und den Erwerb von Wissen. Wissenserwerb vollzieht sich als „Lernen" auch im Prozess der Arbeit. Gelegenheiten zur Reflexion und Wissenssicherung fördern ihn. Auch die Gewinnung neuer Mitarbeiter, die Inanspruchnahme von Beratungsleistungen und die Teilnahme an Netzwerken ist Wissenserwerb sowie eigene Forschungs- und Entwicklungtätigkeiten dienen der Wissensentwicklung, die für Unternehmen hinsichtlich ihrer Wettbewerbs- und Innovationsfähigkeit große Bedeutung hat.

Diese vier Kategorien sind unter Ausrichtung auf eine Zielsetzung und bei turnusmäßiger Überprüfung und Evaluation wirksam. Für mögliche Arten von Zielen wird auf Kap. 3.2.2 („Wissensmanagement") verwiesen.

3.3.2 Wo findet Wissensmanagement statt?

Mit seinen drei Säulen tangiert Wissensmanagement alle Bereiche eines Unternehmens. Eine Zuordnung von Schwerpunkten wird aus nachfolgender Abbildung ersichtlich: (Abb. 3-10)

---

[107] Nach Probst: Wissen managen, S. 271 ff.

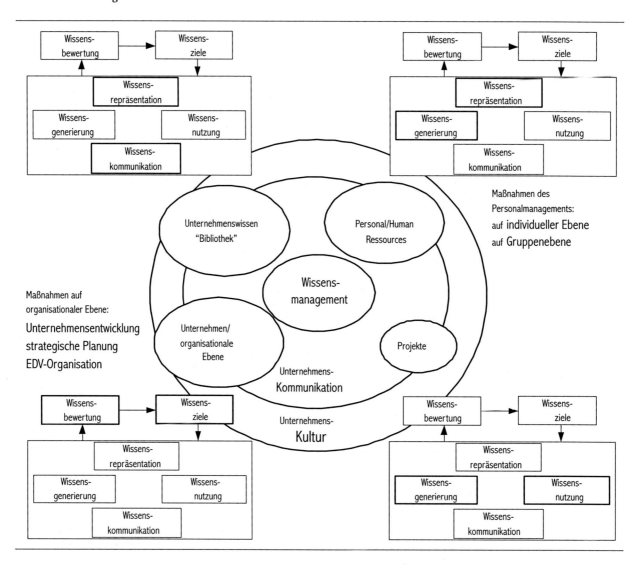

Das Personalmanagement unterstützt die Wissensgenerierung im Rahmen der Personalentwicklung, gleichzeitig finden Wissensgenerierung und Wissensnutzung im Rahmen der

Abbildung 3-10: Wo findet Wissensmanagement statt?

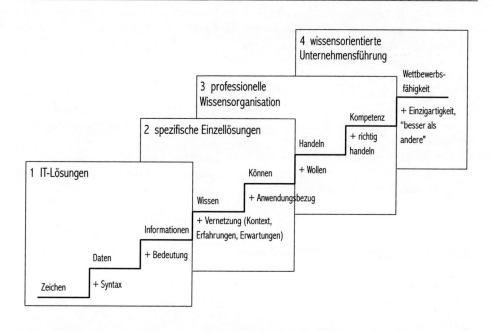

Kernprozesse (Projektarbeit) statt. Die Unternehmensleitung liefert Strategie und Wissensziele und ist für die Bewertung zuständig. Unternehmenskommunikation und Unternehmenskultur unterstützen im Idealfall den erfolgreichen Umgang mit Wissen. Aufgabe der
Organisation ist es, Projekte mit erforderlichem Wissen zu bedienen, so dass diese optimal
arbeiten können. Damit ist Wissensmanagement ein Unterstützungsprozess.

3.3.3 Wissensmanagement-Reifegrade

Die Wissenstreppe nach North (vgl. auch 3.1.) ist Basis für ein hier dargestelltes Wissensma-
nagement-Reifegrad-Modell, das als Diagnoseinstrument für Wissensmanagement-Lösungen
dienen kann: (Abb. 3-11)[108]

---

[108]   Siehe North: Wissensmanager des Jahres 2002

- Ebene 1: EDV-unterstützte Informations- und Datenverwaltung mit standardisierten Lösungen findet man in jeder Unternehmung vor. Die Anforderungen an deren Bedienung und Nutzung und Einbindung in die Prozesse sind dabei überschaubar.
- Ebene 2: Spezielle organisatorische und EDV-technische Lösungen sind weniger leicht übertragbar und erfordern mehr spezifische Kenntnis und Anwendungsbezug.
- Ebene 3 und 4: Bei der professionellen Wissensorganisation und der wissensorientierten Unternehmensführung wird zunehmend das gesamte Unternehmen eingebunden. Die unternehmenskulturelle Basis und die Beteiligung aller Einzelpersonen gewinnen an Bedeutung.
- Von besonderem Interesse ist dabei, dass die Integration von Wissensmanagement in Geschäftsprozesse und Projektmanagement auf der dritten Ebene angesiedelt ist. Das heißt, dass es eine entsprechende Reife des Unternehmens voraussetzt.

3.4 Strategien und Instrumente

3.4.1 Kodifizierungs- und Personalisierungsstrategie

Die Einteilung in eine Kodifizierungs- und Personalisierungsstrategie geht auf Hansen et al.[109] zurück. Sie empfiehlt die Wahl der Strategie entsprechend dem vorherrschend genutzten Wissen (explizit oder implizit), schließt jedoch Mischformen nicht aus. Auch die Unternehmens- bzw. Nutzergruppengröße spielen eine Rolle, denn bei einem großen Nutzerkreis rechtfertigt sich der Aufwand der Kodifizierung eher.

3.4.2 Wissensstrategie-Matrix

Ähnlich wie für andere Managementzwecke lassen sich auch Wissensstrategie-Matrizes aufstellen, die den Wissensvorsprung der Wissensnutzung gegenüberstellen und eine Priorisierung der Wissensfelder ermöglichen. Ein großer Wissensvorsprung und seine intensive

---

[109] Siehe Schindler: Wissensmanagement in der Projektabwicklung, S. 78

Abbildung 3-12: Matrix der Normwissensstrategien nach Probst

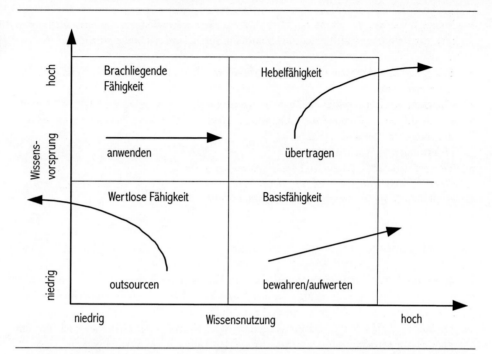

Wissensnutzung sind damit ein größerer Hebel, als die Entwicklung eines wenig genutzten Wissensfeldes. (Abb 3-12)[110]

3.4.3 Einführungsstrategien

Wissensmanagementprojekte sind Organisationsprojekte, die in gewohnte und etablierte Strukturen und Prozesse eingreifen. Sie erfordern ein Einführungskonzept, das neben einer klaren Projektdefinition besonders auch die Beteiligung der Mitarbeiter einschliesst. Ein wahrnehmbarer Bedarf („Leidensdruck") mit sichtbarem Verbesserungspotenzial und überzeugende Protagonisten unterstützen den Erfolg. Das Marketing ist vor allem bei größer

---

[110] Probst et al.: Wissen managen, S. 85

angelegten Wissensmanagement-Einführungen ein eigenes Arbeitsfeld. Die zehn wichtigsten Aspekte, die Reinmann-Rothmeier und Mandl anführen, sind nachfolgend zitiert:

Tabelle 3-3 (rechts): Wissens-management-Instrumente

1. „den geeigneten Ansatzpunkt finden, vorhandenen Leidensdruck nutzen, Veränderungs-druck erzeugen
2. schlagkräftige Teams bilden, klein anfangen und schnell Erfolge vorweisen
3. mit Qualifizierungsmaßnahmen die Basis schaffen
4. kommunizieren und überzeugen
5. Erwartungen im Vorfeld abklären
6. mit Best Practice beginnen und von Experten lernen
7. effektiven Erfahrungsaustausch fördern
8. Flexibilität in der Projektkonzeption einplanen"[111]

3.4.4 Instrumente und deren Funktionen

Die folgende Übersicht stellt gängige und bekannte Wissensmanagement-Instrumente zusammen. Sie lehnen sich an Reinmann-Rothmeier und Mandl[112] und Lucko und Trauner[113] an, berücksichtigen eigene Erfahrung und sind auf den Bedarf des Projekt-Wissensmanagements ausgerichtet. Teils handelt es sich um originäre WM-Instrumente, teils aber auch um aus anderem Kontext bekannte Instrumente, die auf den Umgang mit Wissen wirken.

Neben der Beschreibung, einem möglichen Einsatzfeld und einer Nutzendarstellung erfolgt die Zuordnung zu den Bereichen Mensch und Organisation. Die dritte Säule Technik (siehe dort) bleibt bei dieser Zusammenstellung unberücksichtigt, da sie in dieser Arbeit nicht vertieft wird und als die am wenigsten begrenzende Größe des Wissensmanagements angenommen wird. Daneben erfolgt eine Zuordnung zu den sechs Bereichen des Wissens-management-Referenzmodells (Z Zielsetzung; E Evaluation; R Repräsentation; K Kommunikation; N Nutzung; G Generierung) und Hinweise zu Nutzen, Voraussetzungen und Indikatoren. Der Nutzen für ein Projekt ist besonders hervorgehoben.

Schon im Einsatz befindliche Methoden können unter WM-Gesichtspunkten neu konfiguriert werden, so zum Beispiel eine Projektdokumentation. Sie wird zum WM-Instrument,

---

[111] Siehe VBM: Wissensmanagement für die Praxis, S. 114
[112] VBM: Wissensmanagement für die Praxis
[113] Lucko, Trauner: Wissensmanagement, 7 Bausteine für die Umsetzung in der Praxis

Maßnahme	M / O		Beschreibung	Einsatzfeld	Nutzen fürs Untern.	Nutzen im Projekt	Voraussetzung	Indikator
Arbeitsgruppe (Community of Practice)	O M	K	regelmäßige informelle Kommunikation	abteilungs-/firmenübergreifende Interessensgebiete	fachliche Weiterentwicklung	Verzahnung, fachlicher Rückhalt	räumliche/zeitliche Infrastruktur	Anzahl Beiträge
Briefing	M O	K N	Strukturierte Übergabe	Projektstart, Meilenstein	Bewältigung Schnittstellen	Vollständigkeit der Übergabe	Briefing-Konzept	Qualität + Zahl Rückfragen
Debriefing + Lessons Learned	M O	G R	Erfassung, Analyse, Aufb. von Projekterf.	Projektabschluss, Meilenstein	Wissensgenerierung für Folgeprojekte	Strukturierter Abschluss und Lernprozess	„hohes Maß an Akzeptanz"	Qualität Dokumentation
Expertenverzeichnis (Yellow Pages und Blue Pages)	M	K N	Themenbezogene Ansprechpartner zentral zugänglich	Suche nach Spezialisten innerhalb und außerhalb d. U.	Zugriff auf Spezialisten	Teamzusammenstellung, Lösungsunterstützung	Aktualität Akzeptanz innerhalb der Mitarbeiter	Anzahl Zugriffe
Inforäume, Kaffeeecken	M O	K N	Räumlicher Rahmen für Kommunikation	Konzeption Arbeitsräume	Förderung informelle Kommunikation	Verzahnung, Anbindung an Informationsfluss	Unternehmenskultur	Akzeptanz
Netzwerk	M O		Vernetzung außerhalb der Organisation	Aktualisierung/ neues Wissen	W.-akquise, W.-kommunikation	Wissenszugang	Wissensziele Kommunikation nach innen	Anzahl Veranstaltungen, Preise, Presse, …
Personalgewinnung	O M	G	Personalg. intern/ extern	Erkannter Wissensbedarf	Optimale Bearbeitung	Qualifiziertes Team	Formulierung Wissensbedarf	Probezeit
Projektpatenschaft + Coaching	M O	K G	Vertrauensperson fürs Projekt, persönliche Unterstützung	Unterstützung eines jungen Teams bzw. komplexen Projekts	Krisenprävention, Know-how-Nutzung	Reibungslose Bearbeitung, keine Wissensdefizite	Akzeptanz der Coachingpartner	Krisenprävention, Know-how-Nutzung
Simulation + Szenarien	O		Modellhafte Darstellung von Zusammenhängen und Einflussfaktoren	Richtungsentscheidungen	haltbare Richtungsentscheidungen	Qualität der Richtungsentscheidungen	Diskussion der Alternativen	Qualität der Richtungsentscheidungen
Wissenslandkarte	O	R	Darstellung W.-träger, W.-inhalte und W.-flüsse	Bestandsaufnahme, Orientierung in größeren Einheiten	Überblick über W.-träger, W.-inhalte und W.-flüsse	Verzahnung	Transparenz	Nutzung der Information, Kontakte, Zugriffe

wenn sie um den Aspekt der Erfahrungsgewinnung erweitert wird (siehe „in und aus Projekten lernen").

Neu an WM sind also teils neu entwickelte Instrumente, eine integrierte Betrachtung und die strategische Ausrichtung der Maßnahmen.

3.4.5 Auswahlkriterien für Wissensmanagement-Instrumente

Für die Auswahl geeigneter Wissensmanagement-Instrumente sind nachfolgende Kriterien eine Hilfestellung:

- Reifegrad für Wissensmanagement: Je mehr eine Organisation daran gewöhnt ist, in Wissenskategorien zu denken, desto komplexer können WM-Maßnahmen sein.
- Ausrichtung: Instrumente unterscheiden sich in ihren Handlungsschwerpunkten (Mensch/ Organisation/ Technik). Ein ausgewogenes Verhältnis zwischen diesen ist anzustreben.
- zeitliche Wirkung: Instrumente mit umgehender Wirkung (z. B. Briefing) stehen anderen mit mittel- oder langfristiger Wirkung gegenüber (z. B. Aufbau von Netzwerken, Aufbau von Kundendatenbanken).
- Aufwand: Der Aufwand für eine Maßnahme muss einschätzbar sein und in sinnvoller Relation zum erwarteten Nutzen stehen.

Für den Einsatz im Projekt-Wissensmanagement eignen sich vorrangig kurz- oder mittelfristig wirkende Werkzeuge mit überschaubarem Aufwand.

3.5 Schwerpunkte und spezielle Forschungsfelder

Innerhalb des theoretischen Bezugsrahmens gibt es einige Wissensmanagement-Schwerpunkte mit besonderem Potenzial für die Planung und das Management von Bauprojekten, und zwar:

- Methoden und Hilfsmittel zur Wissensentwicklung
- Methoden und Hilfsmittel zur Unterstützung des Lernens aus abgeschlossenen Projekten
- Methoden und Hilfsmittel zum Wissensmanagement in Projekten

Sie werden nachfolgend vertieft dargestellt.

3.5.1 Wissen entwickeln

In ihrer Reinform ist Wissensentwicklung Forschungs- und Entwicklungstätigkeit, die im Kontext von Produkt- und Leistungsinnovationen und immer kürzeren Lebenszyklen steigende Bedeutung hat. Methoden zur Wissensentwicklung entstammen vielfach diesem Kontext.

Auch der Bausektor entwickelt neue Produkte und Leistungen. Gleichzeitig ist die planende Tätigkeit von Ingenieuren und Architekten ein kreativer Prozess, in dem die Schaffung von neuen Lösungen und damit neuem Wissen der Kern der Leistungserstellung ist.

Die wichtigsten Ansätze zur Entwicklung von Wissen finden sich nachfolgend. Dabei werden die in der Literatur variierenden Begriffe („Wissen entwickeln", „Wissen schaffen", Wissen generieren") synonym verwendet.

Wissensschaffung nach Nonaka und Takeuchi

Neue Ideen und neues Wissen sind zumeist Produkte eines Wissens-Transformationsprozesses, der kollektiv und in mehreren Phasen abläuft. Bis zur tatsächlichen Nutzung vollzieht sich dieser in mehreren Iterationsschleifen und ist nicht linear, sondern nach Nonaka und Takeuchi „spiralförmig": „Die Wissensschaffung im Unternehmen muss daher als Prozess verstanden werden, der das von einzelnen erzeugte Wissen verstärkt und es im Wissensnetz des Unternehmens verankert."[114] (Abb. 3-13)[115]

Die Wissensspirale zeigt daneben die soziale Einbindung der Wissensgenerierung. Der Kontext vergrößert sich vom Individuum zur Gruppe, zum Unternehmen und zur Interaktion zwischen Unternehmen. (Abb. 3-14)[116]

Erfolgreiche Wissensschaffung erfordert folgende Voraussetzungen:

* Intention: Auf Unternehmens- oder auch Projektebene sind Strategien, Entwicklungsziele (oder Projektziele) und Visionen erforderlich.

---

[114] Nonaka, Takeuchi: Die Organisation des Wissens, S. 73
[115] Nonaka, Takeuchi: Die Organisation des Wissens, S. 84 f.
[116] Nonaka, Takeuchi: Die Organisation des Wissens, S. 87

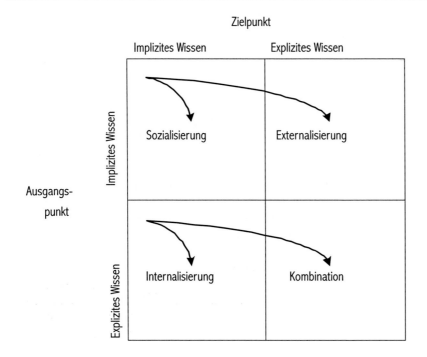

Abbildung 3-13: Wissensumwandlung nach Nonaka, Takeuchi

- Autonomie: Die Möglichkeit, im Rahmen der Aufgabenstellung möglichst selbstständig zu agieren, fördert die Wissensentstehung.
- Fluktuation und kreatives Chaos: Das Aufbrechen von Ordnungen schärft Wahrnehmung und Reflexion.
- Redundanz: Redundante Informationen und, zumindest in frühen Projektphasen, auch redundante Entwicklungen fördern die Qualität der Ergebnisse.
- Notwendige Vielfalt: Vielfalt und Wechsel in den Aufgaben und Beziehungen fördern ebenfalls die Innovationsfähigkeit.

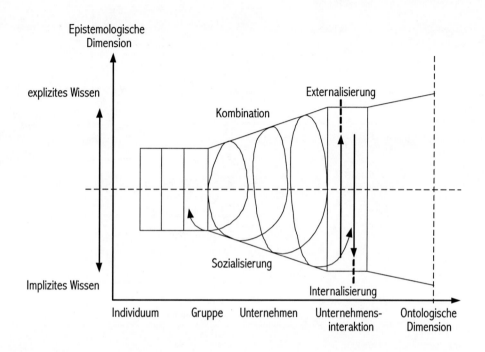

Bewusstes Chaos und Redundanz sind, so paradox es erscheint, damit Erfolgsfaktoren für die Wissensentstehung. Der iterative Prozess der Wissensschaffung besteht aus 5 Phasen. (Abb. 3-15)[117]

Die aus Wissenssicht günstige Verzahnung der Prozesse Forschung und Entwicklung, Fertigung und Marketing stellt das so genannte Rugby-Modell dar. Entgegen der vielfach praktizierten Abschottung einzelner Disziplinen (Forschung und Entwicklung, Fertigung, Marketing) gewährleisten sich überlagernde Prozesse günstigere Ergebnisse. Seinen Namen erhält das Modell aus folgender Analogie: „Ich sage den Teammitgliedern immer, dass unsere Arbeit kein Staffellauf ist, bei dem meine Arbeit hier anfängt und deine dort. Alle müssen den ganzen Weg vom Anfang bis zum Ende zurücklegen. Es ist wie beim Rugby: Wir müssen

---

117   Nonaka, Takeuchi: Die Organisation des Wissens, S. 100

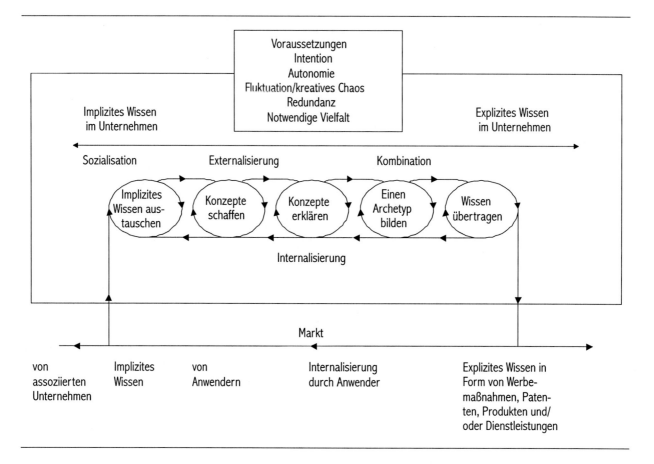

alle zusammen laufen, den Ball nach links und rechts weitergeben und das Ziel gemeinsam erreichen."[118] (Abb. 316)[119]

Abbildung 3-15: Fünf-Phasen-Modell

Die Überlappung der Leistungsphasen, die auch Bauplanungsprozesse kennzeichnet, verspricht damit unter Wissens-Gesichtspunkten gute Ergebnisse.

---

[118] Nonaka, Takeuchi: Die Organisation des Wissens, S. 92
[119] Nonaka, Takeuchi: Die Organisation des Wissens, S. 93

Abbildung 3-16: Rugby-
Modell

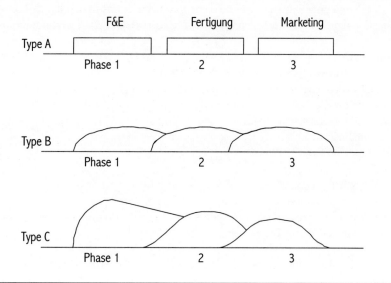

Wissensentwicklung bei Probst

Auch Probst betrachtet Wissensentwicklung als Entwicklung von Produkten und Fähigkeiten, aber auch als Bestandteil aller Unternehmensprozesse. Der „allgemeine Umgang des Unternehmens mit neuen Ideen und die Nutzung der Kreativität der Mitarbeiter"[120] wird durch Freiräume sowie durch nachfolgende Rahmenbedingungen begünstigt:

- Handlungsentlastung für kreative Aufgaben
- Interessensdeckung und damit die Möglichkeit zur persönlichen Identifikation mit der Aufgabe
- fehlerfreundliches Klima[121]

Das Spannungsfeld zwischen Kreativität und systematischer Problemlösung soll durch Kreativitätstechniken oder systematische Problemlösungsprozesse unterstützt werden.

---

[120] Probst: Wissen managen, S. 55
[121] siehe Probst: Wissen managen, S.189

Die soziale Komponente hebt er besonders hervor, denn Teams finden häufig Lösungen, die einzelnen Bearbeitern nicht möglich wären. Seine Kriterien für die Teambildung sind:

1. Zahl der Teammitglieder: Teams, die weniger als sieben Mitglieder haben, arbeiten effizient und die interne Abstimmung funktioniert gut.
2. Ein adäquates Niveau sich einander ergänzender Fähigkeiten: Das Team bildet idealerweise alle für die Projektbearbeitung erforderlichen Wissensgebiete und Fähigkeiten ab, und zwar so, dass gegenseitiges Verständnis und eine aufeinander abgestimmte Arbeitsweise möglich ist.
3. Eine wirklich sinnvolle Zielsetzung
4. Spezifische Ziele
5. Ein klarer Arbeitsansatz
6. Ein Gefühl wechselseitiger Verantwortung: Die Kultur der Zusammenarbeit, gemeinsame Verantwortung und gegenseitiges Vertrauen sind Vorraussetzungen für erfolgreiche Wissensentwicklung in Teamarbeit.

Der Aspekt der Teambildung sowie der Projektzielsetzung werden daher in die Modell-Entwicklung einfließen.[122]

Wissensgenerierung bei Reinmann-Rothmeier

Reinmann-Rothmeier ordnet der Wissensgenerierung die in Abbildung 3-17 dargestellten Prozesse zu.[123]

Neben einigen Parallelen zu Nonaka und Probst finden sich hier noch Netzwerke und Lernprozesse:

Wissensnetzwerke

Nach Zucker charakterisieren folgende Merkmale ein Netzwerk:

- „ein gemeinsames Basisinteresse
- Personenorientierung
- Freiwilligkcit der Teilnahme
- eine auf dem Tauschprinzip beruhende Beziehung"[124]

---

[122] nach Probst; Wissen managen, S. 201
[123] Reinmann-Rothmeier et al.: Wissensmanagement lernen, S. 37
[124] Zucker: Wissen gewinnt, S. 143

Abbildung 3-17: Prozesse der
Wissensgenerierung

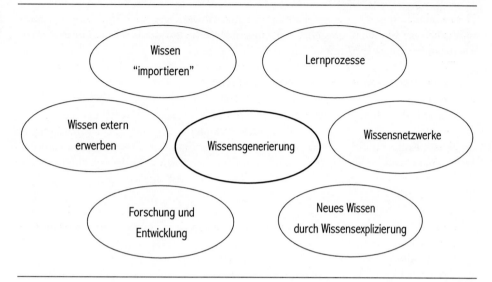

Netzwerke verfügen über gute Voraussetzungen zur Wissensschaffung. Unterschiedliche Positionen, Erfahrungen und Meinungen sowie die Interdisziplinarität der Mitglieder schaffen ein Klima der Redundanz und Vielfalt. Ein Netzwerk als offene Organisationsstruktur erlaubt allen Interessenten die Teilnahme und ermöglicht Fluktuation und kreatives Chaos. Gleichzeitig steht es für Autonomie im Handeln und für das Verfolgen einer gemeinsamen Intention.

Netzwerke erlangen eine zusätzliche Bedeutung, weil durch sie neben den etablierten Unternehmensorganisationen eine komplementäre Struktur entsteht, die großes Innovationspotenzial bietet. Sie liefern Austauschmöglichkeiten oder Zugang zu Informationen und Märkten. Gemeinsam ist allen Netzwerken, dass sie einen vertrauensvollen Umgang miteinander erfordern.

Netzwerke existieren beispielsweise

- als lose Organisationsform, die nach außen Leistungen anbietet,
- als unsichtbares, informelles Netzwerk zum Informations- und Erfahrungsaustausch und zur gegenseitigen Unterstützung,
- innerhalb und/ oder außerhalb von Unternehmen,
- als formelles Netzwerk mit gemeinsamen Zielen und Regeln.

Henning et al. weisen Netzwerken ähnliches Potenzial wie Teams zu. „Man könnte sogar so weit gehen, zu vermuten, dass Netzwerke im Außenverhältnis der Organisation das leisten, was Teams im Innenverhältnis leisten."[125]

Wissensgenerierung in der Produktentwicklung – das Forschungsprojekt Inno-How

Das Verbund-Forschungsprojekt Inno-How (2001–2004) befasste sich mit den Möglichkeiten von Wissensmanagement in der Produktentwicklung in der mittelständischen Industrie und bietet damit für die vorliegende Arbeit Anknüpfungspunkte. Die dort genannten Projekt-Charakteristika[126] ähneln denen von Bauprojekten, so dass die Analyse des Status Quo in den partizipierenden Unternehmen ebenfalls übertragbare Aspekte aufweist:

- „Seltener Rückgriff auf Projekterfahrungen
- Einfache Projektabschlussberichte erfassen nur einen Bruchteil der relevanten Informationen
- Seltener direkter Wissenstransfer zwischen Mitarbeitern
- Fehlender Überblick über parallel laufende Projekte
- Projekterfolge und -misserfolge werden nicht in ausreichendem Maße kommuniziert
- Optimierungsmaßnahmen werden häufig zu spät getroffen
- Die Folge sind Doppelarbeiten, Wiederholungsfehler, Zeitverzug und Ineffizienz von Projekten.
- Fatale Auswirkung in Projekten der Produktentwicklung: die Time-to-Market verlängert sich"[127]

Die Lösungsbausteine von Inno-How sind dabei

- die Einführung einer dritten Organisationsebene („Tertiär-Organisation"), die die Unternehmens-Organisationsebene („Primär-Organisation") und die Projekt-Organisationsebene („Sekundär-Organisation") durch „unternehmensweite kompetenz- und fähigkeitsbasierte Netzwerke zur Bewahrung, Bereitstellung und Verbreitung von

---

[125] Nach: Henning, Oertel, Isenhardt, Wissen – Innovation – Netzwerke, S. 51

[126] Siehe Schnauffer et al.: Wissen vernetzen, S. 9

[127] Nach Staiger, Voigt: Wissensmanagement in der Produktentwicklung, Vortrag auf der KnowTech 2004

Expertenwissen"[128] unterstützen und ergänzen soll. Diese können Projekte durch die Bereitstellung von Wissen und Recherchekapazität entlasten sowie Metawissen erzeugen[129].

- Das „Methodenset Wissen durch Kommunizierendes Lernen" stellt Muster und Hilfen zur Verbesserung der Kommunikation zur Verfügung und wird im Kapitel „Wissen und Lernen" näher diskutiert werden.
- Die Etablierung der Position bzw. Funktion eines „Wissenspromotors". Diese Person soll Überblickswissen bereithalten, Vernetzung aktiv fördern und Teams bedarfsweise bei Wissensprozessen aktiv unterstützen.

Inwieweit die Befragung der Architekten und Bauingenieure in Planung und Management zu ähnlichen Ergebnisse führt, wird in Kapitel 5 gezeigt.

Perspektivenwechsel als Hilfsmittel der Wissensgenerierung

Der spiralförmige Prozess der Wissensentwicklung erfordert den Rückgriff auf vorausgegangene und den Vorgriff auf zukünftige Entwicklungsstadien und damit Perspektivenwechsel.

Nach Zucker haben hier Modelle und Simulationen eine besondere Funktion: „Jeder Test, jede Abstimmung bringt neues Wissen hervor, das dann wieder ins Entwicklungsteam fließen kann – wenn man dafür sorgt. Ist das Konzept ausgereift, wird ein Prototyp hergestellt. Dieser Prototyp – ein reales Modell bei Produkten, eine Simulation bei Dienstleistungen – regt in seiner sinnlichen Erfahrbarkeit und im möglichen emotionalen Durchleben neuerlich an, Wissen zu produzieren; nicht nur im Entwicklungsteam, sondern auch darüber hinaus im Unternehmen. Modelle und Simulationen sind strategische Knotenpunkte in Entwicklungsprozessen."[130]

Modelle sind dabei dreidimensionale, gegenständliche, meist im Maßstab verkleinerte und auf Kerninhalte reduzierte Darstellungen eines bestimmten Planungsstandes. Die einfachste Form eines Modells ist eine Visualisierung.

Simulationen sind Erprobungen des Verhaltens eines (häufig virtuellen) Modells unter bestimmten Randbedingungen.

Prototypen sind Funktionsmodelle, die in einem fortgeschrittenen Planungsstand erstellt werden und möglichst viele Eigenschaften des Endproduktes aufweisen. Sie werden Tests unterzogen, die letzte Feineinstellungen der Planung erlauben.

---

[128] Schnauffer et al.: Wissen vernetzen, S. 17

[129] Nach: Schnauffer et al.: Wissen vernetzen, S. 44

[130] Zucker: Wissen gewinnt, S. 204

Modelle, Simulationen und Prototypen führen die einzelnen Komponenten eines Gesamtprojektes zusammen, die ggf. separat erarbeitet werden. Sie ermöglichen Erkenntnisse über das Zusammenspiel separat erarbeiteter Bauteile und die Überprüfung und Reflexion des Konzeptes aus einem erweiterten Blickwinkel. Diese kann im größeren Kreis erfolgen und bietet auch Fach-Laien die Möglichkeit zur Beteiligung.

Zucker platziert Prototypen im Wissensentwicklungsprozess wie folgt: (Abb. 3-18)[131]

Fazit Wissensentwicklung (Wissensgenerierung, Wissensschaffung)
Folgende relevante Aspekte der Wissensentwicklung werden für die Modellbildung als relevant identifiziert und an späterer Stelle aufgegriffen:

1. Voraussetzungen zur Wissensschaffung nach Nonaka
2. Verzahnung der Projekt- oder Bearbeitungsphasen
3. Teamzusammensetzung
4. Netzwerke innerhalb und außerhalb der Organisation
5. Perspektivenwechsel

3.5.2 Wissen und Lernen

Das in den Arbeitsprozess integrierte Lernen bezieht reale Erfahrungen ein und ist damit eine der effizientesten Lernformen überhaupt, auch wenn es dabei nach Vajna „noch erheblichen Forschungsbedarf (gibt), beispielsweise die eine Arbeit begleitende Akquisition von „Wissen" oder das automatische Lernen aus Fehlern."[132] Zwei Formen können unterschieden werden:

Non-formales Lernen durch die Institutionalisierung von Lernprozessen an geeigneten Zeitpunkten und Situationen. Dies bietet sich für Projekte besonders an, denn „Projekte sind soziale Systeme, die ständig lernen und damit Erfahrungen und Wissen generieren. Das Problem ist, dass diese Erkenntnisse oft ungeplant und unreflektiert entstehen. (...) Ziel sollte es jedoch sein, das entstandene Know-how für das gesamte Projektteam und sogar für die gesamte Organisation verfügbar zu machen. Das geschieht mit Hilfe einer Systematisierung des Lernprozesses (...) durch regelmäßige Reflexionsschleifen innerhalb der Projektarbeit."[133]

---

[131] Zucker: Wissen gewinnt, S. 206
[132] Vajna: Produktlebenszyklus-Management, in: FAZ 27.01.2003, S. 24
[133] Stauber: In und aus Projekten lernen, in: Projektmanagement 3/2002, S. 32

Abbildung 3-18: Wissens-entwicklung als interaktiver Prozess

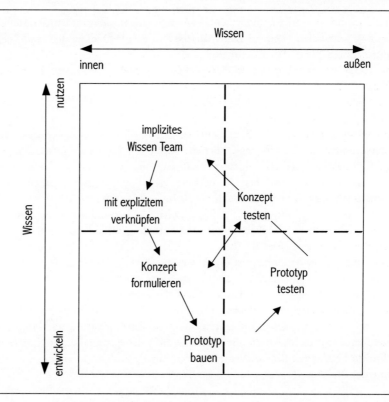

Regelmäßige Projektauswertungen, jährliche themenbezogene Treffen des Unternehmens oder andere Gelegenheiten können diese Reflexionsschleifen bilden.

Informelles, d. h. ungeplantes, nicht institutionalisiertes Lernen findet beispielsweise dann statt, wenn unmittelbare Rückmeldungen zu erarbeiteten Themen oder Vorschlägen eingehen oder eine Person ungeplant eine Situation übernimmt[134]. Dieser Prozess kann individuell oder kollektiv sein. Informelles Lernen benötigt Rahmenbedingungen, in denen es überhaupt stattfinden kann: „Voraussetzung für diese erweiterte Nutzung der Projektarbeit im lernenden Unternehmen ist es, Zeit und Raum zu schaffen für „Denkpausen", für

---

[134]   Siehe auch: Bauer et al.: Lernen im Arbeitsalltag, S. 59 ff.

Auswertungsprozesse im Arbeitsgeschehen."[135] Mittagspausen oder informelle Treffen ohne Tagesordnung gelten als Zeiten für Denkpausen. Räume für Denkpausen sind Teeküchen oder Räume außerhalb des Arbeitsumfeldes.

Beide Lernformen benötigen eine förderliche Atmosphäre, Leitlinien, Ziele und Standards.[136]

Lernen im Projekt nach Stromeier

Vor allem, wenn man bei bei Projekten nicht nur den Abwicklungserfolg (Kosten, Termine, Qualitäten), sondern auch deren tatsächlichen Nutzen im Blick hat (Anwendungserfolg), gewinnt der projektbegleitende Lernprozess an Bedeutung. Stromeiers Modell des am Erfolg orientierten interaktiven Lernens bewirkt, dass die Entwicklungen im Verlauf eines Projektes so aufmerksam verfolgt werden, dass auch die zu Beginn getroffenen Annahmen und Maßstäbe einer Überprüfung unterliegen. Reflexionsphasen überprüfen den erreichten Status Quo sowie die Zielstellung bezüglich des Anwendungserfolges und führen eventuell zur Korrektur einzelner Parameter. (Abb. 319)[137]

Angewendet auf ein Bauprojekt ist der Anwendungserfolg die Gesamtsicht des Auftraggebers oder Bauherrn, während einzelne Auftragnehmer mit ihren Teilaufgaben am Abwicklungserfolg gemessen werden. Das Lernen für Folgeprojekte oder für die Steuerung des laufenden Projektes erfolgt in der Praxis im Spannungsfeld eines Auftraggeber-/ Auftragnehmer-Verhältnisses. Die vertraglichen Grenzen bergen für die Auswertung von Projekten mögliche Interessenskonflikte. Auch die Einbindung von Ausstiegsszenarien kann Lernchancen für das Projekt beinhalten. Eine stufenweise Beauftragung ermöglicht zudem die sukzessive Anpassung der Projektziele.

Wissen durch kommunizierendes Lernen

Ein Methoden-Baustein des Inno-How- Forschungsprojektes (siehe Kap. 3.5.1) widmet sich dem Lernen im Arbeitsprozess. Erfahrungswissen, das unmittelbar durch die Projektarbeit entsteht, muss als solches erkannt, als erfolgskritisch identifiziert und kommuniziert werden. Dabei gilt die Kommunikation als Auslöser für Lernprozesse. Für verschiedene Dialogsituationen des Wissenstransfers (Dialoge zwischen Experten, Dialoge zwischen Erfahrenen und Neulingen sowie zwischen Plenum und Podium) wurden folgende Methoden zur Optimierung von Wissensflüssen und zum Verständnis von Lernen entwickelt:

---

[135] Stauber, in: Projektmanagement 3/2002, S. 31

[136] Nach: Stauber, in: Projektmanagement 3/2002, S. 32

[137] Stromeier: Was ist eigentlich Projekterfolg?, in: Projektmanagement 3/2003, S. 29 ff.

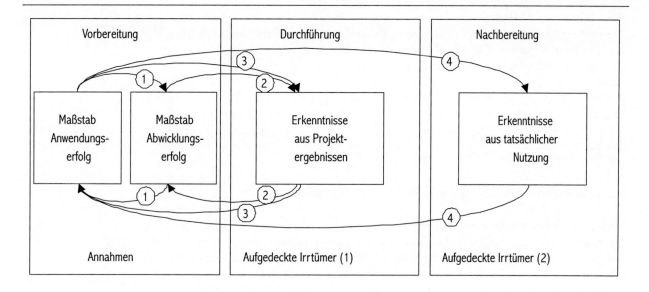

1   Lassen sich angestrebte Vorteile unter bestehenden Restriktionen (Zeit, Kosten, Risiken) realisieren?

2   Ist geforderte Qualität termingerecht und ohne Budgetüberschreitung umsetzbar?

3   Lassen sich angestrebte Vorteile erzeugen, ohne schädliche Wirkung zu produzieren?

4   Haben sich angestrebte Vorteile ergeben, ohne dass schädliche Wirkungen aufgetreten sind?

Abbildung 3-19: iteratives Lernen

- der Einsatz eines Dialogbegleiters,
- die Förderung gegenseitigen, systematischen Feedbacks,
- die Explizierung und Verbalisierung von implizitem Erfahrungswissen,
- die Visualisierung der Erkenntnisse und Ergebnisse sowie
- die zeitliche Beschränkung der Dialoge [138]

---

[138]   Nach Schnauffer et al.: Wissen vernetzen, S. 58

Fazit Wissen und Lernen

Non-formales und informelles Lernen sind in Bauprojekten aussichtsreiche Komponenten für Wissensmanagement. Dabei sind Reflexionen während des laufenden Projektes, zum Projektende und anlassbezogene Gespräche (z. B. Expertendialoge mit Projektpaten, siehe dort) Ansatzpunkte für non-formales Lernen. Ansatzpunkte für informelles Lernen sind die Einräumung von Pausen, geeignete Räumlichkeiten und Gelegenheiten (z. B. Feiern, Vorträge). Insbesondere beim non-formalen Lernen spielen Lernziele eine wichtige Rolle. Inwieweit Unternehmens- oder Projektgrenzen dabei überschritten werden können, muss geprüft werden.

3.5.3 Wissen im Projekt als spezielles Forschungsfeld

Wissensmanagement trifft in der Projektarbeit auf besondere, teils förderliche, teils hinderliche Rahmenbedingungen. „Einerseits sind Projekte als eigenständige Organisation zu sehen, andererseits fungiert das Projektteam als Gruppe selbst als Wissensproduzent für die gegebenenfalls zugehörige(n) „Dach"-organisation(en)."[139]

Förderliche Bedingungen für den Umgang mit Wissen

In der Projektarbeit wirken sich folgende Aspekte förderlich auf den Umgang mit Wissen aus:

• Optimale Besetzung

Bei der Arbeit in Projekten kommen unabhängig von gewachsenen Strukturen und Zuständigkeiten (und teils auch unabhängig von Unternehmensgrenzen) die für die konkrete Aufgabe erforderlichen Spezialisten mit ihren Kompetenzen zusammen und können im Hinblick auf ihr Know-how auf höchstem Niveau arbeiten: „Projekte sind die ideale Form der Arbeitsorganisation in wissensintensiven Organisationen, die komplexe Aufgaben zu bewältigen haben. Mit Projekten gelingt es am ehesten, die Arbeitsform dem Fluss des Wissens anzunähern, denn sie werden aufgabenspezifisch und zeitbegrenzt zusammengestellt, um für die jeweilige Problemstellung – ohne Rücksicht auf die eigentlich vorgesehene, hierarchisierte und partialisierte Form der Wertschöpfung nehmen zu müssen – eine optimale Allokation von Wissen zu schaffen. Auf diese Weise kann neues Wissen entstehen, indem die jeweiligen

---

139 Schindler: Wissensmanagement in der Projektabwicklung, S. 45

Wissens-Welten der Beteiligten in Bezug auf die zu bewältigende Aufgabe in Übereinstimmung gebracht werden."[140]

• Optimale Bedingungen für Wissensentstehung

Projekte sind ideale Entstehungsorte von Wissen: Die Möglichkeit, innerhalb eines Projektes autonom und unabhängig von Unternehmensstrukturen zu arbeiten, erfüllt Nonakas Forderung nach Autonomie. Auch die notwendige Vielfalt aus verschiedenen Kompetenzen und Teampersönlichkeiten lässt sich in einem Projekt verwirklichen.

• Optimale Lernorte

Schindler beschreibt acht Faktoren, die das Lernen im Projekt begünstigen:

1. Die Interdisziplinarität gibt Impulse.
2. Die Komplexität und Neuartigkeit motiviert.
3. Das gemeinsame Ziel fokussiert Lernprozesse.
4. Der Problemlösungsdruck bündelt Energien.
5. Die Autonomie im Projekt begünstigt Wissensentwicklung.
6. Lernen findet gemeinsam an der gleichen Problemstellung statt.
7. Die flache Hierarchie fördert gemeinsam reflektierte Entscheidungen.
8. Das Team-Bewusstsein schafft Solidarität und motiviert.[141]

Diese wissensbezogenen Vorteile kommen dann besonders zum Tragen, wenn ein entsprechender Rahmen dafür vorhanden ist. Diesen zu gestalten ist Aufgabe des Wissensmanagements.

Herausforderungen für den Umgang mit Wissen

Demgegenüber sind die Anforderungen an das Wissensmanagement im Projekt besonders hoch, denn die Zusammenarbeits- und Wissenskultur muss schnell und nur für begrenzte Zeit entstehen. Dies widerspricht eigentlich der Eigenart einer Wissenskultur, die erst wachsen muss, und der Langfristigkeit, in der sich der Nutzen von Wissensmanagement zeigt.

---

[140] Röhl: Organisationen des Wissens, S. 108
[141] Nach Schindler: Wissensmanagement in der Projektabwicklung, S. 46

Röhl bemerkt daher: „Die üblichen Schwierigkeiten der Organisation von Wissen erscheinen in Projekten wie unter einem Brennglas."[142]

Das Projekt als so genannte Wissensinsel

Die Autonomie der Projekte kann sich hinsichtlich der Nutzung von anderweitig vorhandenem Wissen ungünstig auswirken, denn der Kontakt zum Unternehmen und der Linienorganisation nimmt in intensiven Projektphasen ab, insbesondere dann, wenn einzelne Projektmitarbeiter ausschließlich für ein Projekt tätig sind. Parallelarbeiten in verschiedenen Projekten sind daher häufig und die Rückführung des erarbeiteten Know-hows ins Unternehmen nicht selbstverständlich. Abbildung 3-20[143] zeigt mögliche Anordnungsbeziehungen zwischen verschiedenen Projekten bzw. Projektphasen und stellt durch Pfeile dar, an welchen Stellen der Wissensfluss einer Unterstützung bedarf (zwischen den Bearbeitungsphasen, zwischen vergangenen und zukünftigen Projekten und zwischen parallel laufenden Projekten).

Nonaka geht sogar so weit, dass er reine Projektorganisationen für nicht mehr optimal steuerbar hält, denn „wegen seiner zeitlichen Begrenztheit kann das in der Gruppe neu geschaffene Wissen oder Know-how nach Abschluss des Projektes kaum an andere Unternehmensangehörige weitergegeben werden. Die Arbeitsgruppe ist daher ungeeignet für eine kontinuierliche Ausschöpfung und Übermittlung von Wissen im gesamten Unternehmen. Und wenn sich dieses aus vielen kleinen Arbeitsgruppen zusammensetzt, kann es auf Führungsebene keine Ziele mehr festlegen und erreichen."[144]

Schon die Tatsache, dass Mitarbeiter in mehreren Projekten parallel arbeiten, kann die Symptome der „Wissensinsel" lindern und ein Schlüssel zur Verzahnung der Projekte sein. Auch die Matrixorganisation anstelle der reinen Projektorganisation lindert diese Symptome.

Typologie Wissen im Projekt

Schindler[145] entwickelte eine Typologie des Wissens im Projekt. Er unterscheidet

- Wissen im Projekt als aktuelles und auf das konkrete Projekt bezogenes Wissen,
- Wissen über Projekte als Methodenwissen und Prozesse sowie
- Wissen aus Projekten als Erfahrungswissen aus abgeschlossenen Projekten.

---

[142] Röhl: Organisationen des Wissens, S. 108

[143] Staiger, Voigt: Kampf den Wissensinseln, Vortrag auf der Knowtech 2004

[144] Nonaka, Takeuchi: Die Organisation des Wissens, S. 182 f.

[145] nach Schindler: Wissensmanagement in der Projektabwicklung, S. 117

Abbildung 3-20: Transfer von Projektwissen

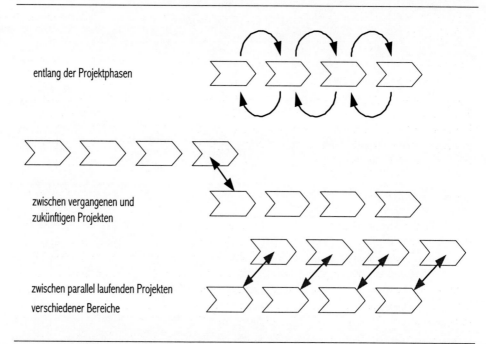

entlang der Projektphasen

zwischen vergangenen und zukünftigen Projekten

zwischen parallel laufenden Projekten verschiedener Bereiche

Deren Beziehungen zueinander und zur Projektwissensbasis und der der Organisation zeigt Abbildung 3-21.[146]

Prozessmodelle für Wissensmanagement im Projekt

Klassische Projektmanagement-Prozessmodelle berücksichtigen bisher kaum die wissensbezogenen Prozesse. Alle drei genannten Wissensformen erfordern entsprechende Prozesse zum Zugriff und Ordnungsstrukturen zur Verwaltung. Drei mögliche Herangehensweisen zur Gliederung finden sich nachfolgend: Stauber[147] formuliert Anforderungen und Lernfelder (Tabb. 3-4)[148], Schindler ordnet Wissensformen und Wissensherkunft anhand des Projekt-

---

[146] nach Schindler: Wissensmanagement in der Projektabwicklung, S. 119

[147] Stauber: In und aus Projekten lernen, in: Projektmanagement 03/2002, S. 29 ff.

[148] Stauber: In und aus Projekten lernen, in: Projektmanagement 03/2002, S. 29 ff.

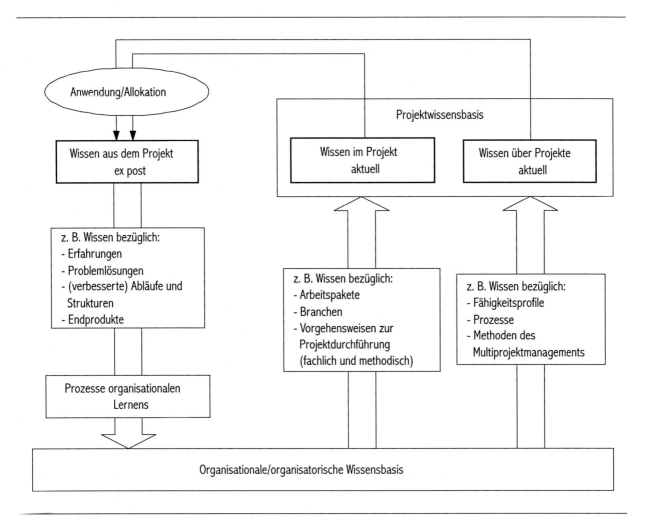

Abbildung 3-21: Typen des Projektwissens

*Tabelle 3-4: Projektphasen:
Aufgaben, Anforderungen
und Lernfelder*

Projektphase	Zentrale Schritte und Aufgaben	Anforderungen und Lernfelder
Projektauswahl	strategiebezogene und zielorientierte Entscheidung für ein Projekt	Strategieentwicklung und Transfer in Projektvorhaben Kosten-Nutzen-Ermittlung
Projektdefinition	Auftragsklärung und Zielbestimmung Projektteam bilden und Rollen klären Projektumfeld und Risiken analysieren Projektstart	Zielklärung und -operationalisierung Interessenkonflikte klären Teambildung/ -organisation Kooperationswege und -regeln klären Systemische und kontextbezogene Analyse der Projektbedingungen
Projektplanung	Projektstruktur-, Auflauf- und Terminplan erstellen Meilensteine setzen, Phasenmodell entwickeln Ressourceneinsatz und Kosten planen	Strukturierte und systematische Planung der Aufgaben Sorgfältige Arbeits- und Verantwortungsaufteilung Entscheidende Zwischenstationen und Teilergebnis festlegen Realistische Zeitplanung und Ressourceneinteilung
Projektdurchführung	Erfolgreiche Kooperation in der Projektabwicklung Kosten-, Termin- und Ressourcenkontrolle Qualitätssicherung Projektsteuerung	Kommunikations- und Kooperationsfähigkeit Effektives Berichts- und Besprechungswesen Dokumentation Kontinuierliches Controlling Konfliktlösung und Bewältigung von Projektrisiken Kritikfähigkeit und Feedbackprozesse Passende Steuerungsmaßnahmen
Projektabschluss	Projektauswertung und -abnahme Abschlussbericht und Ergebnispräsentation (Re-)Integration der ProjektmitarbeiterInnen Planung weiterer Schritte Würdigung der Erfolge	Evaluation, Reflexion und Bewertung von Ergebnisse und Arbeitsweise Kundenorientierte Präsentationen der Ergebnisse Antizipation erforderlicher Schritte über das Projektende hinaus Konsequenzen aus Erfolgen und Misserfolgen ziehen Abschluss und Neubeginn

verlaufs. (Abb. 3-22)[149] North konkretisiert dies schließlich und ordnet einem Projekt-Phasenmodell einzelne Instrumente des Wissensmanagements zu. (Abb. 3-23)[150]

Zwischen der Gesamtorganisation und dem Projekt gibt es über die kontinuierliche Verzahnung hinaus in Form des Projektstarts und des Projektabschlusses zwei zentrale Kopplungspunkte. Der Projektabschluss hat für die Wissenssicherung besondere Bedeutung:

---

[149] nach Schindler: Wissensmanagement in der Projektabwicklung, S. 117
[150] North: Wissensorientierte Unternehmensführung, S. 287

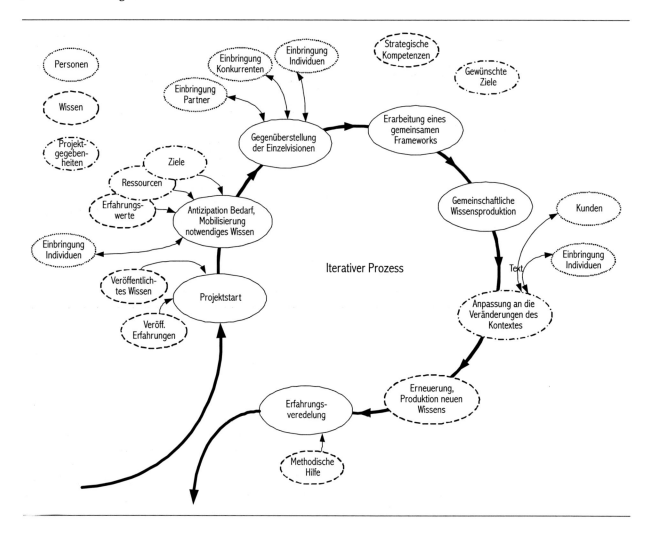

Abbildung 3-22: Wissen im Leben eines Projektes

Projekt anbahnen	Angebot erstellen	Projekt besetzen	Vorgehensweise festlegen	Probleme erkennen/lösen	Ergebnisse aufbereiten
- Prozess-dokumentation über Kunden - CRM-System - Projekt-datenbanken (Erfahrungen aus ähnlichen Projekten)	- Angebots-vorlagen - Projektprofile - Referenzlisten - CVs - Netzwerke	- Kompetenz-profile - Gelbe Seiten - Netzwerke	- Methoden-handbücher - Manuals - Help Desk - Kompetenz-zentren - CoPs - Projekt-datenbanken	- Supervisionen - "in flight review" - Coaching - interne Präsentationen - Projekt-datenbanken	- systematische Projekt-Dokumentation (QM) - Lessons Learned - Konsolidierung durch Netzwerke

Abbildung 3-23: Wissensorganisation aus der Projektperspektive

Projektabschluss

Aus der Sicht des Projektmanagements ist das Projekt mit der Übergabe der Leistung und deren Abnahme abgeschlossen. Aus Perspektive des Unternehmens gehört dazu zudem die Analyse und Auswertung und die formelle Auflösung des Projektes.

Diese Schritte erfordern Zeit und setzen seitens der Vorgesetzten das entsprechende Bewusstsein voraus. Denn „wer als Vorgesetzter (…) keine Luft für Dokumentation lässt oder Mitarbeiter in ein neues Projekt schickt, auch wenn die Arbeit am laufenden Projekt nicht nachvollziehbar ist, der muss sich nicht über mangelnden Wissenstransfer beklagen."[151]

Auch wenn die langfristigen Vorteile eines systematischen Projektabschlusses auf der Hand liegen, ist dieser nicht überall Praxis. „Beinahe allen Projekten gemeinsam ist, dass sie enden, ohne dass man bewusst aus den Erfahrungen im Projekt lernt. (…) in vielen Organisationen gibt es schlichtweg keine Kultur, Fehler zu besprechen und daraus lernen zu dürfen."[152]

---

[151]   nach Schindler, Wissensmanagement in der Projektentwicklung, S. 74
[152]   Stauber: In und aus Projekten lernen, in: Projektmanagement 03/2002, S. 29 ff.

Projektauswertung

Projektauswertungen reflektieren und analysieren abgeschlossene Projekte. Wie groß die Palette der möglichen Vorgehensweisen dabei ist, zeigt die Darstellung von Stauber. (Tab. 3-5)[153]

durch die Projektmitarbeiter	durch die Projektleitung	durch den Auftraggeber
• Individuell, eigeninitiativ, informell • Mündlich und strukturiert, moderiert (z. B. Feedback-Runden) • Schriftlich und systematisch (z. B. Fragebögen, Plakatabfrage) (Lern-)Erfahrungen, (Lern-)Bedarf, Erfolge und Verbesserungvorschläge, Feed-back an die Projektleitung	• Auswertung der Rückmeldungen der Projektgruppe • Bewertung der Vorgehensweise (insbes. bei kritischen Ereignissen) • Beurteilung der Projektergebnisse • Austausch mit Auftraggeber Fazit und Konsequenzen für die Ausgestaltung der Rolle als Projektleitung, Verbesserungsvorschläge	• Auseinandersetzung mit den Rückmeldungen der Projektleitung • Beurteilung der Projektergebnisse und des Projektverlaufes • Austausch und Projektbilanz mit der Projektleitung Fazit und Konsequenzen: für Folgeprojekte, weitere Schritte, Verbesserung von Strukturen und Abläufen sowie für die Ausfüllung der Rolle als Auftraggeber

Tabelle 3-5: Ebenen der Projektauswertung

Ein thematisches Raster kann wie folgt entwickelt werden: (Tab. 3-6)[154]

„weiche Faktoren"	„harte Faktoren"
• Qualität der Zusammenarbeit • Qualität der Projektleitung • Zufriedenheit der ProjektmitarbeiterInnen mit Arbeitsweise und Ergebnissen • Erfahrungen mit eingesetzten Projektmanagementmethoden • Qualifikationsbedarf und Lernerfolge in der Projektarbeit • Feedback der Projektgruppe • ergänzende Bewertung durch die Projektleitung	• Überprüfung der Zielerreichung: • Leistung, Umfang, Termin, Kosten und Ressourcen • Qualität • Einhaltung der Vorgaben • Effektivität der Arbeitsweise • Abschlusssitzung von Projektleitung und Auftraggeber: Abgleich der Einschätzungen und Bewertungen

Tabelle 3-6: Auswertung „weicher" und „harter" Faktoren

Besonders durch die Reflexion der weichen und harten Faktoren entstehen ein Lerneffekt und die Möglichkeit, Folgerungen für weitere Projekte abzuleiten.[155] Projektauswertungen

---

[153] Stauber: In und aus Projekten lernen, in: Projektmanagement 03/2002, S. 29 ff.

[154] Stauber: In und aus Projekten lernen, in: Projektmanagement 03/2002, S. 29 ff.

[155] Stauber, In und aus Projekten lernen, in: Projektmanagement 03/2002, S. 340

setzen einen Rahmen voraus, in dem sich die Teilnehmer ohne Nachteile äußern können und respektvoll miteinander umgehen. Ein Moderator, der flexibel auf die Dynamik des Verlaufs reagiert und eventuelle Konflikte erkennt und steuert, ist daher von Vorteil. Die Motivation, Erkenntnisse umzusetzen, ist dann am größten, wenn diese selbst erarbeitet sind. Workshops zur Projektauswertung haben auch eine soziale Funktion und helfen, persönliche Konflikte zu bereinigen und „Schaden (zu) reparieren, der in den Beziehungen zwischen den Teammitgliedern entstanden ist"[156].

Eine beispielhafte Anwendung sind die sogenannte „After Action Reviews" der US-amerikanischen Armee. Dort werden anhand von Schlüsselfragen („Was sollte geschehen? – Was geschah tatsächlich? – Wie erklären wir uns die Unterschiede? – Was lernen wir daraus?"[157]) praktische Einsätze zeitnah ausgewertet. Nach Senge ist die AAR „arguably one of the most successful organizational learning methods yet devised."[158]

Neben den individuellen Lernprozessen der Teilnehmenden liegen als Ergebnisse Beiträge für die Wissenssammlung des Unternehmens (siehe Kap. „Ergebnisse des Debriefings") vor. Als Lessons Learned bezeichnet man thematisch geordnete Projekterfahrungen, außerdem können verschiedenste „best practices", Beiträge für Kennzahlen-Datenbanken, Vorlagen und Musterprozesse entstehen. Das gewonnene Wissen fließt zu Beginn und während des nächsten Projektes in die Arbeit ein. Gleichzeitig beginnt wieder ein neuer Zyklus der Wissensproduktion, der neue Ergebnisse generiert. (Abb. 3-24)[159]

Fazit aus Wissen im Projekt

Die Charakteristika des Wissensmanagements in Projekten und die wichtigsten Ansätze zum Umgang damit wurden hiermit dargestellt. An das Referenzmodell für die Bauplanungs- und Beratungswirtschaft ergeben sich folgende Anforderungen:

1. Teamzusammenstellung
2. Übermittlung der Projektziele
3. Förderung des Zugriffs auf und der Verwendung von vorhandenem Wissens
4. Förderung der Wissensgenerierung im Projekt
5. Förderung des Wissensflusses ins Unternehmen
6. Durchführung von Projektauswertungen

---

[156] Kerth: Post Mortem, S. 39
[157] Schneider: Aus Erfahrung wird man klug …, in: Wissensmanagement 2/02, S. 51
[158] http://www.nwlink.com/~donclark/leader/leadaar.html 14.08.2007
[159] In Anlehnung an Probst: Wissen managen, S. 211

7. Bereitstellung einer Wissenstypologie als Basis

Alle Ebenen des Wissensmanagements (individuelle Ebene, Projektebene, Unternehmensebene) sollen einbezogen und bestmöglich vernetzt werden. Ziel ist es, die Projektarbeit mehr zu entlasten statt zu belasten.

Die Kombination des Projektwissensmanagements mit dem Wissensmanagement auf der Unternehmensebene bietet Potenzial, denn „ein Unternehmen sollte über die strategischen Kapazitäten verfügen, in einem dynamischen und spiralförmigen Prozess kontinuierlich Wissen zu sammeln, auszutauschen und zu schaffen. So betrachtet, liegen die Stärken der Bürokratie in der Kombination und Internalisierung und die der Projektteams in der Sozialisation und der Externalisierung."[160]

3.5.4 Wissensmanagement im Baubereich – Stand der Forschung

Verschiedene Promotionen und Forschungsprojekte befassten sich schon mit Wissensmanagement im Baubereich, allerdings hauptsächlich mit größeren Unternehmensstrukturen der ausführenden Seite:

Schmidle[161] wählt das Instrument des Unternehmenscontrollings als Ansatzpunkt für die Identifikation von relevantem Wissen und nimmt Abweichungen vom erwarteten Projektergebnis als Indikatoren für besonderen Wissensbedarf oder, im Falle einer positiven Abweichung, für das Vorliegen besonderen Wissens. Dies wird aufbereitet und je nach Zielgruppe (Handlungsakteure oder Entscheidungsakteure) zur Verfügung gestellt. Eine Klassifizierung nach Relevanz und Wahrscheinlichkeit der Wiederverwendung geht dem voran. Das Verfahren identifizierte im Gegensatz zum bisher praktizierten Projektabschlussgespräch deutlich mehr Wissenselemente, allerdings vorrangig aus dem Bereich des Faktenwissens für Handlungsakteure. Für die Identifikation des komplexeren Entscheidungswissens eignen sich Projektabschlussgespräche besser. Es empfiehlt sich also, beide Verfahren parallel anzuwenden. Für die Verteilung des Wissens stellt Schmidle ebenfalls grundsätzliche Überlegungen an, die bei entsprechender Unternehmensgröße und differenzierten Aufgabenfeldern und Rollen geeignet sind, das Wissen zielgruppenspezifisch anzupassen und damit eine Überflutung zu verhindern.

---

[160] Nonaka und Takeuchi: Die Organisation des Wissens, S. 183 f.

[161] Schmidle: Projektbasiertes Prozessmodell für ereignisorientiertes Wissensmanagement in mittleren und größeren Bauunternehmen

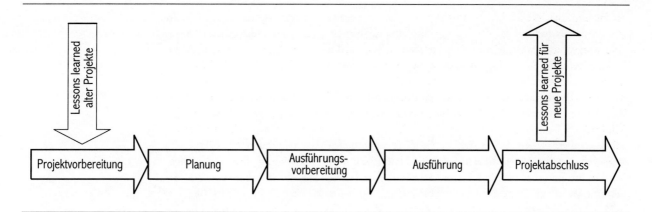

Abbildung 3-24: Integration von Lessons Learned im Projektprozess

Für die Zielgruppe dieser Arbeit lässt sich entnehmen, dass das monetäre Projektergebnis auch Gegenstand der wissensbezogenen Projektauswertung sein sollte. Der hier entwickelte Analyse- und Auswertungsprozess ist jedoch großen Unternehmensstrukturen mit eigenen Stabsstellen vorbehalten.

Borner[162] verwendet ein Erfolgsfaktoren-Modell zur Zielausrichtung eines Wissensmanagement-Systems. Über definierte Erfolgsziele (erfolgreiche Akquise, Erwirtschaften von Gewinn, Zufriedenstellen der Kunden) und Erfolgsfaktoren abgewickelter Projekte identifiziert er relevantes Wissen. Voraussetzung ist dabei die grundsätzliche Existenz verallgemeinerbarer Erfolgsfaktoren in Bauprojekten und damit möglicherweise die Begrenzung auf ähnliche Projekte. Zur Identifikation der projektspezifischen Erfolgsfaktoren schlägt Borner strukturierte Befragungen relevanter Projektbeteiligter vor. Aus den projektspezifischen Erfolgsfaktoren ermittelt er durch mehrfach überlappende Befragungen (Delphi-Methode) diejenigen mit einer hohen Wahrscheinlichkeit auf Übertragbarkeit und glättet die Aussagen. Erst wenn dieser Prozess unter Einbeziehung der Geschäftsleitung vollzogen ist, wird dieser Erfolgsfaktor als Wissens-Einheit aufbereitet. Diese Wissens-Einheiten sind nach Ebenen gegliedert, die oberste ist die der Leitlinien und Wissens-Sicherungsprozesse, die einem regelmäßigen Überprüfungs-Turnus unterliegen. Eine Ebene darunter befinden sich die Vorgehensweisen zur Aktivierung und darunter „Know-how und Infos zur Durchführung". Zuständig für diese Tätigkeiten ist die Stabsfunktion KVP (kontinuierlicher Verbes-

---

[162] Borner: Prozessmodell für projekt- und erfolgsorientiertes Wissensmanagement zur kontinuierlichen Verbesserung in Bauunternehmen

serungsprozess), die auch den Anschluss an die anderen Managementsysteme herstellt. In der „Initialisierungsphase" werden zum Projektabschluss Erfolgsfaktoren identifiziert, in der „Nutzungsphase" werden zum Projektstart am Beginn der neuen Wissens-Nutzungsphase Wissenselemente zur Verfügung gestellt.

Mit der Konzentration auf die tatsächlich relevanten Prozesse und Wissens-Einheiten und deren detaillierter Ausgestaltung zielt Borner auf eine hohe Effizienz. Er setzt ausschließlich auf die Bringschuld der Organisation gegenüber den in der Projektbearbeitung tätigen Mitarbeitern.

Auch diese Arbeit richtet sich an die Zielgruppe der großen Unternehmen. Die relativ starr definierten Prozesse haben für große Strukturen ihre Berechtigung, sind für kleinere Strukturen allerdings zu ressourcenintensiv und zu unflexibel. Die Identifikation von Erfolgsfaktoren ist jedoch grundsätzlich auch für kleinere Einheiten eine wertvolle Steuergröße.

Cüppers[163] bezieht sich gleichermaßen auf den Kontext eines Baukonzerns. Für die Angebots- und Auftragsphase, die ein in hohem Maße relevanter Ausschnitt aus der Projektbearbeitung ist, schlägt sie drei Elemente eines Projektwissensmanagements vor: wissensorientierte Projektgespräche, Projektdokumentation und Mitarbeiterprofile. Sie stellt grundsätzliche Überlegungen zur organisatorischen Einbindung des Projektwissensmanagements in ein Gesamtkonzept an und unterscheidet dabei das unternehmenskulturelle, organisationale und technologische Gestaltungsfeld. Sie vertritt unter anderem die Meinung, dass der hierarchische Aufbau und Führungsstil der Baukonzerne für die Entwicklung von Wissensmanagement eher kontraproduktiv ist, dazu gehört auch die Struktur der Niederlassungen, die als eigene Kostenstellen arbeiten und gegenseitig im Wettbewerb stehen. Unter diesen Voraussetzungen fehlt, so Cüppers, die Motivation für niederlassungsübergreifende Wissensmanagement-Initiativen. Sie verweist auf die Notwendigkeit einer strategischen und systematischen Planung von Wissensmanagement-Maßnahmen und erläutert diese anhand eines Praxisbeispiels.

Die wissensorientierten Projektgespräche sowie die Projektdokumentation sind auch auf kleinere Strukturen übertragbar. Die Mitarbeiterprofile haben, wie schon erwähnt, eher geringere Übertragbarkeit. Gerade die Projektgespräche bieten einen Rahmen für den Austausch des so wichtigen impliziten Wissens.

Sarshar untersuchte im englischsprachigen Raum unter anderem Partnering-Modelle auf ihre Stärken und Schwächen im Rahmen des Forschungsprojekts SPICE („Structured

---

[163] Cüppers: Wissensmanagement in einem Baukonzern

Process Inprovement for Construction Enterprises")[164] und entwickelte Ansätze zur Steigerung der Performance, in denen Wissensmanagement seinen festen Platz hat. Diesen liegt ein Reifegrad-Modell zugrunde. Stärken des Partnering sind dabei: "close physical proximity of client, design and project management teams, top level commitment to improve productivity, adoption of manufacturing philosophies and methods in order to deliver improvements". Als Schwächen des Partnering identifiziert sie: "lack of integration between systems and processes of the partnering organisations, presence of cultural and incentive differences between the partnering organisations, which led to fragmentation of the project teams, little evidence of process evaluation and improvement efforts by the teams"

Schlüsselprozesse für Wissensmanagement sind dabei: „Process Definition, Process Customisation, Process Training, Process Improvement Resourcing". Anhand dieser Schlüsselprozesse werden Praxisbeispiele klassifiziert und ausgewertet. Ein weniger erfolgreiches Projekt war beispielsweise eine Subunternehmer-Datenbank, die ein großes Bauunternehmen aufgebaut hatte, und die mangels Motivation der Mitarbeiter und eines Einführungskonzeptes nicht akzeptiert wurde. Somit wurden die Prozesse „Process Customisation" und „Process Training" als Schlüsselfaktoren bestätigt, deren mangelnde Berücksichtigung zum Scheitern eines Projektes führen kann.

Das Konzept der Schlüsselprozesse ist grundsätzlich auch auf kleinere Einheiten übertragbar.

3.5.5 Forschungslücke und Anforderungen

Es zeigt sich, dass Wissensmanagement im Bauunternehmen (und damit in großen, sehr arbeitsteiligen Strukturen) aus verschiedenen Blickwinkeln untersucht ist. Die Übertragbarkeit dieser Forschungen auf die Bauplanungs- und Beratungswirtschaft ist jedoch nur zum Teil gegeben, denn die Anforderungen und Rahmenbedingungen sind unterschiedlich.

Die vorliegende Arbeit betritt mit der Entwicklung eines Referenzmodells für die Bauplanungs- und Beratungswirtschaft ein neues Feld. Die Anforderungen an dieses Modell ergeben sich aus der Bestandsaufnahme (Kapitel 2) und dem theoretischen Bezugsrahmen (Kapitel 3) zusammengefasst wie folgt:

---

[164] Sarshar, Haigh, Amaratunga: Improving project processes: best practice case study, in: Construction Innovation 2004, 4, S. 69-82

1. Wissensstrategie für die Bereithaltung von Wissen
2. Wissensentwicklung als Kernprozess unterstützen
3. Lernen unterstützen
4. Projektbezogenes Wissensmanagement: Unterstützung der Projektprozesse, Einbindung ins Unternehmenswissen
5. KMU-Tauglichkeit
6. unternehmens- und disziplinenübergreifender Ansatz

4 Voraussetzungen für Wissensmanagement

Dieses Kapitel stellt eine Reihe zentraler Voraussetzungen für den Umgang mit Wissen zusammen, deren Berücksichtigung elementar ist, aber den Rahmen dieser Arbeit überschreiten würde und hier nicht vertieft dargestellt wird. Dazu gehört auch die Annahme, dass die Informations- und Kommunikationstechnologie die derzeit am wenigsten begrenzende Größe für das Wissensmanagement ist und nicht behandelt wird. Diese Annahme stützt auch das Ergebnis des Forschungsvorhabens „Wissen vernetzen". Dort ergab sich, dass „IT-basierte Lösungen des Wissensmanagements kein zentrales Thema sind. Nicht, weil diese Lösungen keine Relevanz besitzen, sondern weil derartige Lösungen in vielen Fällen bereits vorhanden sind."[165]

4.1 Unternehmenskultur – Wissenskultur – Projektkultur

Je sensibler das zu nutzende Gut ist (Wissen ist sensibler als Daten und Information), desto wichtiger wird der Blick auf die Rahmenbedingungen. Eine der wichtigsten Voraussetzungen für gelingenden Wissensaustausch ist eine Vertrauensbasis zwischen den Beteiligten. Diese stellt sich ein, wenn

- die Beteiligten die Möglichkeit haben oder hatten, sich ausreichend kennen zu lernen.
- sich, nach Dick[166], Vertrauensgrenzen in „Wissensgrenzen" manifestieren. Dies impliziert einerseits den Aufbau von Vertrauen als notwendige Voraussetzung für Wissenskommunikation, andererseits auch die Notwendigkeit, für die Wissenskommunikation geschützte Räume zur Verfügung zu stellen, in denen dieses Vertrauen grundsätzlich möglich ist.
- die gelebte Unternehmenskultur entsprechende Werte praktiziert.

Unternehmenskultur ist dabei ein „Muster gemeinsamer Grundprämissen, das die Gruppe bei der Bewältigung ihrer Probleme hinsichtlich externer Anpassung und interner Integration erlernt hat, das sich bewährt hat und somit als bindend gilt; und das daher an neue Mit-

---

[165] Schnauffer et al.: Wissen vernetzen, S. 203
[166] Dick: Wissensmanagement und wissenschaftliche Weiterbildung

glieder als rational und emotional korrekter Ansatz für den Umgang mit diesen Problemen weitergegeben wird."[167]

Bezogen auf den Umgang mit Wissen hat sie idealerweise folgende Prämissen:

- Offenheit im Umgang mit Wissen
- Aktives Einbringen des eigenen Wissens
- Positiver Umgang mit unterschiedlichen Positionen und Fehlern

Nur eine positive Unternehmenskultur ist die Basis für eine entsprechende Projektkultur. Ein besonderes Problem beim Zustandekommen einer wissensfördernden Projektkultur ist die Tatsache, dass die Zusammenarbeit im Projekt nur temporär ist und meist unter großem Erfolgsdruck steht. Dem Projektstart (siehe dort) kommt beim Aufbau einer Projektkultur eine herausragende Bedeutung zu.

Zeichen einer derartigen Kultur wäre beispielsweise nachfolgende Aussage: „Gemeinsame Besprechungen und der Austausch von Erfahrungen werden als wertvoll angesehen. Sie gelten als Arbeit und werden nicht diskriminiert."[168]

4.2 Motivation, Bewusstseinsbildung und Anreiz

Die Einführung von Wissensmanagement-Instrumenten bedarf einer Anlaufphase, in der die Investition in das System größer als der Nutzen ist. Diese Anfangsphase zu überwinden, um danach eine positive Bilanz zu ziehen, ist eine Aufgabe, die besondere Motivation erfordert. Sollen eine Wissenskultur angeregt und Impulse für ein derartiges Verhalten gesetzt werden, bieten sich Belohnungen („Incentives") für erwünschtes Handeln (Wissenskommunikation, Wissensaufbau, Pflege und Nutzung der Wissensbörsen) an. Sie können in einer Anfangsphase sinnvoll sein, verlieren aber, insbesondere wenn sie monetärer Art sind, mit der Zeit an Wirkung. Damit bleiben auf Dauer Bewusstseinsbildung und Vorbildverhalten der Führungsebenen die zentralen Hebel.

Auf Dauer sind WM-Prozesse ein integraler Teil der Arbeit. Schütt führt für den angestrebten Umgang mit Wissen folgenden Vergleich ein: „Im Einzelnen heißt das, dass sich jeder Mitarbeiter, ähnlich wie ein eigenständiges Ein-Personen-Unternehmen, mit seinen Fähigkeiten und seinem Wissen behaupten muss, ganz wie ein Fischhändler mit seinem

---

[167] Nonaka, Takeuchi: Die Organisation des Wissens, S. 56
[168] Bauer et al.: Lernen im Arbeitsalltag, S. 77

Stand auf dem Fischmarkt. Als gewollter Nebeneffekt ergibt sich ein anderer Umgang mit dem eigenen Wissen: ist das individuelle, gehortete Wissen in einer hierarchischen Struktur noch Macht und wichtiger Faktor der persönlichen Karriereentwicklung, so würde es einem Mitarbeiter beim Zurückhalten seines Wissens am neu im Unternehmen entstandenen Wissensmarktplatz so gehen wie einem Fischhändler, der seine Auslage leer lässt."[169]

Ein organisationaler Wandel, der einen neuen Umgang mit Wissen mit sich bringt, ist ein umfassendes Vorhaben, das Sorgen und Ängste auslöst und auch blockiert werden kann. Dies gilt es zu berücksichtigen.

4.3   Kommunikation

Kommunikation ist hier die Interaktion von Personen, die im Zusammenhang mit der Lösung einer Aufgabe stattfindet. Grundsätzlich wird zwischen direkter und indirekter Kommunikation unterschieden. Die direkte Kommunikation, so Schnauffer, „scheint (…) der effektivste und effizienteste Weg der Wissensübertragung zu sein und zu bleiben", und zwar dann, „wenn es um Wissensbedarfe geht, bei denen der Wissenssuchende eine größere Anpassung an das aktuelle Problem für erforderlich hält. (…) Der Grund dafür liegt in der Natur des Projektgeschäfts, (…) Probleme und Lösungswege aus anderen Projekten sind daher im Prinzip nur bedingt direkt übertragbar."[170]

Bezüglich der Chance, neue Lösungen und Innovationen zu generieren, gilt ebenfalls die Interaktion zwischen Personen als innovationsfördernd („80 % aller innovativen Gedanken entstehen durch persönliche Kommunikation"[171]).

In Form der „Wissenskommunikation" trifft man die Kommunikation als einen Baustein des Probst'schen Modells an.

Die Kommunikationsstrukturen lassen sich nach Schnauffer nach thematischen und zeitlichen Erfordernissen gestalten. Je nach Inhalt (inhaltlich offen oder geschlossen) bieten sich eine zeitlich feste oder lose Kopplung und ein offener oder geschlossener Teilnehmerkreis an: (Abb. 4-1)[172]

---

[169]   Schütt: Lehr- und Meisterjahre einer Wissensorganisation, in: Wissensmanagement 07/04, S. 10 ff.

[170]   Schnauffer et al.: Wissen vernetzen, S. 40

[171]   Henn, nach: Peschke, S. 22

[172]   Nach Schnauffer et al.: Wissen vernetzen: S. 42

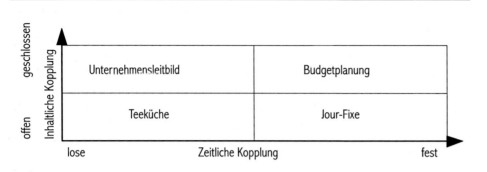

Neben der strukturierten Kommunikation bietet vor allem auch die nicht strukturierte, informelle Kommunikation großes Potenzial. „Während im traditionellen hierarchischen Unternehmen häufig informelle Kontakte nicht gerne gesehen werden – „Mit dem Kollegen der Niederlassung in Düsseldorf reden sie lieber nicht, denn die könnten uns ja das Geschäft wegschnappen" – werden im Wissensunternehmen informelle Kontakte und Zusammenarbeit gefördert, u.a. durch Wissensmessen, Informationsbörsen, Gestaltung von Kantine, Lounges und anderen Möglichkeiten des informellen Zusammentreffens. Nicht alle Möglichkeiten der elektronischen Kommunikation werden implementiert, um auch noch ein Treffen und persönliches Kennenlernen der Mitarbeiter zu ermöglichen. In einem solchen Unternehmen unterstützt das Bürolayout und die Gesamtgestaltung der Arbeits- und Sozialräume die Kommunikation der Mitarbeiter."[173]

Zwei weitere Strukturkategorien, die medialen und die räumlichen Strukturen, die von besonderer Wichtigkeit sind, werden nachfolgend betrachtet:

4.3.1 Medien zur Kommunikation

Kommunikation erfolgt schriftlich oder mündlich, zwischen zwei Personen oder im größeren Kreis. Sie kann technisch oder medial unterstützt sein (Telefon, Mail, Chat, Videokonferenz, …) oder „Face-to-Face" stattfinden. Der Face-to-Face-Kommunikation kommt bezüglich der Innovationsförderung und Ideengenerierung eine besondere Bedeutung zu.

---

[173] North: Wissensorientierte Unternehmensführung, S. 30

Virtuelle Projekträume, die in der praktischen Arbeit insbesondere in Großprojekten Standard sind, werden an dieser Stelle nicht betrachtet, denn sie werden vorherrschend als gemeinsame Datenverwaltung und zur Dokumentation und Lenkung von Prozessen genutzt. Die Qualität der Kommunikation ist derzeit noch derjenigen per Mail eher gleichzusetzen.

Die Zusammenarbeit über räumliche Distanzen ist in vielen Bereichen Normalfall, und damit auch die Nutzung entsprechender technischer Unterstützung. Dennoch bleibt die Kommunikation oft der schwierigste Teil. Gillies stellt fest, dass „online Prozesse etwa doppelt so lang (dauern) wie im normalen Büroalltag" und dass es in virtuellen Projekten die Hauptaufgabe der Leitung sei, „die Nachteile der Technik auszugleichen". Außerdem eskalieren in virtuellen Teams Konflikte schneller.[174]

Die Virtualisierung der Projekte hat zweierlei Effekte: „Die Chance besteht in einer Zusammenführung geographisch verteilt arbeitender und lebender Experten, welche sonst nie zusammengefunden hätten. Die Gefahr liegt in der Verarmung des Wissensaustausches auf niederschreibbare, explizierbare Information."[175]

Verschiedene Kommunikationsmedien eignen sich für unterschiedlich komplexe Kommunikationsaufgaben. (Abb. 4-2)[176]

Während die Kommunikation über sog. Telemedien vor allem dem Transport von Inhalten dienen (Informationsversorgung, Informationsaustausch, Entscheidungsübermittlung, Koordination, …), hat die Face-to-Face-Kommunikation eine sogenannte „Kohäsionsfunktion", bei der die Beziehungspflege, Motivation, Coaching, Netzwerkpflege oder das Schaffen eines Vertrauensklimas im Vordergrund steht.[177]

Dies gilt auch für Bauprojekte: „Während der Austausch von explizierbarem Wissen durch Überführung von in IKT abbildbaren Informationen relativ leicht möglich ist (etwa die Speicherung von Bauplänen), ist der Austausch von implizitem Wissen durch IKT bisher nur schwer möglich (ein guter Bauingenieur „weiß" aufgrund seiner Berufserfahrung nach einem Blick „aufs Wetter", wann die Trocknung von Betonelementen in etwa abgeschlossen ist). (…) Die synchrone Kommunikation mit IKT-Unterstützung erscheint daher von besonderer Bedeutung, da im Rahmen direkter Interaktion eine höhere Rückkoppelung möglich ist," so Schindler.[178] Die Notwendigkeit, eine jeweils geeignete Kommunikationsform zu

---

[174]   Gillies: Wenn das Team weit weg ist, in: FTD 30.04.2004

[175]   Romhardt: Wissensgemeinschaften, S. 87

[176]   Nach Hülsbusch et al.: Führen auf Distanz, WM 01/06, S. 41 f.

[177]   Nach Hülsbusch et al.: Führen auf Distanz, WM 01/06, S. 41 f.

[178]   Schindler: Wissensmanagement in der Projektabwicklung, S. 521

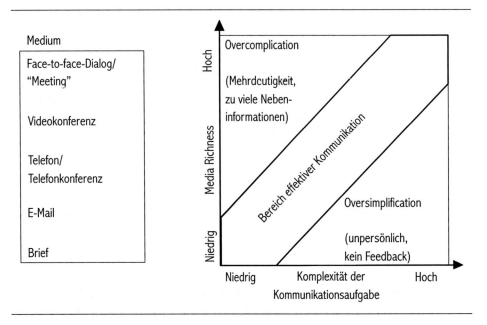

Abbildung 4-2: Komplexität und Medien

wählen, wird in der Modellentwicklung für Bauplanung und -management berücksichtigt werden müssen.

4.3.2 Raum zur Kommunikation

Die räumliche Anordnung von Arbeitsprozessen und die räumliche Qualität der Arbeitsumgebung sind ein gewichtiges Gestaltungsfeld, das Kommunikation und Innovation fördern oder behindern kann. Dies bestätigen Vertreter verschiedener Disziplinen.

„Die räumliche Anordnung der Organisation gehört zu den mächtigsten Interventionsfeldern der Wissensorganisation"[179], so der Organisationspsychologe Roehl. Der amerikanische Managementberater Peters ergänzt: „In der Tat ist das Management von Raum vielleicht das am wenigsten beachtete – und wirksamste – Werkzeug einen kulturellen Wandel

---

[179] Roehl: Organisationen des Wissens, S. 95

herbeizuführen, Innovationsprojekte zu beschleunigen und den Lernprozess in weit verstreuten Organisationen zu fördern."[180]

Henn liefert als Architekt Leitlinien für die räumliche und gestalterische Umsetzung der Anforderungen an Wissensarbeit. Demnach sollen Räume „unscharf" definiert und „funktional nicht zu Ende bestimmt" sowie „offen" sein. Damit wird Vielfalt, Autonomie und Redundanz nach Nonaka geschaffen sowie, durch die Offenheit des Raums, die Kommunikation unterstützt. Die Anforderung nach „Erdung" und „Starkem Charakter" wiederum unterstützen Orientierung und Identifikation.[181]

Verschiedene Arten von Arbeitsprozessen erfordern eine differenzierte Betrachtung. Sie erfordern entweder eher kooperatives oder konzentriertes Arbeiten und damit mehr oder weniger Interaktion. Sie sind eher kontinuierlich oder temporär und erfordern eher mehr Mobilität oder mehr Aufenthalt. Aus dieser Vielfalt wechselnder räumlicher Anforderungen folgern unter anderem Bürokonzepte, die verschiedene Arten von Arbeitsplätzen für unterschiedliche Tätigkeiten oder flexibel nutzbare Räume anbieten.

Auf Planungs- und Projektmanagementprozesse im Bauwesen sind diese Sachverhalte übertragbar. Sie beinhalten oft anspruchsvolle Problemlösungsaufgaben, die Konzentration erfordern. Gleichzeitig ergibt sich aus der generell hohen Zahl von Beteiligten und dem steigenden Grad an Interdisziplinarität ein hoher Kommunikationsbedarf, der neben der EDV-technischen Unterstützung vor allem auch steigende Anteile direkter Kommunikation erfordert.

Für große Bauvorhaben werden häufig Projektbüros geschaffen, in denen Mitarbeiter der beteiligten Büros an einem gemeinsamen Ort (häufig vor Ort oder beim Bauherren) zusammenarbeiten, um die Synergie aus der interdisziplinären Arbeit der beteiligten Fachingenieure zielgerichtet zu nutzen. Diese Projektbüros haben hinsichtlich der Wissensgenerierung eine besondere Bedeutung, die Schindler zum Ausdruck bringt: „Das derart geschaffene Projektbüro dient als wichtige „Wissenszelle", gleichsam dem Zentrum eines Spinnennetzes, bei dem als sichtbarer Teil der Projektwissensbasis die Projektdokumentation ("Projektakte") aufbewahrt wird."[182]

Die räumlichen Erfordernisse bestmöglich umzusetzen und diese bei der Projektvorbereitung bewusst auch hinsichtlich des Wissensmanagements zu hinterfragen, ist die Anforderung, die sich aus diesen Überlegungen ableitet.

---

[180]   Zillig: Van Technology Center, Vortrag FHG 28.11.2005, München

[181]   Nach Henn: Architekturen des Wissens, Vortrag FHG 28.11.2005, München

[182]   Schindler: Wissensmanagement in der Projektabwicklung, S. 315

5 Diagnose, Bewertung und Handlungsempfehlung

Ausgangspunkt dieser Arbeit ist die Feststellung, dass intellektuelles Kapital zielbezogen beeinflusst werden kann und muss. Neben der theoretischen Herleitung relevanter Faktoren für das Bauprojekt-WM soll nachfolgend eine Bestandsaufnahme der geübten Praxis das Bild vervollständigen und das Verhältnis zwischen Ursache und Wirkung aufklären.

5.1 Fragebogen als Diagnosetool für Projekt-Wissensmanagement

Die Befragung diente dazu, die Ist-Situation in Büros und Unternehmen der Baubranche punktuell zu beleuchten. Im Zeitraum zwischen September 2005 und März 2008 wurden mehrere Gruppen von Architekten und Bauingenieuren, die in Planungs- und Beratungswirtschaft tätig sind, mittels eines qualitativen Fragebogens befragt. Eine statistische Relevanz wurde nicht angestrebt.

In einem weiteren Schritt soll die Einbindung in einem Unternehmenssteuerungsmodell (Balanced Scorecard) die Vorbereitungen zur Modellentwicklung abschließen.

Ziel der Befragung war es, unter Berücksichtigung der jeweiligen Bürostrukturen und Leistungsfelder Anhaltspunkte für die vorhandene Verbreitung eines Wissensmanagement-Instrumentariums sowie den darüber hinausgehenden Bedarf und eventuelle Hemmnisse bei der Implementierung zu erhalten. Dabei ging es um Antworten auf folgende Fragen:

- Inwieweit wird Wissensmanagement derzeit bewusst und zielgerichtet betrieben?
- Inwieweit wird ein Bedarf an WM formuliert?
- Welche WM-Instrumente sind im Einsatz?
- Welche WM-Instrumente werden gewünscht?

Parallel dazu wurden, ebenfalls als Bestandteil des Fragebogens, die Bausteine des Projekt-Wissensmanagements, die Gegenstand dieser Arbeit sind, einem ersten Test unterzogen.

Der Fragebogen besteht aus einem strukturierten Teil, der ja/nein-Antwortmöglichkeiten bzw. eine Punkteskala von 1 – 6 vorgibt, und einem unstrukturierten Teil, der zu den Schlüsselmomenten des Projektwissensmanagements frei formulierte Antworten zulässt.

Der strukturierte Teil des Fragebogens enthält jeweils ähnliche bzw. verwandte Fragen auf den drei verschiedenen organisationalen Ebenen (persönliche Ebene, Projektebene und

Fragebogen Teil 1 – strukturierter Teil **Strukturen, Verbreitungsgrad und Hemmnisse für informelles und formelles Wissensmanagement** (Übergeordnete Gliederung – Darstellung der Einzelfragen in der Anlage)			
	Teil 1: Ihre persönliche Ebene	Teil 2: die Projektebene	Teil 3: Ebene der Organisation
	allgemeine Fragen		
1	Ihre Aufgaben und Tätigkeiten	Die Projekte, Art und Organisation	Das Unternehmen/Büro
2	Ihre Fähigkeiten und Kenntnisse	Die Projekte, Leistungsinhalt	Das Leistungsspektrum
3	Die Arbeitsteilung und Kooperation	Die Arbeitsteilung/Kooperation im Projekt	Der Organisations- und Spezialisierungsgrad: Support und periphere Prozesse
4	Ihre Spezialisierung/-en	Die Interdisziplinarität im Projekt	Der Organisations- und Spezialisierungsgrad: Kernprozesse
5	Ihre Arbeitsmittel, Ihr Arbeitsplatz	Die Arbeitsmittel und die Arbeitsplätze	Die Arbeitsmittel und die Arbeitsplätze
6	Ihre Arbeitsmethoden	Die Arbeitsmethodik und Standards zur Projektbearbeitung	Die Managementsysteme
7	Bedarf		
8	Die Voraussetzungen: Unternehmenskultur, Motivation	Die Voraussetzungen: Projektkultur und Motivation	Die Voraussetzungen: Unternehmenskultur und Motivation
	Die 4 Aspekte von Wissensmanagement – Bestandsaufnahme		
9	Wissen repräsentieren: Wissenstransparenz 1	Wissen repräsentieren: Wissenstransparenz 1	Wissen repräsentieren: Wissenstransparenz 1
10	Wissen teilen: Wissensaustausch und Kommunikation 2	Wissen teilen: Wissensaustausch und Kommunikation 2	Wissen teilen: Wissensaustausch und Kommunikation 2
11	Wissen nutzen: Lernen aus Fehlern 3	Wissen nutzen: Lernen aus Fehlern 3	Wissen nutzen: Lernen aus Fehlern 3
12	Neues Wissen schaffen: Innovation 4	Neues Wissen schaffen: Innovation 4	Neues Wissen schaffen: Innovation 4
13	Hemmnisse		

Organisationsebene), dic in Kapitel 3 als Handlungsebenen des Wissensmanagements identifiziert wurden.

Neben allgemeinen Fragen zum Tätigkeitsfeld und zum Umfeld stehen Fragen zu Voraussetzungen und Hemmnissen bezüglich des Einsatzes von Wissensmanagement sowie Fragen zu den vier Bereichen des Reinmann-Rothmeierschen Referenzmodells (Wissen repräsentieren/kommunizieren/nutzen/entwickeln). (Tab. 5-1)

Tabelle 5-1: Fragebogen Teil 1 – strukturierter Teil

Tabelle 5-2 (rechts): Fragebogen Teil 2 – offener Teil

Fragebogen Teil 2 – offener Teil
Strukturen, Verbreitungsgrad und Hemmnisse für informelles und formelles Wissensmanagement

	Was ich in meinem Unternehmen schätze …	Was ich verbessern würde …
Wissen dokumentieren: Wissensrepräsentation		
Wissen weitergeben: Wissenskommunikation		
Wissen verwenden: Wissensnutzung		
Neues Wissen: Wissensgenerierung		
Wo wollen wir hin? Wissensziele		
Wo stehen wir? Evaluation		
Projektstart		
Übergaben		
Lösungsunterstützung		
Projektabschluss		
Orientierung		
Verzahnung		

Der offene Teil des Fragebogens ermöglicht frei formulierte Antworten und damit einen größeren individuellen Spielraum. Er fragt ein weiteres Mal nach den Wissensmanagement-Bausteinen laut Reinmann-Rothmeier sowie zusätzlich nach den Bausteinen des Projekt-Wissensmanagements, die Gegenstand dieser Arbeit sind (Kapitel 6). Dabei werden jeweils der Ist-Zustand im Büro bzw. Unternehmen („was ich in meinem Unternehmen schätze") und im Anschluss Verbesserungswünsche und -ideen („was ich verbessern würde") erfragt. (Tab. 5-2)

Der Fragebogen wurde an Architekten und Bauingenieure ausgegeben, die zwischen zwei und 20 Jahre Berufspraxis haben und in verschiedensten Bereichen der Planung und des Bauprojektmanagements tätig sind. Sie sind tätig in unterschiedlichen Kontexten vom Ein-Personen-Büro bis zum Konzern. Die 102 ausgewerteten Fragebögen setzen sich wie folgt zusammen:

1. Eine Hauptgruppe von 64 Personen stammt aus unterschiedlichen Unternehmen. Alle sind oder waren Studienteilnehmer des Baumanagement-Masterstudiums der Hochschule Augsburg oder in deren Umfeld. Diese Gruppe erlaubt eine erste Diagnose über den Umgang mit Wissen in der Baubranche, insbesondere den Bereich der Planungs- und Steuerungsleistungen. Zwei Interviews (Goldbeck Public Partner) und Baureferat Landeshauptstadt München) runden das Bild ab.
2. 15 Fragebögen entstanden anlässlich eines Beratungsprojektes in der Ingenieurgesellschaft W im Juli 2006 und werden dieser gegenübergestellt.
3. Eine Gruppe von 6 Fragebögen aus dem Unternehmen P mit unterschiedlichen Abteilungen, fließt, aufgrund der Heterogenität der verschiedenen Arbeitsfelder der Befragten, in die Hauptgruppe ein und wird ausschnittsweise separat betrachtet.
4. 12 Fragebögen wurden im Beratungsunternehmen I beantwortet und separat ausgewertet.
5. Schließlich fließen noch 12 teils modifizierte Fragebögen aus einer Ingenieurgesellschaft der Tragwerksplanung ein, die im Rahmen einer Masterarbeit an der Hochschule Augsburg[183] bearbeitet wurden.

Der Rücklauf betrug, begünstigt durch die Möglichkeit des persönlichen Kontakts, nahezu 100 %. Den Befragten wurden grundsätzliche Ziele und Methoden von Wissensmanagement

---

[183] Deuringer: Praxisorientiertes Qualitäts- und Wissensmanagement im Ingenieurbüro anhand ausgewählter Schwerpunkte

einleitend dargestellt, generell jedoch handelte es sich bei den Befragten um „Wissensmanagement-Laien".

5.2 Ergebnisse

5.2.1 Hauptgruppe

Fragebogen Teil 1 – strukturierter Teil
Die Arbeitsschwerpunkte der Befragten liegen im Spektrum der klassischen Ingenieur- und Architektenleistungen, spezielle Leistungen wie Projektentwicklungen, Tätigkeiten mit Übernahme eines erhöhten Risikos („at risk") oder Komplett- und Betreiberleistungen sind weniger stark vertreten. Leitungsfunktionen haben knapp 40 % der Befragten inne, eine große Mehrheit (85 %) der Befragten hat die Leitung eines oder mehrerer Projekte zu verantworten.

Die Projekte werden vorrangig (76 %) in Teams mit bis zu fünf Mitarbeitern bearbeitet und laufen in ca. 60 % der Fälle bis zu 12 Monate, in 38 % der Fälle länger.

Die dominierende Unternehmensgröße liegt bei 11–100 Mitarbeitern, überwiegend erbringen Architekten (80 %) und Ingenieure (55 %) die Leistungen, Betriebswirte gibt es in 25 % der Büros. Die Interdisziplinarität in den einzelnen Unternehmen ist eher gering ausgeprägt. Managementsysteme finden in folgendem Umfang Verbreitung: Controlling 56 %, Qualitätsmanagement 36 %, Risikomanagement 27 %. Andere Systeme (Umwelt-, integriertes Managementsystem, Balanced Scorecard) sind weniger stark vertreten.

Die Fragen zum Wissensmanagement ergaben folgendes:

- Auf der persönlichen Ebene werden die Tätigkeiten mehrheitlich als kreativ und komplex empfunden. Die Zufriedenheit mit der eigenen Aufgabe und Position ist hoch bis sehr hoch und die Arbeitsmethoden können autonom und effizient gewählt werden. Die praktizierten Abstimmungsprozesse gelten als zufriedenstellend. Die Suche nach Informationen und Wissen wird als mittlere Last empfunden. Die Unternehmenskultur wird positiv bewertet, als Hindernis für Wissensmanagement gilt hauptsächlich der Mangel an Zeit.
- Auf der Projektebene finden sich einheitliche Standards zur Bearbeitung (Ordner, Namen, Protokolle) bei gut der Hälfte der Befragten, Standards der Kommunikation (Bespre-

1. Hauptgruppe – Ebenen

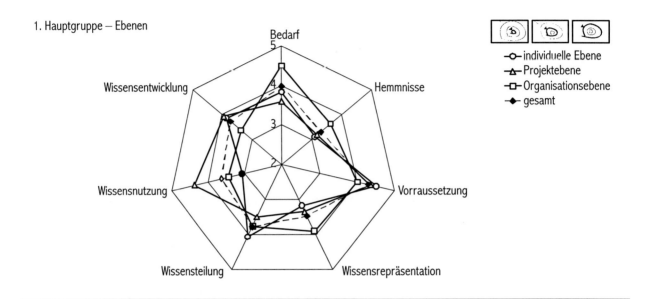

- individuelle Ebene
- Projektebene
- Organisationsebene
- gesamt

chungen zum Start, Zwischenbilanz und Projektende) sind außer dem traditionell gut verankerten Projektstart (62 %) nur in einem Drittel der Büros vertreten. Projektkultur und Motivation werden genauso wie auf der individuellen Ebene gut bewertet. Verbesserungsbedarf wird bezüglich klarer Projektziele und der Deckung des Know-how-Bedarfs im Projekt signalisiert. Die Mehrheit der Befragten arbeitet mit Projektmitarbeitern in räumlicher Nähe, teilweise sind Projektplattformen im Einsatz. Heterogene Interessen gelten kaum als Grund für mangelnde Wissenssicherung (Note 3,63).

- Auf der Ebene der Organisation wird die unternehmerische Notwendigkeit, auf neue Entwicklungen entsprechend zu reagieren, zurückhaltend bestätigt (Note 2,52). Auch hier wird die Unternehmenskultur positiv bewertet, die Transparenz in den Unternehmen etwas weniger positiv. Das Interesse an Wissensmanagement ist vorhanden. Einigen Befragten wird Unterstützung bei Fortbildungswünschen gewährt (Note 3 bzw. 3,17). Die Kommunikation und der selbst intiierte Austausch („wie sehr WM betrieben wird, hängt von den einzelnen Personen ab") findet zumeist statt, wenige Indikatoren verweisen diesbezüglich auf methodisches Vorgehen (aktive Unterstützung von Fortbildung, Arbeit in Netzwerken, Arbeitskreise, Innovationsprojekte). Interne Expertenverzeichnisse

Abbildung 5-1: Hauptgruppe – Ebenen

2. Unternehmensgrößen

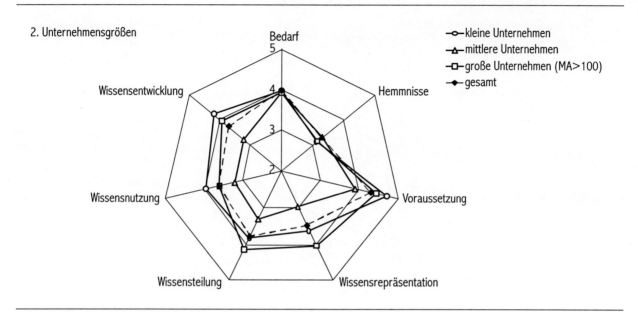

Abbildung 5-2: Ebenen-durchschnitt nach Unternehmensgrößen

sind nicht im Einsatz, wegen der vorrangig überschaubaren Unternehmensstrukturen jedoch auch entbehrlich.

Die Diagramme (Abb. 5-1 bis 5-5) zeigen die Wertungen im Überblick. Eine hohe Punktzahl entspricht einer hohen Wertung, d. h. großem Bedarf, aber auch großen Hemmnissen, bzw. einer positiven Einschätzung des jeweiligen WM-Bereiches.

Die individuelle Ebene spielt bei der Wissensteilung eine besondere Rolle, während die Nutzung des Wissens auf Projektebene am besten abschneidet. Wissensrepräsentation findet auf der Organisationsebene am intensivsten statt, dort wird auch der WM-Bedarf am stärksten wahrgenommen, allerdings auch die möglichen Hemmnisse. Wissensentwicklung gelingt auf der Organisationebene am wenigsten. (Abb. 5-1)

Kleine Unternehmen sind bezüglich der Voraussetzungen für WM im Vorteil, als auch bei der Wissensnutzung und –entwicklung. Große Unternehmen haben ihre Schwerpunkte eher in den Bereichen der Wissensrepräsentation und der Wissensteilung. Mittlere Unternehmen schneiden in allen Sektoren am ungünstigsten ab. (Abb. 5-2)

3. Planung, Ausführung, Planung und Ausführung

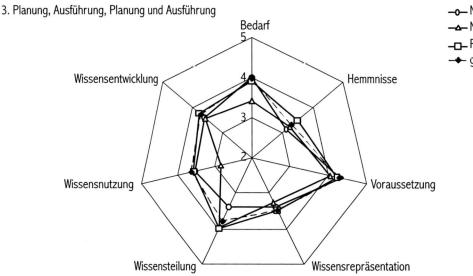

—o— Nur Planung
—△— Nur Ausführung
—□— Planung und Ausführung
—◆— gesamt

An dieser Auswertung ist besonders der niedrige Wert bei der Wissensnutzung der nur ausführenden Unternehmen auffällig. Unternehmen, die in Planung und Ausführung tätig sind, sind besser bewertet. (Abb. 5-3)

Personen mit Führungsverantwortung schätzen den Umgang mit Wissen positiver ein als der Durchschnitt. Ein möglicher Grund ist deren größerer Überblick über das Unternehmen. Nicht übersehen werden darf, dass sie den Bedarf nach WM damit geringer einschätzen als der Durchschnitt. (Abb. 5-4)

Längere Unternehmenszugehörigkeit verschlechtert das Urteil über den Umgang mit Wissen, stärkt allerdings das Bewusstsein um den Bedarf. (Abb. 5-5)

Abbildung 5-3: Ebenendurchschnitt Planung, Ausführung, Planung und Ausführung

Abbildung 5-4 (rechts): Ebenendurchschnitt mit Führungsverantwortung

Abbildung 5-5 (rechts): Ebenendurchschnitt nach Unternehmenszugehörigkeit

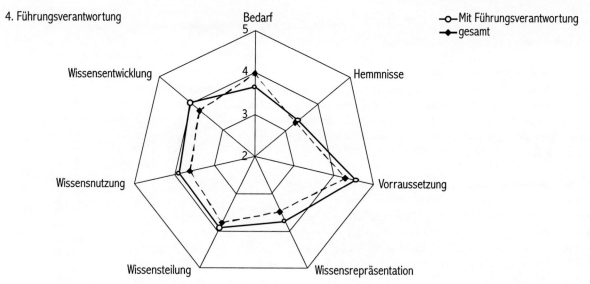

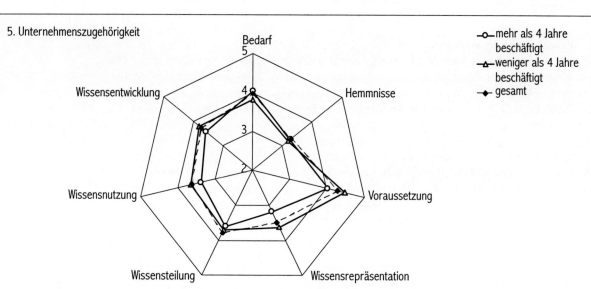

Fragebogen Teil 2 – offener Teil

Die Antworten auf die nach dem WM-Modell von Reinmann-Rothmeier gegliederten offenen Fragen sind nachfolgend zusammengefasst (Fragengruppe 1).

1. Wissen dokumentieren/Wissensrepräsentation:
Dokumentiertes Wissen ist in den Unternehmen aller Befragten vorhanden und teils in Datenbanken, teils im Intranet verfügbar. Auffallend häufig (in zehn Fällen) sieht man Verbesserungspotenzial bei der Struktur und Form der Aufbereitung. Man weist auf die Erfordernis, Spezialisten zu identifizieren hin, regt aber auch neben der Dokumentation Gespräche und Informationsaustausch an.

2. Wissen weitergeben/Wissenskommunikation:
Häufig (in neun Fällen) herrscht ein offener Umgang vor, und erfahrene Kollegen mit Spezialwissen sind ansprechbar. Interne, unregelmäßig stattfindende Projektpräsentationen gibt es in Einzelfällen. Die Anregungen beziehen sich zumeist auf häufigeren und intensiven Austausch. Der Austausch zwischen Jung und Alt wird thematisiert, ebenso die Vorbildfunktion des Managements bei der Wissenskommunikation. Eine angemessene Art der Wissensweitergabe (anwendungsbezogen, nicht „negativ orientiert", zielgerichtet) gilt für die Akzeptanz als wesentlich.

3. Wissen verwenden/Wissensnutzung:
Über die Wissensnutzung herrscht eine wenig klare Vorstellung. Wissen sei zwar vorhanden, aber nicht immer, aus Zeitgründen oder mangels entsprechender Strukturen, nutzbar. Verbesserungspotenzial sieht man beim „Konservieren" des Know-hows scheidender Mitarbeiter, allerdings auch in der Art und Weise, wie Projekte bearbeitet werden (interdisziplinäre Bearbeitung).

4. Neues Wissen/Wissensgenerierung:
Die Befragten sehen hier mehrheitlich den Besuch, aber auch das eigene Veranstalten von Vorträgen und Schulungen sowie den Kontakt zu Hochschulen. Angeregt wird, die Wissensgenerierung strategisch auszurichten. Ein Zusammenhang zwischen der eigenen praktischen Arbeit und einer Generierung von Wissen wird nicht wahrgenommen.

5. Wo wollen wir hin?/Wissensziele:
Die Wissensziele des eigenen Unternehmens sind vielen Befragten unklar. Als Verbesserungsziel wurde ein strategischer und an Zielen ausgerichteter Umgang mit Wissen gewünscht

(z. B. Ausbau des technologischen Vorsprungs). Als Unternehmensziele, aus denen sich Wissensziele ableiten, gelten unter anderem, ein zukunftsfähiges Unternehmen zu sein, Mitbewerbern „einen Schritt voraus zu sein", den Auftraggebern kompetente Beratung bieten zu können sowie die ständige Beobachtung des Marktes hinsichtlich neuer Entwicklungen und Aktivitätsfelder.

6. Wo stehen wir?/Evaluation:
Die Standortbestimmung der Befragten hinsichtlich des Managements von Wissen fällt zurückhaltend aus, abgesehen von einer Nennung aus einem großen Unternehmen („führender Generalunternehmer in Deutschland, stark in neuen Verfahren") ist man sich einig, am Anfang zu stehen und deutliches Verbesserungspotenzial zu sehen. Eine Nennung drückt Skepsis aus: "bisher alles recht informell organisiert. Mit Widerstand der Mitarbeiter ist zu rechnen."

Die zweite Gruppe der offenen Fragen bilden diejenigen entlang des BPWM-Modells/Fragengruppe 2:

1. Projektstart:
Die Bestandsdiagnose des Projektstarts fällt vor allem hinsichtlich der Autonomie der einzelnen Projektleiter positiv aus („Freude am neuen Projekt", „kann gestalten wie ich will", „innovative Lösungen", „anspruchsvolle Ziele", „kann ich selbst anleiern", „offener Umgang", „Flexibilität"). Projektstart-Besprechungen sind in einem gewissen Rahmen üblich (6 Nennungen), werden allerdings häufiger im Rahmen von Verbesserungspotenzial genannt. Weitere Verbesserungsmöglichkeiten werden z. B. in der Überwindung der Schnittstelle zwischen Akquisition, Vertragsschluss und Ausführung, in klaren Kompetenzregelungen, einer breiten Beteiligung des Büros, der Nutzung aller Erfahrungen und Referenzerfahrungen gesehen.

2. Übergaben:
Übergaben gelten in der Hälfte der Fälle als gut strukturiert und bewältigt, die restlichen Befragten wünschen sich mehr Zeit und Aufmerksamkeit für diesen Schritt, häufigere informelle Kontakte, zugleich aber auch eine größere Formalisierung und Standardisierung.

3. Neue Lösungen:
Viele Befragte berichten von positivem Umgang mit Innovation und neuen Lösungen, einige beklagen die beharrenden Kräfte in der Geschäftsführung und wünschen sich vorbehaltslose Diskussionen und Mut zur Realisierung unkonventioneller Lösungen. Um dies zu

erreichen, wünschen sich die Befragten Meetings, durchgängige Strukturen („Kommen vor Ort nicht an"), Erfahrungsaustausch, Info-Pools und Expertengespräche.

4. Projektabschluss:
Strukturierte Dokumentation, Auswertung und Analyse der Projekte sind nach Meinung fast aller Befragten zu selten. Nur drei Befragte geben an, dass ein strukturierter Projektabschluss stattfindet. In der Dokumentation, Analyse und Auswertung von Projekten und Abschluss-gesprächen mit lessons learned sehen viele erhebliches Potenzial.

5. Orientierung:
Die Unternehmensgröße gilt als Einflussgröße, d.h. in kleinen Büros ist die Orientierung tendenziell gut. Ein Intranet sowie der offene Umgang im Kollegenkreis tragen ebenso zur Orientierung bei wie kurze Wege. Auch eine transparente Unternehmenspolitik wird als Orientierung wahrgenommen. Verbesserungsbedarf sehen einige Befragten bei der Abgrenzung und Einhaltung der Kompetenzen.

6. Verzahnung:
Einige Befragte stellen eine gute Verzahnung nach außen fest, einige andere sehen diese ausschließlich als Ergebnis ihrer Eigeninitiative. Viele wünschen sich hierfür mehr Initiative und Rückhalt aus der Geschäftsführungsebene. Viele jedoch verbinden mit „Verzahnung" lediglich interne Prozesse, die Notwendigkeit der Verzahnung nach außen wird, zumindest ohne vorherige Beschäftigung mit dem Thema, nicht als Wissensmanagement-Thema identifiziert.

5.2.2 Ingenieurgesellschaft W

Fragebogen Teil 1 – strukturierter Teil
Die Bürozugehörigkeit der Mitarbeiter ist überdurchschnittlich lange (im Durchschnitt 14,8 Jahre), viele kleine, kurz und parallel laufende Projekte werden in kleinen Teams bearbeitet. Leistungsinhalte sind die Planung und Bauüberwachung im kommunalen Tiefbau sowie Architektenleistungen (Bebauungsplanung und Objektplanung). Das Büro verfügt über einen Standort, die Organisationsstrukturen sind klar und flach. Alle Sonderfunktionen (Marketing, kaufmännische Abteilung, Human Ressources, EDV, QM-Beauftragter) sind benannt und personell vertreten sowie gut kommuniziert.

Die Fragen zum Wissensmanagement ergaben folgendes:

- Auf der persönlichen Ebene wurden die Arbeitsaufgaben mit einer Durchschnittsnote 2,73 als etwas kreativ und komplex (2,4, vgl. Hauptgruppe 1,7) empfunden, sie wiederholen sich teilweise. Die Zufriedenheit mit der eigenen Aufgabe und die Identifikation mit dem Büro sind sehr hoch, auch die EDV-Umgebung und die Zufriedenheit mit dem Arbeitsplatz sind überdurchschnittlich. Die Zufriedenheit mit der Wahl der Arbeitsmethoden und den internen Abstimmungsprozessen ist hoch. Die Informationsbeschaffung gilt als machbar, allerdings schneidet die Know-how-Sammlung des Büros unterdurchschnittlich ab und signalisiert Handlungsbedarf. Dagegen werden die Kommunikation, die Unterstützung für Weiterbildung sowie die Aufgeschlossenheit für Wissensmanagement sehr positiv bewertet.
- Auf der Projektebene finden sich nur teilweise einheitliche Standards. Die Projektkultur, Motivation und das Interesse für Wissensmanagement schneiden sehr positiv ab. Einige wünschen sich klarer formulierte Projektziele, das erforderliche Wissen wird mit 2,64 Punkten als recht gut vorhanden wahrgenommen. Die Aufbereitung von Projektwissen findet noch nicht statt, ist aber geplant. Die regelmäßigen Bürobesprechungen werden teilweise auch für Projekt-Status- und Erfahrungsberichte genutzt. Die Kommunikation der Projektziele könnte intensiviert werden.
- Auf der Organisationsebene herrscht nur teilweise die Überzeugung, dass Know-how-Entwicklung notwendig ist. Projektdokumentationen sind im Aufbau begriffen, die Kommunikation auch auf der Organisationsebene überdurchschnittlich, einige WM-Bausteine existieren nicht (Bürozeitung, Intranet, Yellow Pages), wären auch bei dieser Unternehmensgröße verfehlt. Die hohe Arbeitsbelastung der Mitarbeiter könnte ein Hemmnis für Wissensmanagement sein.

Fragebogen Teil 2 – Offener Teil

Fragengruppe 1:

1. Wissen dokumentieren/Wissensrepräsentation:
Normen und Regelwerke sind vorhanden und gut zugänglich, die Sammlung von Zeitschriften und Aufsätzen ist eher ungegliedert. Für den Umgang mit Internet-Links gibt es Ideen, die aber noch nicht umgesetzt sind. Die Wissensgebiete der Mitarbeiter sind definiert und werden aktiv gepflegt und erweitert. Verbesserungsbedarf besteht bei der Dokumentation von Projekten und den Wissens-Ablagestrukturen.

2. Wissen weitergeben/Wissenskommunikation:
Die interne Kommunikation wird grundsätzlich gelobt, diverse Instrumentarien zur Wissenskommunikation sind im Einsatz, so z. B. Mitarbeiterbesprechungen mit Bericht von Seminarteilnahmen und eine „Mittwochabendrunde" für die konzeptionelle Weiterentwicklung des Büros. Einzelne Anregungen betreffen die Kommunikation des Rücklaufs aus der Baurealisierung und formalisierteres Vorgehen bei den Besprechungen.

3. Wissen verwenden/Wissensnutzung:
Die Wissensverwendung profitiert von der guten internen Kommunikation und dem hohen Niveau des Austauschs. In Einzelfällen wird angeregt, Neuerungen (z. B. Normen) noch zeitnäher zu kommunizieren.

4. Neues Wissen/Wissensgenerierung:
Der Besuch von Schulungen wird unterstützt und praktiziert, die Weitergabe des Wissens aus Schulungen ins Büro erfolgt innerhalb der Besprechungen. Einige Befragte wünschen sich mehr Eigeninitiative der Mitarbeiter, andere mehr Unterstützung durch die Geschäftsleitung. Innovationsprojekte werden wegen der generell hohen Belastung wenig durchgeführt.

5. Wo wollen wir hin?/Wissensziele und
6. Wo stehen wir?/Evaluation:
Einhellige Meinung der Befragten ist, in der Entwicklung am Beginn zu stehen, allerdings herrscht ein optimistischer Blick vor, auf dem richtigen Weg zu sein.

Fragengruppe 2:

1. Projektvorbereitung:
Im Büro W werden die regelmäßigen Besprechungen auch zum Projektstart geschätzt. Anregungen für Verbesserungen beinhalten präzisere Vorgaben, bessere Beteiligung des Teams, realistischere Einschätzung von Zeitbedarf und Budget. Die Bauvorhaben vor Ort selbst besucht zu haben, gilt allen als wichtige Quelle für das Verständnis des Projektes.

2. Übergaben:
Die übersichtliche Bürostruktur und der intensive Kontakt mit der Bauleitung begünstigen die Übergaben. Planung und Bauleitung beraten sich gegenseitig über das gesamte Projekt

hinweg. Teilweise werden Zeitdruck und Koordinationsprobleme bei sehr lang laufenden, phasenweise zu realisierenden Projekten beklagt.

3. Neue Lösungen:
Die Aufgeschlossenheit gegenüber Anregungen ist hoch, gleichzeitig gilt der Blick auch der Wirtschaftlichkeit neuer Lösungen. Arbeitskreise und interne Seminare werden geschätzt und regelmäßig besucht. Anregungen beziehen sich auf mehr Rücklauf aus den Baumaßnahmen und auf intensiveren Austausch in der Konzeptionsphase von Projekten.

4. Projektabschluss:
Seit kurzem ist ein Projektabschlussblatt im Einsatz. Es wird positiv aufgenommen, längere Erfahrungen damit liegen noch nicht vor. Eine intensivere Aufarbeitung der Erfahrungen aus der Projektrealisierung für die Planung weiterer Projekte wird angeregt.

5. Orientierung:
Die Orientierung im Haus wird allseitig geschätzt, Verbesserungen durch eine kürzlich vollzogene Neustrukturierung werden wahrgenommen. Die Einhaltung der im Rahmen der Neustrukturierung formulierten Ziele wird gewünscht.

6. Verzahnung:
Die Verzahnung zu Bauherren und Kooperationspartnern wird auf verschiedenen Ebenen bewusst und erfolgreich betrieben. Einzelne Initiativen wie „Forum Baukultur" und Vorträge kommen gut an und zeigen, zumindest langfristig, Nutzen. Die Verzahnung auf der Ebene jedes Mitarbeiters und ein Bewertungsraster für externe Kontakte, insbesondere (Sub-)Unternehmen, werden angeregt.

5.2.3 Immobilienunternehmen P

Das Unternehmen erbringt Leistungen des gesamten Lebenszyklus einschließlich Projektentwicklung, Betrieb und Vermarktung. Die teilnehmenden Mitarbeiter aus dem Bereich Baumanagement sind zwischen 2 und 5 Jahren im Unternehmen. Die Tätigkeitsgebiete sind abteilungsweise spezialisiert (von Portfoliosteuerung bis Asset Management, Verkauf, Projektleitung und Projektentwicklung), dadurch sind auch verschiedene Berufsgruppen vertreten (Architekten und Bauingenieure, Kaufleute, Marketingspezialisten, Juristen und Bautechniker).

Fragebogen

Die Fragen zum Wissensmanagement ergaben folgendes:

- Auf der persönlichen Ebene werden große Zufriedenheit, Identifikation mit der Aufgabe und Engagement in ähnlicher Weise wie bei den Vergleichsgruppen ausgedrückt.
- Auf der Projektebene fällt auf, dass die Aufbereitung von Projektwissen und damit auch die Nutzung vorhandener Dokumentationen gering ausgeprägt sind.
- Organisationsebene: Im Vergleich zu den anderen untersuchten Gruppen sind der Austausch im Unternehmen, die Unterstützung durch Bibliotheken und Dokumentationen sowie die Zufriedenheit mit der Arbeitsplatzqualität geringer.

5.2.4 Beratungsgesellschaft I

Fragebogen Teil 1 – strukturierter Teil

Die Auswertung des Fragebogens zeigt ein ausgezeichnetes Unternehmensklima und ein gestärktes Bewusstsein bezüglich der Bedeutung des Wissens. Der intensive Austausch im Rahmen von informellen Gesprächen, internen Jour Fixen und Büroreisen wird allgemein geschätzt. Organisatorische Strukturen sind klar, formale und inhaltliche Standards vorhanden. Die Bedeutung der Entwicklungs neuen Wissens ist erkannt, so dass Mitarbeiter mit Weiterbildungswunsch unterstützt werden und die vorhandene Bibliothek und ein Intranet gepflegt werden. Eine gegenwärtig große Anzahl junger Mitarbeiter erfordert große Aufmerksamkeit bezüglich des Wissenstransfers zwischen Know-how-Trägern und anderen Mitarbeitern.

Fragebogen Teil 2 - offener Teil

Fragengruppe 1:

1. Wissen dokumentieren/Wissensrepräsentation:
Die Befragten regen an, die Dokumentation von Projektberichten fortzuführen und entsprechende Ordnungsstrukturen weiterzuentwickeln.

2. Wissen weitergeben/Wissenskommunikation:

Die Wissenskommunikation wird intensiv betrieben, vereinzelt wird angeregt, die Kommunikationstiefe weiter zu verbessern (z. B. Erfahrungsberichte).

3. Wissen verwenden/Wissensnutzung:
Zur Verwendung vorhandenen Wissens ist dessen Auffindbarkeit zentral, daher wird im Rahmen dieser Frage verstärkt auf die erforderliche Auffindbarkeit hingewiesen.
4. Neues Wissen/Wissensgenerierung:
Zur Generierung bzw. zur Erlangung neuen Wissens besteht ein sehr positives Verhältnis. Dies zeigt sich im großen Wohlwollen gegenüber Weiterbildungsinitiativen.

5. Wo wollen wir hin?/Wissensziele
Wissensaufbau als Unternehmensziel ist bekannt und kommuniziert, weitere Wissensziele des Unternehmens könnten noch intensiver diskutiert und formuliert werden.

6. Wo stehen wir ?/Evaluation
Die Standortbestimmung liefert zahlreiche Antworten, die auf eine große Motivation für Wissensmanagement schließen lassen.

Fragengruppe 2:

1. Projektvorbereitung:
Neben grundsätzlich hohem Engagement der Beteiligten wird eine formalisiertere Projektvorbereitung vereinzelt angeregt.

2. Übergaben:
Kick-Off-Gespräche sind etabliert. Die einheitlichen Projektstrukturen erleichtern interne Übergaben.

3. Lösungsunterstützung:
Die am jeweiligen Standort kurzen Dienstwege befördern die Entwicklung von neuen Lösungen und erleichtern Abstimmungsprozesse. Vereinzelt wird ein maßvoller Umgang mit Zeitbudgets angemahnt.

4. Projektabschluss:
Die Projektberichte für Kunden sind weit entwickelt, könnten jedoch hausintern durch Auswertungen und Analysen ergänzt werden.

5. Orientierung:
Besonders bei jungen Mitarbeitern ist das Angebot an Orientierung sehr willkommen, ein weiterer Ausbau wird begrüßt.

6. Verzahnung:
Die Verzahnung und Vernetzung muss teilweise den unmittelbaren Notwendigkeiten in den Projekten weichen. Sobald möglich, wird sie bewusst und intensiv betrieben.

5.2.5 Vergleich, Auswertung und Ableitung von Zielen

Die Auswertung der verschiedenen Gruppen zeigt, dass sich Unterschiede zwischen den einzelnen Unternehmen sowie zur Hauptgruppe teilweise klar abbilden und damit auch Ansätze und Handlungsschwerpunkte für die Verbesserung des Umgangs mit Wissen identifizierbar sind. Diese reichen vom Aufbau von Strukturen über eine intensivere Begleitung von Projekten hin zu einer konkreteren Definition von WM-Maßnahmen oder auch einem Verbesserungspotenzial in der räumlichen Infrastruktur.

Grundsätzlich fällt auf, dass die einzelnen Gruppen klarere Ergebnisse erzielen als die Hauptgruppe, in der unterschiedlichste Unternehmen einfließen und sich Aussagen ausgleichen oder aufheben bzw. Interpretationsunterschiede die Ergebnisse verunklären. Dennoch lassen sich einige übergeordnete Erkenntnisse erzielen:

So fallen Unternehmen mittlerer Größe sowohl gegenüber großen als auch kleinen in der Wertung ab. Ein möglicher Grund dafür könnte sein, dass dort weder die Stärken der kleinen Unternehmen (direkte Kommunikation, Flexibilität), noch die der großen (professionelle WM-Strukturen) zum Tragen kommen. Die parallele Bearbeitung von Planungs- und Ausführungsleistungen im Unternehmen begünstigt den Wissensaustausch zwischen beiden Leistungen. Eine längere Unternehmenszugehörigkeit sensibilisiert für die Notwendigkeit, Wissensmanagement zu betreiben.

Auffallend ist darüber hinaus, dass die Wissensnutzung als eigentliches Ziel der Wissensbewirtschaftung unspezifische Ergebnisse liefert und der Zusammenhang zwischen produktiver Tätigkeit und der Generierung von Wissen noch wenig wahrgenommen wird. Auch die Vernetzung außerhalb des eigenen Unternehmens wird noch nicht bewusst als Instrument des Wissensmanagements wahrgenommen.

Die Motivation zum Wissensaufbau, die Zufriedenheit und die Identifikation mit der eigenen Aufgabe werden generell sehr positiv bewertet. Auch die Unternehmenskultur und die Qualität der Kommunikation schneiden überwiegend positiv ab. Etwas weniger transparent ist, wie sehr das Bewusstsein für die Notwendigkeit von Innovation und Wissensaufbau vorhanden ist, und inwieweit diese als Zielsetzung für strukturierte Abläufe verstanden werden.

Der Fragebogen vermittelt damit einen Einblick in die Wissensmanagement-Praxis verschiedener Unternehmen des Baubereichs und ist in der Praxis ein nützliches Instrument für eine Erst-Diagnose. Für die vorliegende Arbeit werden aufgrund der Häufigkeit der Nennungen und der durchschnittlichen Punktzahlen die wichtigsten zehn Themen für Wissensmanagement in Projekten der Planungs- und Beratungswirtschaft isoliert:

Hohe Punktzahlen im Fragebogen:

1. Für WM Zeit einräumen (4,46 Punkte) (siehe Kapitel Voraussetzungen)
2. Arbeitskreise zu relevanten Themen installieren (4,12; 4,9 ; 3,52 Punkte)
3. Nutzen bewusst machen (4,36 Punkte) (siehe Kapitel Voraussetzungen)
4. Einheitliche Standards (4 Punkte) entwickeln
5. Know-how-Sammlungen (3,87 Punkte) erweitern
6. Netzwerk aktiv pflegen und erweitern (3,58 Punkte)
7. Wissens- und Arbeitsschwerpunkte festlegen und zugänglich machen (3,58 Punkte)
8. Austausch anregen (3,41 Punkte)
9. Projektabschluss vollziehen und Ergebnisse aufbereiten (2,98 bzw. 4,02 Punkte)
10. Kreativen und komplexen Prozessen (2,12 bzw. 1,70 Punkte) Lösungsunterstützung bieten

Im Rahmen der offenen Fragen wurden folgende Themen besonders häufig angesprochen:

O 1.   Strategische Dimension bzw. Einbindung berücksichtigen (siehe dieses Kapitel)
O 2.   Autonomie der Projekte bewahren
O 3.   Klare Organisation und Zuständigkeiten
O 4.   Übergaben strukturiert durchführen

5.3   Strategische Einbindung

Der bisherige Teil der Arbeit befasste sich damit, Bedarf und Ziele von Wissensmanagement für den spezifischen Einsatz bei beratenden Ingenieurleistungen theoretisch herzuleiten und empirisch über eine qualitative Befragung zu ermitteln.

Für die strukturierte Zusammenführung der bisherigen Ergebnisse ist nun zweierlei notwendig:

Tabelle 5-3 (rechts): Zusammenführung theoretischer und praktischer Anforderungen

1. eine Zusammenführung der theoretischen und praktischen Anforderungen in ein Ziel- und Maßnahmensystem als Basis für die modellhafte Ausgestaltung
2. eine Einordnung des Themas in das Zielsystem eines Unternehmens

5.3.1 Zusammenführung theoretischer und praktischer Anforderungen

Tabelle 5-3 ordnet den theoretischen Anforderungen (siehe Kapitel 3.5.6.) die in den Fragebögen formulierten praktischen Anforderungen (siehe Kap. 5.2.1.) zu und stellt erste Betrachtungen zum Nutzen (u. a. nach den Nutzenkategorien von Rebholz)[184] an.

5.3.2 Nachweis der Einpassung in das Zielsystem des Unternehmens

Für den zweiten Schritt wird die Balanced Scorecard als Hilfsmittel herangezogen, bietet sie doch gegenüber anderen Unternehmensanalyse- und Steuerungsinstrumenten den Vorteil, dass neben der klassischen Finanzperspektive drei weitere Perspektiven einbezogen werden, die für den Unternehmenserfolg mit verantwortlich sind, nämlich die Kundenperspektive, die Prozessperspektive und die Lern- bzw. Entwicklungsperspektive. Wissensmanagement hat dort, neben seiner grundsätzlich umfassenden Einbindung in alle Unternehmensbereiche, einen besonderen Platz im Rahmen der Lern- und Entwicklungsperspektive und wird zu einem von vier zu steuernden Feldern („Perspektiven"), die Einfluss auf den Erfolg eines Unternehmens ausüben. Sie entspringt damit einer ähnlichen Motivation wie die Bestrebungen zur Wissensbilanzierung (siehe Kapitel 1).

Die Bedeutung der Balanced Scorecard liegt jedoch nicht nur in der erweiterten Perspektive auf ein Unternehmen, sondern auch in ihrem Beitrag zu einer Umsetzungsmetho-

---

[184] Nach Rebholz: Praxiserfahrungen zu Kennzahlen im Wissensmanagement, in: wissensmanagement 07/04, S. 14 (Zeitersparnis, Kostenreduktion, Risikominimierung, Qualitätsverbesserung, Umsatzsteigerung)

Theoretische Anforderungen aus Kap. 2.5. und 3.5.6.	Praktische Anforderungen aus Befragung Kap. 5.2.1.		Nutzen
1. WISSENSSTRATEGIE für die Bereithaltung von Wissen	1	einheitliche Standards entwickeln	Prozesssicherheit, Zeitersparnis, Kostenreduktion
	2	Know-how-Sammlungen erweitern	Qualitätsverbesserung, Zeitersparnis
	5	Wissens- und Arbeitsschwerpunkte festlegen und zugänglich machen	Qualitätsverbesserung, Teamzusammenseitung
	9	Zeit für WM einräumen	Etablierung von WM
	0 1	strategische Dimension berücksichtigen	Längerfr. Orientierung, Aufwandsbündelung
	10	Nutzen bewusst machen	Etablierung von WM
2. WISSENSENTWICKLUNG als Kernprozess unterstützen 1. Voraussetzungen nach Nonaka 2. Verzahnung der Projekt- oder Bearbeitungsphasen 3- Teamzusammensetzung 4. Netzwerke innerhalb und außerhalb 5. Perspektivenwechsel	3	Austausch anregen	Lösungsunterstützung durch Kommunikation
	7	Netzwerk aktiv pflegen und erweitern	
	8	Lösungsunterstützung bieten	
3. LERNEN unterstützen 1. Reflexion während und danach fördern 2. Pausen einräumen 3. Räume schaffen 4. Ziele setzen			Zeitersparnis, Kostenreduktion, Risikominimierung, Qualitätsverbesserung, Umsatzsteigerung
4. PROJEKTBEZOGENES WM: Unterstützung der Projektprozesse, Einbindung ins Unternehmen 1. Teamzusammenstellung 2. Übermittlung der Projektziele 3. Förderung des Zugriff u. d. Verwendung vorhandenen Wissens 4. Förderung der Wissensgenerierung im Projekt 5. Förderung des Wissensflusses ins Unternehmen 6. Projektauswertungen 7. Wissenstypologie als Basis	4 5	Projektabschluss vollziehen Wissens- und Arbeitsschwerpunkte festlegen und zugänglich machen	Unterstützung der Projektarbeit
	0 2	Autonomie der Projekte bewahren	
	0 3	klare Organisation und Zuständigkeiten	
	0 4	Übergaben strukturiert durchführen	
5. KMU-Tauglichkeit berücksichtigen 1. Pragmatischer Ansatz 2. Bausteine 3. dezentrales Vorgehen	alle		Keine oder geringe Investition in Infrastruktur oder Stabsstelle
6. UNTERNEHMENS- UND DISZIPLINÜBERGREIFENDER ANSATZ	3	Austausch anregen	Wissen für die Auswahl von Projektbeteiligten, Wissensgenerierung
	6	Arbeitskreise installieren	Förderung des Austauschs von implizitem Wissen, Risikominimierung
	7	Netzwerk aktiv pflegen und erweitern	

dik durch die Struktur „Ziele, Kennzahlen, Vorgaben, Maßnahmen", die den Übergang von abstrakten und nicht quantifizierbaren Zielen in konkrete Kennzahlen, Vorgaben und Maßnahmen erleichtert.

Abbildung 5-6 (rechts): Einpassung in das Zielsystem des Unternehmens

Dies ist auch für Wissensziele erforderlich. Dementsprechend, so Rüger, „gilt es, Kennzahlen zu entwickeln, die das Erreichen dieser Ziele ausdrücken können. Bei der Quantität des übertragenen Wissens kann es um die Zahl der Publikationen pro Mitarbeiter, die innerhalb des Unternehmens zum Beispiel in Form von niedergeschriebenen Erfahrungsberichten erstellt wurden, gehen. Ebenso wie mit schriftlichen Veröffentlichungen kann durch besondere Initiativen Wissens übertragen werden. Die Zahl der Teilnehmer bzw. Teilnahmen kann ebenfalls zur quantitativen Beurteilung dienen. Auch das Erfassen von Hitrates der Datenbanken ist eine Kenngröße dafür. Für die Qualität des Wissens kann die Nutzungsintensität herangezogen werden, da nur als richtig, relevant und bewährt betrachtetes Wissen vom Empfänger genutzt wird. Die Qualität des Wissenstransfers lässt sich an den erzielten Lernerfolgen messen, die zum Beispiel durch persönliche Beurteilung festgestellt werden können."[185]

In der nachfolgenden Darstellung finden sich nun die bisher ermittelten wissensbezogenen Ziele in einer Zuordnung auf die vier Perspektiven der Balanced Scorecard. Dabei finden sich im Bereich der Finanzperspektive keine direkten Maßnahmen, vielmehr ist es aber so, dass die Maßnahmen der anderen Perspektiven auf das finanzielle Ergebnis einwirken. Jedem Ziel wurde einen Kenngröße und eine Maßnahme als Basis für die (vorerst fiktive) operative Umsetzung zugeordnet. Daneben wurde allen Maßnahmen ihr jeweiliger Beitrag im Rahmen einer Wissensbilanz zugeordnet (Investition in Humankapital, Strukturkapital und Beziehungskapital).

Als Maßnahmen finden sich in der Übersicht – im Vorgriff auf Kapitel 7 und 8 – die entsprechenden Instrumente des Projektwissensmanagement-Modells. Damit wird die Art und Weise, wie Wissensmanagement Unternehmensziele unterstützt, sichtbar.

---

[185] Rüger, Linde: Die Balanced Scorecard als Basis für Anreizsysteme im Wissensmanagement, in: Wissensmanagement 1/2004, S. 15

Finanzen

Ziele	Kenngrößen	Maßnahmen	Investition in
Steigerung Projektergebnisse		Optimierung der Bearbeitung	

Externe Prozesse und Beziehungen

Ziele	Kenngrößen	Maßnahmen	Investition in
Kooperationsauf- und aufbau	Zahl Neu-kontakte	6.2. Arbeitsgruppe 6.3. Netzwerk	Beziehungs-kapital
Ideenentwicklung	Zahl Pro-duktideen	6.2. Arbeitsgruppe 6.3. Netzwerk	Beziehungs-kapital Strukturkapital
Qualifizierte Wahl der Projektpartner	Zahl erfolg-reicher gemeinsamer Projekte	1.3. Projektteam-Plan 4. Debriefing 5.3. Expertenprofile	Beziehungs-kapital Strukturkapital

Interne Prozesse und Beziehungen

Ziele	Kenngrößen	Maßnahmen	Investition in
1. einheitliche Standards	Zahl und Qualität der Rückfragen	1.1. Projekt-Steckbrief 2. Übergaben	Strukturkapital Strukturkapital
04. strukturierte Übergaben		1.1. Projekt-Steckbrief 2. Übergaben	Strukturkapital Strukturkapital
4. Projektabschluß	Zahl d. Lessons Learned	4. Debriefing	Strukturkapital Humankapital
8. Lösungsunter-stützung		3.1. Projekt-Paten 3.2. Modelle und Sim.	Humankapital Strukturkapital

Lernen und Entwicklung

Ziele	Kenngrößen	Maßnahmen	Investition in
3. Austausch anregen	Zahl Gremien, Netzwerke, WG	2. Übergabe 4. Debriefing 6.1. Gremium 6.2. Arbeitsgruppe 6.3. Netzwerk	Humankapital Beziehungs-kapital Strukturkapital
2. Know-how-Sammlung aufbauen/erweitern	Zahl Dokumente, Medien	4. Debriefing 5.1. Landkarten 5.2. Bereitstellung 5.3. Expertenprofile	Strukturkapital
5. Wissen aus Projekten nutzen	Zahl Zugriffe auf Dokumente, Fragen an Experten	1.1. Projektsteckbrief 1.2. Projektanalyse 1.3. Projektteamplan 4. Debriefing	Strukturkapital
Verzahnung (6. Arbeitskreise)		6.1. Gremium 6.2. Arbeitsgruppe 6.3. Netzwerk	Humankapital Beziehungs-kapital

6 Das Modell des Bau-Projekt-Wissensmanagements

Das nachfolgende Modell führt nun die theoretischen und praktischen Erkenntnisse zusammen. In Form eines aufeinander abgestimmten Baukastens soll es für Projekt-Wissensmanagement im Bereich der planenden und beratenden Ingenieurleistungen die Basis für ein individuell angepasstes System bilden. Das als Prototyp der Befragung zugrunde liegende Modell wurde hierfür angepasst. Als Baustein 1 steht nun die Projektvorbereitung (statt Projektstart), der Baustein „Neue Lösungen" wurde zu „Lösungsunterstützung" umbenannt.

6.1 Die Bausteine des Bau-Projekt-Wissensmanagements

Das Bau-Projekt-Wissensmanagement BPWM beinhaltet vier Bausteine auf Projektebene und zwei Bausteine auf Unternehmensebene. Sie sind Bestandteil der Projektbearbeitung (projektbezogene Bausteine) oder unterstützende Bausteine auf der Unternehmensbasis. Nachfolgende Darstellung (Abb. 6-1) zeigt ihre Einbindung in einem prototypischen Projektablauf.

Jedem Baustein sind eines oder mehrere Instrumente zugeordnet. Abbildung 6-2 dient in Form von Bildsymbolen zur schnelleren Erfassung und Orientierung.

6.2 Baustein 1: Projektvorbereitung

Im Rahmen der Projektvorbereitung (Abb. 6-3) geht es darum, eine Projektentscheidung auf gesicherter Grundlage zu treffen. Dabei ist es notwendig, das Projekt in seiner Gesamtheit zu betrachten, es zu analysieren und dabei das Maximum an verfügbarem Wissen einzubringen. Dieses Wissen kann beim Auftraggeber abrufbar sein, bei externen Wissensträgern oder im eigenen Büro. Die Projekterfahrung aus ähnlich gelagerten, abgeschlossenen oder parallel laufenden Projekten wird über das Hinzuziehen der jeweiligen Wissensträger einbezogen. Außerdem werden verfügbare Dokumentationen ähnlicher Projekte eingebracht. Zur Beurteilung der Machbarkeit des Projektes wird ein Projektteamplan erstellt, der die unter Wissensgesichtspunkten optimale Projektbesetzung darstellt. Dabei wird auf die Expertenprofile (intern und extern) zugegriffen.

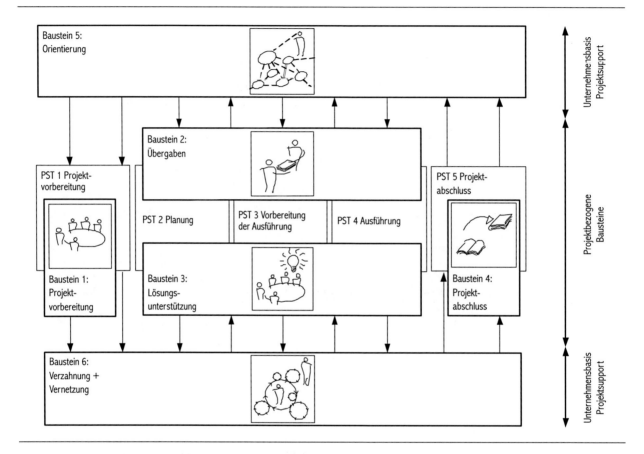

6.2.1 Problemstellung und Ziel

Abbildung 6-1: Bausteine des Projektwissensmanagements

Die Prüfung des Projektes ist in der Praxis in einen Bewerbungsvorgang (z. B. VOF-Verfahren, freie Bewerbung, Verhandlungsverfahren, verschiedene Stadien der Bewerbungs- und Verhandlungsgespräche, Gespräche mit potenziellen Kooperationspartnern) eingebunden, zu dessen Beginn eine interne Entscheidung zur Bewerbung gefallen ist. Der Bewerbung geht eine erste Einschätzung des Projektes auf Grundlage verfügbarer Informationen voraus.

Abbildung 6-2: Bausteine und Instrumente des Bau-Projekt-Wissensmanagements

1.
Projekt-
vorbereitung

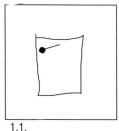

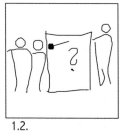

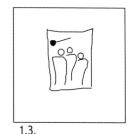

1.1.
Projektsteckbrief

1.2.
Projektanalyse

1.3.
Projektteamplan

Für die Erarbeitung eines Angebots ist eine erste, aber vertiefte Auseinandersetzung mit dem Projekt erforderlich. Die Bindung an die Aussagen und Annahmen dieser Phase ist hoch, so dass diese Entscheidungen ein größtes Maß an Aufmerksamkeit erfordern. Fehleinschätzungen können gravierende Folgen haben.

Abbildung 6-3: Baustein 1 – Projektvorbereitung

Die bestmögliche Information und Nutzung eigener Erfahrungen und Annahmen entscheidet nicht zuletzt über die Chance, sich für die Durchführung zu qualifizieren. Je besser die Darstellung gelingt, dass ein Projekt zu den verfügbaren Kompetenzen und Ressourcen passt, desto größer sind die Chancen. Andere Einflussgrößen sind der Preis oder auch weitere Kriterien, die hier nicht Gegenstand der Betrachtung sind. Bewerbungsprozesse laufen in mehreren Phasen, so dass auch die Instrumente des Bausteins 1 in mehreren Iterationsschleifen zum Einsatz kommen. Unter anderem erfolgen Gespräche mit Bauherren und Auftraggebern sowie die Suche nach möglichen Kooperationspartnern. Die Dauer dieser Phase ist nur im Falle einer geregelten VOF-Vergabe definiert, auf dem freien Markt kann sie sehr unterschiedlich sein.

Aufgabe im Rahmen des Wissensmanagements ist es, die relevanten subjektiven und objektiven Faktoren zusammenzutragen und die Projektentscheidung unter Wissens-Gesichtspunkten nachvollziehbar zu machen und abzusichern. Im Übrigen wird an dieser Stelle auf die Dissertation von Cüppers, die die Angebotsphase in einem großen Baukonzern unter Wissens-Gesichtspunkten untersucht hat, verwiesen[186].

---

[186] Cüppers: Wissensmanagement in einem Baukonzern

Teambildung aus Wissensperspektive bedeutet, den Wissensbedarf als Leitlinie für die Team-zusammenstellung zu verwenden. Aus der Gegenüberstellung des Bedarfs und der eigenen Ressourcen ergibt sich möglicherweise ein Teil-Bedarf, der durch externe Partner oder auch durch alternative Maßnahmen, z. B. Weiterbildung, gedeckt werden muss. Die Bedeutung der personellen Besetzung eines Projektes kommt in der Praxis auch dadurch zum Ausdruck, dass häufig im Rahmen der Auftragsverhandlungen Projektleiter namentlich fixiert werden. Kumulative Vertragsformen (z. B. Generalplanung, General-Baumanagement, …) schließen von vornherein Leistungen Externer mit ein. In diesem Fall sind häufig die „Sub-Unterneh-mer" auch schon im Vertrag benannt und entsprechende Vorüberlegungen damit abgeschlossen.

Diejenige Instanz, die befugt ist, Projektbeteiligte auszuwählen, hat großen Einfluss auf das Projekt. Diese Einflussmöglichkeit für die eigene Leistungserbringung zu nutzen, ist, neben anderen Gründen, ein wesentlicher Beweggrund für kumulative Vertragsformen. Die Stärken und Schwächen der Partner zu kennen, Erfahrungen in die Kooperation einzubrin-gen und vielleicht sogar schon über abgestimmte Arbeitsweisen aus anderen Projekten zu verfügen, kann im Wettbewerb vorteilhaft sein. Derartige Kooperationen könnten auch der Rahmen für gemeinsame Wissensaufbau-Projekte sein. Aufgrund seiner Bedeutung ist dieser Aspekt Gegenstand des Exkurses in Kapitel 7.2.3.

Teambildung bedeutet aus der Wissensperspektive auch, den Vernetzungsgedanken auf-zunehmen. So können Projektpaten und Experten das Team als punktuelle Berater für Spe-zialgebiete und Krisensituationen unterstützen. Deren Auswahl zu Projektbeginn sichert ihr Interesse und die Kontinuität.

Die beschriebenen Maßnahmen können die Überzeugungskraft eines Büros oder Unter-nehmens gegenüber dem Bauherrn positiv beeinflussen und dienen vor allem auch dazu, die Eignung des Projektes für das Büro oder Unternehmen intern zu klären.

6.2.2 Instrument 1.1. Projekt-Steckbrief und 1.2. Projekt-Analyse

Der Projekt-Steckbrief fasst alle bisher bekannten projektrelevanten Informationen und Fakten zusammen. Er ist Basis für die Analyse der Aufgabenstellung bezüglich verschiede-ner, festgelegter Kriterien. Gleichzeitig enthält er erste Ideen, Annahmen und Konzepte zur Lösung der Aufgabe einschließlich einer Vorkalkulation.

Die Zusammenstellung unterscheidet zwischen gesicherten Informationen (Projekt-Steckbrief) und ungesicherten, aber dokumentierten Annahmen (Projektanalyse) und dient als Entscheidungsvorlage in den jeweiligen Gremien. Sie erleichtert auch projektfernen Personen einen schnellen Überblick.

Der zu beteiligende Personenkreis bedarf sorgfältiger Auswahl. Einerseits ist in frühen Projektphasen eine gewisse Vertraulichkeit notwendig, andererseits ist die Hinzuziehung von Wissensträgern notwendig.

Projekt-Steckbrief und Projekt-Analyse werden über den Projektverlauf hinweg fortgeschrieben und um Protokolle der Projekt-Meilensteine (Projektstart, Meilensteine, Projektabschluss) ergänzt.

Folgende Fragestellungen sind Gegenstand der Projektanalyse:

- Wie beurteilen wir das Projekt? Was erfordert das Projekt? Haben wir die entsprechenden Kompetenzen, das Wissen und die Kapazitäten?

Der Kompetenz- und Kapazitätsbedarf für ein Projekt erschließt sich nach der Analyse des Projektes. Danach kann entschieden werden, inwieweit die Kapazitäten und Kompetenzen im eigenen Haus vorhanden sind oder welche Wege es gibt, ein entsprechendes Team zusammenzustellen. Ein Risikopotenzial ist es, „wenn diese Kompetenz nur bei wenigen Mitarbeitern vorhanden ist."[187] Die Einstufung der Komplexität des Projektes kann in Anlehnung an HOAI §11 Honorarzonen für Leistungen bei Gebäuden bzw. AHO Heft Nr. 9, §204 Honorarzonen für Leistungen der Projektsteuerung in fünf Zonen vorgenommen werden.

- Was erwarten wir von dem Projekt? Ist das Projekt für uns interessant?

Dabei können unterschiedliche Aspekte von Interesse sein: so z. B. die Kooperation mit einem bestimmten Bauherren, die Öffentlichkeitswirkung eines Projektes, das zu erwartende Honorar, die Deckung mit dem Büroprofil und die Aussicht auf wirtschaftliche und kompetente Abwicklung.

- Welche Risiken birgt das Projekt allgemein/für uns? Birgt es Wissensrisiken?

Risiken und Chancen können auf verschiedenen Ebenen bestehen, z. B. hinsichtlich der Planungs- oder Bauzeit, der Qualitäten und Quantitäten, der Kosten, seitens des Auftraggebers, der Träger öffentlicher Belange oder der Leistungsbeschreibung. Zur systematischen Erschlie-

---

[187] Schnauffer et al.: Wissen vernetzen, S. 37

ßung können zusätzliche Instrumente verwendet werden, die im Rahmen der weiteren Bausteine vorgestellt werden, z. B. die Fehlerbaum- Analyse nach Ishikawa (siehe Kapitel Projektanalyse) oder die Szenariotechnik (siehe Kapitel Modelle und Szenarien). Wissensrisiken sind dabei „Risiken, die sich auf einen Mangel von Wissen und Fertigkeiten, welche für die Durchführung einer geschäftsrelevanten Aktion notwendig sind, zurückführen lassen."[188]

Nutzen und Indikatoren

1. Verbesserte Entscheidungsbasis: Der Hauptnutzen liegt in einer fundierten Entscheidung für oder gegen ein Projekt unter Berücksichtigung aller vorhandenen Wissensquellen, auch aus vergangenen Projekten. Die strukturierte Bearbeitung dieser Phase trägt zu einer verbesserten Entscheidungsbasis bei.
2. Verbesserte Chancen bei der Akquise: Die Darstellung der detaillierten Auseinandersetzung mit dem Projekt sowie die Darstellung der eigenen dafür erforderlichen Kompetenzen und Ressourcen hinterlassen beim Auftraggeber ein positives Bild.
3. Zeitgewinn beim Projektstart: Im Falle der Beauftragung sind die Fakten und Annahmen so dokumentiert, dass ohne Zeit- und Informationsverlust begonnen werden kann.
4. Dokumentation des Bewerbungsprozesses: Im Falle einer erfolglosen Bemühung um ein Projekt ist die Sammlung der Projektsteckbriefe und -analysen eine wertvolle Informationsquelle, die auch eine strukturierte Auswertung und Analyse ermöglicht und für weitere Projektakquisen zur Verfügung steht. So könnte aus einer Aufstellung des jeweiligen Wissensbedarfs mehrerer Projekte auch auf neu zu erschließende strategische Wissensfelder des Büros geschlossen werden.

Folglich sind die Indikatoren für einen erfolgreichen Einsatz:

1. Qualität der Projektentscheidungen
2. Akquiseerfolg
3. Reibungsloser Projektstart
4. Wachsende Wissensbasis
5. Erfolgreich ausgewählte und durchgeführte Projekte

---

[188] Lindstaedt et al.: Eine Wissensinfrastruktur für Projektrisikomanagement, KnowTech 2004

Einsatz und Handlungsraster

Die genannten Instrumente sind in der Projektvorbereitungsphase einzusetzen. Nach Bedeutung und Komplexität des Projektes geschieht dies einstufig oder mehrstufig mit einem kleineren oder größeren Personenkreis. Sie sind auch für Vorüberlegungen zur Bildung einer Bietergemeinschaft übertragbar. Federführend ist meist ein Mitglied der Geschäftsleitung, der potentielle zukünftige Projektleiter ist einzubeziehen.

6.2.3 Instrument 1.3. Projekt-Teamplan – Die Bildung des eigenen Teams

Das passgenau zusammengestellte Projektteam mit dem richtigen erforderlichen Wissen macht Projektarbeit vor allem für wissensintensive Aufgaben (siehe Kap. 3.5.3.) anderen Organisationsformen überlegen. Es ist daher naheliegend, die wissensoptimierte Zusammenstellung der Teams mit geeigneten Maßnahmen zu unterstützen.

Voraussetzung ist zunächst die Kenntnis der spezifischen Anforderungen, die das Projekt stellt. Diese sind durch den Projekt-Steckbrief und die Projekt-Analyse erfasst. Zudem müssen die Fähigkeiten und Kenntnisse der potentiellen Projektmitarbeiter bekannt und zugänglich sein (siehe Expertenprofile im Kapitel „Orientierung").

Bei der Auslagerung und Vergabe von Teilleistungen spielen strategische Überlegungen eine Rolle. So ist es sinnvoll, eigene Kernkompetenzen einzubringen und Randthemen Unterstützung einzuholen, und zwar möglichst durch Partner, deren Kernkompetenzen die eigenen ergänzen.

Der Brückenschlag von der Projektorganisation zur Primärorganisation (Unternehmen) und zur Tertiärorganisation, also den informellen Vernetzungen, ist in die Teamplanung mit einzubeziehen. Dies ist von großem Nutzen für das Projekt, denn „jeder Projektleiter ist daran interessiert, alle erforderlichen Wissensträger in seinem Team zusammenzustellen. Dem steht entgegen, dass nicht alle Wissensträger verfügbar oder bekannt sind. Daher bleibt immer ein Wissensbedarf offen, der durch Vernetzung gedeckt werden muss. Folglich ergibt sich die Effizienz eines Projektes immer auch aus der Fähigkeit, sich mit projektexternen Wissensträgern zu vernetzen und deren Know-how für die fachliche Unterstützung und für Reflexionsprozesse zu nutzen."[189]

Mitarbeiter, die nur für bestimmte Themen im Projekt zuständig sind und daneben andere Aufgaben erfüllen, sind hinsichtlich des Vernetzungsgedankens sogar besonders wert-

---

[189] Schnauffer et al.: Wissen vernetzen, S. 4

voll, denn „Vollzeit-Projektmitglieder (verlieren) Kopplungspunkte für Wissens- und Erfahrungsaustausch zu anderen Projekten, weil sie nur noch in einem Projekt tätig sind."[190]
Die Einbeziehung der Tertiär-Organisation dient verschiedenen Zwecken:

- Durch die zeitweise Einbeziehung von Beratern „aus zweiter Reihe" können Wissenslücken gefüllt werden.
- Bei krankheits- oder urlaubsbedingtem Ausfall von Bearbeitern kann aus dem Kreis dieser Berater eine Vertretung übernommen werden.

Auch das übergeordnete Ziel der Verzahnung in der Organisation erfährt damit Unterstützung. Inwieweit die Personen dieses Projekt-Netzwerks im eigenen Büro oder Unternehmen angesiedelt sind, entscheidet die Situation. Bei kleineren Büros und Organisationen steht anstelle des internen Netzwerks häufig in gleicher Funktion ein externes Netzwerk. Die Frage nach der Verrechenbarkeit von Leistungen sowie nach den Vertrauensgrenzen stellt sich hier im Detail zwar anders, vom Prinzip her jedoch analog. Im Kapitel „Vernetzung" ist dies Gegenstand näherer Betrachtung.

Der Projektpate (siehe Baustein Lösungsunterstützung) ist ebenfalls ein Erfahrungsträger, der Wissen aus anderen Projekten einbringen kann. Er ist Bestandteil des Rollenkonzepts.

Netzwerkpartner und Projektpaten können nur mit ihrer Zustimmung aufgenommen werden. Sie stehen zur Verfügung und erhalten hierfür auch eine Anerkennung (z. B. monetär, Stundenverrechnung, ideell, Reputation), übernehmen aber keine direkte Verantwortung im Projekt. Den Projektleitern obliegt es, die Unterstützung aus dem Netzwerk anzufordern.

Auch eine gemeinsame Projektleitung durch einen Junior- und einen Senior-Projektleiter ist sinnvoll: „Der Junior Project Manager fungiert zunächst als Assistent des Senior Project Managers, um in späteren Projekten selbst als Senior Project Manager eingesetzt werden zu können. Dadurch wird ein konsistenter Transfer von Wissen und Erfahrungen sichergestellt."[191]
Weitere Formen des Erwerbs von erforderlichem Wissen sind:

- der Besuch von Schulungen und Fortbildungen,
- das Hinzuziehen von externen Beratern,
- das Studium entsprechender Literatur.

---

190 Schnauffer et al.: Wissen vernetzen, S. 4
191 Schindler: Wissensmanagement in der Projektabwicklung, S. 348

Von großer Bedeutung ist es, die Verantwortung für Themengebiete personell zu verankern. Damit sind die Teambildung und die Gestaltung der Projekt-Wissensbasis parallele Prozesse.

Die Suche und Auswahl der Netzwerkpartner und Projektpaten kann mit Hilfe folgender Schlüsselfragen erfolgen:

- Wer kennt den Auftraggeber?
- Wer kann Erfahrungen in einem Spezialgebiet einbringen?
- Wer kennt die erforderlichen speziellen Techniken?

Das Instrument

Der Projekt-Teamplan dient der strukturierten Planung der internen und externen Projektteams. Er dokumentiert die erforderlichen Kompetenzen für das Projekt, bildet den Rahmen für einen Abgleich zwischen Erfordernis und verfügbaren Personen und zeigt Wissenslücken auf. Diese können durch temporäre, aufgabenbezogene Mitarbeiter, innerhalb des Netzwerkes und durch die Projektpaten geschlossen werden. Auch die Gewinnung neuer Mitarbeiter oder temporärer externe Verstärkung kann erforderlich sein. Ein Stellenprofil ergibt sich aus dem Teamplan. Die parallel dazu erforderliche Kapazitätsplanung ist nicht Gegenstand dieser Arbeit.

Nutzen und Indikatoren

Der Nutzen zeigt sich in folgenden Aspekten:

1. Rechtzeitiges Erkennen von Wissenslücken: Mit dem Projekt-Teamplan werden Wissenslücken und damit Risiken aufgedeckt. Die Ableitung geeigneter Maßnahmen erfolgt transparent.
2. Optimale Teambesetzung mit Vernetzung: Werden die Teams mit externen Netzwerkpartnern, Projektpaten und doppelter Projektleitung ausgestattet und die wissensbasierte Auswahl der Mitarbeiter berücksichtigt, ergibt sich eine optimale Besetzung.

Die Indikatoren sind:

1. Wenig Wissenslücken, damit reibungslose Projektbearbeitung.
2. Projektergebnis: Die optimalen Teambedingungen sichern (neben anderen Einflussgrößen) ein gutes Projektergebnis.

Einsatz und Handlungsraster

Der Teamplan liegt vor dem Projektstart vor. Je nach Organisationsstruktur wird der interne Plan von der Geschäfts- oder Bereichsleitung erstellt und in Zusammenarbeit mit dem Projektleiter ausgearbeitet und verabschiedet. Das Wissen über mögliche Projektmitarbeiter und deren Wissensspektren ist dabei („Yellow Pages") Voraussetzung.

Auch dieser Prozess läuft im praktischen Einsatz mehrstufig ab. Zum Zeitpunkt der Bewerbungsentscheidung für ein Projekt entsteht ein erstes Konzept. Zum Projektstart wird dies verbindlich mit der Ernennung der Bearbeiter. Im weiteren Projektverlauf, meist an Phasenübergängen, wird die Personalstärke angepasst und die Teamplanung fortgeschrieben.

6.2.4 Das eigene Team als Teil des gesamten Projektteams – Exkurs zu Auswahl und Beauftragung der Projektbeteiligten im Bauprojekt

Die große Anzahl von Partnern, mit denen in Deutschland Bauprojekte in Planung und Ausführung realisiert werden, führt traditionell zu einer großen Bedeutung der Zusammenstellung des Projektteams. Die Beratung dazu ist Gegenstand des AHO-Leistungsbildes Projektsteuerung.

In Projektstufe 1, Handlungsbereich A, enthält es folgende Leistungen:

„1. Entwickeln, Vorschlagen und Festlegen (…) der Projektorganisation durch ein projektspezifisches Organisationshandbuch
2. Auswahl der zu Beteiligenden und Führen von Verhandlungen"

Im Kommentar wird deutlich, wie wissensrelevant diese Leistung ist:

„Die Auswahl der zu Beteiligenden erstreckt sich in der Phase der Projektvorbereitung vorrangig auf die künftigen Planer, Berater und Gutachter. (…) Für die Bearbeitung sind zunächst die Präferenzen des Auftraggebers abzufragen, ggf. Teilnahmewettbewerbe nach EU-Dienstleistungsrichtlinie zu veranstalten und Unterlagen zur Überprüfung der Fachkunde, Erfahrung, Leistungsfähigkeit und Zuverlässigkeit anzufordern, soweit die Bewerber noch nicht bekannt sind. (…) Es ist zu empfehlen, die Ergebnisse aus Interviews, Branchenimage und Unterlagen einer Nutzwertanalyse zu unterziehen unter Verwendung von projektspezifischen gewichteten Kriterienkatalogen. (…) Zu den Merkmalen des Anforderungskatalogs gehören z. B. das Renommee/ der Leumund in der Branche, die Ergebnisse der Referenzaussagen, die

Anzahl und technische Ausstattung der Mitarbeiter, die Lebensläufe und Verfügbarkeit des jeweils vorgesehenen Projektleiters, das Spezialwissen in bestimmten Bereichen (…)."[192]

Daneben befassen sich die Vergabeordnungen für freiberufliche Leistungen (VOF) und Bauleistungen (VOB) mit der Frage nach der Qualifikation der anbietenden Büros und Firmen.

Die Verdingungsordnung für freiberufliche Leistungen VOF gibt einen Rahmen für die öffentliche Vergabe ab einem Schwellenwert von derzeit i. d. R. 211.000 €[193] vor und listet weitgehend ähnliche Kriterien auf:

„§ 13 fachliche Eignung
(1) Die fachliche Eignung von Bewerbern für die Durchführung von Dienstleistungen kann insbesondere aufgrund ihrer Fachkunde, Leistungsfähigkeit, Erfahrung und Zuverlässigkeit beurteilt werden.
(2) Der Nachweis der Eignung kann je nach Art, Umfang und Verwendungszweck der betreffenden Dienstleistungen folgendermaßen erbracht werden:
a) soweit nicht bereits durch Nachweis der Berufszulassung erbracht, durch Studiennachweise und Bescheinigungen über die berufliche Befähigung des Bewerbers und/ oder der Führungskräfte des Unternehmens, insbesondere der für die Dienstleistungen verantwortlichen Person oder Personen,
b) durch eine Liste der wesentlichen in den letzten drei Jahren erbrachten Leistungen mit Angabe des Rechnungswertes, der Leistungszeit sowie der öffentlichen oder privaten Auftraggeber der erbrachten Dienstleistungen,
c) bei Leistungen für öffentliche Auftraggeber durch eine von der zuständigen Behörde ausgestellte oder beglaubigte Bescheinigung,
d) bei Leistungen für private Auftraggeber durch eine vom Auftraggeber ausgestellte Bescheinigung; ist eine derartige Bescheinigung nicht erhältlich, so ist eine einfache Erklärung des Bewerbers zulässig,
e) durch Angabe über die technische Leitung,
f) durch eine Erklärung, aus der das jährliche Mittel der vom Bewerber in den letzten drei Jahren Beschäftigten und die Anzahl seiner Führungskräfte in den letzten drei Jahren ersichtlich ist,
g) durch eine Erklärung, aus der hervorgeht, über welche Ausstattung, welche Geräte und welche technische Ausrüstung der Bewerber für die Dienstleistungen verfügen wird,

---

[192] AHO-Schriftenreihe Hefte 9, S. 27
[193] VgV Verordnung über die Vergabe öffentlicher Aufträge, Stand 23.10.2006

h) durch eine Beschreibung der Maßnahmen des Bewerbers zur Gewährleistung der Qualität und seiner Untersuchungs- und Forschungsmöglichkeiten,

i) sind die zu erbringenden Leistungen komplexer Art oder sollen sie ausnahmsweise einem besonderen Zweck dienen, durch eine Kontrolle, die vom Auftraggeber oder in dessen Namen von einer anderen damit einverstandenen zuständigen amtlichen Stelle aus dem Land durchgeführt wird, in dem der Bewerber ansässig ist; diese Kontrolle, die vom Auftraggeber oder in dessen Namen von einer anderen damit einverstandenen zuständigen amtlichen Stelle aus dem Land durchgeführt wird, in dem der Bewerber ansässig ist; diese Kontrolle betrifft die Leistungsfähigkeit und erforderlichenfalls die Untersuchungs- und Forschungsmöglichkeiten des Bewerbers sowie die zur Gewährleistung der Qualität getroffenen Vorkehrungen,

j) Durch Angabe des Auftragsanteils, für den der Bewerber möglicherweise einen Unterauftrag zu erteilen beabsichtigt." [194]

Während die Fachkunde, Erfahrung, Leistungsfähigkeit und Zuverlässigkeit („FELZ") neutrale Kriterien sind, die in der VOF gefordert sind und deren Berücksichtigung für alle Projekt- und Vergabearten sinnvoll ist, können weitergehende Präferenzen des AG nur bei freier Vergabe einfließen. Als Quellen für diese Informationen gelten:

- Berufliche Befähigung des jeweils vorgesehenen Projektleiters/der verantwortlichen Personen durch Lebensläufe, Interviews, Branchenimage, Unterlagen, Ergebnisse der Referenzaussagen
- Anzahl der Mitarbeiter und Führungskräfte in den letzten drei Jahren
- technische Ausstattung
- Spezialwissen in bestimmten Bereichen (bei öffentlicher Vergabe kann erforderliches Spezialwissen dazu führen, dass eine andere Vergabeform gewählt wird)

Bezüglich des Themas Wissensmanagement" sind dabei folgende Sachverhalte bedeutsam:

- Die Tatsache, dass Angaben über Referenzen und Mitarbeiterzahlen über einen begrenzten Zeitraum anzugeben sind („die letzten drei Jahre"), trägt der Tatsache Rechnung, dass Kapazitäten und Kompetenzen Verfallszeiten haben. Einschränkend ist hier anzumerken, dass gerade übergeordnete und komplexere Kompetenzen wie Projekterfahrung längere Halbwertszeiten haben und auch größere Zeiträume benötigen, um erworben zu werden.

---

[194] VOF Verdingungsordnung für freiberufliche Leistungen, Stand 26.08.2006

Eine vollständige Ausgrenzung älterer Referenzen scheint also kritisch, eine Kombination aus beiden am aussichtsreichsten.

- Die Bedeutung der handelnden Personen schlägt sich in der Forderung nach detaillierten Aussagen zum Projektleiter bzw. den verantwortlichen Personen nieder. Ein Unternehmen kann aus dieser Forderung verschiedene Konsequenzen ziehen. Es kann Kompetenzträger durch eine möglichst attraktive Gestaltung des Arbeitsplatzes längerfristig binden und parallel dazu durch eine starke organisationale Wissensbasis die direkte Abhängigkeit von einem Kompetenzträger mindern. Dies sind auch mögliche Argumente zur Überzeugung eines Auftraggebers.

- Im Rahmen einer VOF-Vergabe hat im Gegensatz zu privatwirtschaftlich durchgeführten Vergaben informelles und implizites Wissen keinen Stellenwert. Die Ursache liegt darin, dass für ein rechtssicheres Verfahren objektive bzw. objektivierbare Kriterien einer Nachprüfung standhalten müssen. Die Ambivalenz im Umgang mit implizitem Wissen kommt dabei zum Ausdruck: Der Chance auf zusätzliche Entscheidungsparameter steht das Risiko des Missbrauchs oder der Fehlinterpretation gegenüber. Eine Fragestellung zur Weiterentwicklung wäre damit die Suche nach weiteren Indikatoren für Renommee und Referenzen.

- Die Auswahlkriterien, die in der Mehrzahl der Verfahren verwendet werden, sind in ihren Aussagen rückwärtsgerichtet, während das Erkenntnisziel die Leistungsfähigkeit im zukünftigen Projekt ist. Unternehmenssteuerungssysteme wie die Balanced Scorecard tragen diesem Problem Rechnung und arbeiten daher mit Kriterien, die auch Aussagen über das Potenzial eines Unternehmens ermöglichen. Im Besonderen ist dies dort die sog. Perspektive des Lernens und der Entwicklung (siehe Kapitel Indikatoren und Bewertung). Kennzahlen wie die Fortbildungstage pro Mitarbeiter oder, falls zutreffend, die Ausgaben in Forschung und Entwicklung oder die aktive Mitarbeit in Gremien sollten daher Bestandteil der Auswahlkriterien werden. Ein zusätzlicher Vorteil dieser Kriterien ist, dass nicht, wie bei VOF-Verfahren vielfach kritisiert, junge Büros und Unternehmen mangels „klassischer" Referenzen ausgegrenzt werden.

Im Falle nichtöffentlicher Ausschreibungen ist das Aufstellen der Bieterliste für die Ausschreibung der Bauleistungen ein zentrales Moment. Neben speziellen Anforderungen, die das Projekt stellt, gehen auch hier die Vorlieben des Auftraggebers sowie die gesammelte Erfahrung des Projektmanagers ein.

Die Pflege einer Büro- und Firmendatenbank, die neben den allgemeinen Kontaktdaten auch Informationen zu realisierten Projekten enthält, ist damit für Projektmanager eine zentrale Notwendigkeit (siehe dazu auch die Expertenprofile in Kap. 5.3.).

Vertragsmodelle, die größere Leistungspakete zusammenfassen (z.B. Bieter- und Arbeitsgemeinschaften, Betreibermodelle, Generalübernehmer, …) stellen an den Auswahlprozess umso höhere Anforderungen.

Aus Sicht des Wissensmanagements ist es sinnvoll, für die Auswahl der Projektpartner deren Fähigkeiten und Referenzen (insbesondere der Schlüsselpersonen) sowie die Art des Umgangs mit Wissen zu erfragen.

Die qualifizierte Bewertung der genannten Referenzen ist eine wichtige Aufgabe. Auch die Perspektiven und Strategien eines in der Auswahl befindlichen Projektpartners abzufragen (siehe Baustein 1 Projektvorbereitung), gehört zum Auswahlprozess. Schließlich besteht in der verantwortlichen Nutzung informeller Netzwerke großes Informationspotenzial (siehe Baustein 6 Verzahnung und Vernetzung). Eigene Experten- und Firmenverzeichnisse (siehe Kapitel 5 Orientierung/ Expertenverzeichnisse) sind für die Projektvorbereitung wesentliche Hilfsmittel.

Für den Auswahlprozess stehen auch noch andere Möglichkeiten zur Verfügung, wie z.B. die Vergabe einer Voruntersuchung als eine Art Test der Zusammenarbeit. Dort kann untersucht werden, wie Angaben umgesetzt werden, welche Qualität Kooperationsfähigkeit und Sachwissen aufweisen, wie der Umgang mit Schnittstellen und neuen Ideen ist und wie strukturiert, auch in wirtschaftlicher Hinsicht, sich die Zusammenarbeit gestaltet.

Wie unterschiedlich Konzepte zur Teamzusammenstellung sind und wie sehr auch hier verschiedenste Kriterien abzuwägen sind, hat Plum[195] exemplarisch anhand verschiedener Generalplaner-Konstellationen untersucht. Sie unterscheidet zwischen drei Konstellationen:

Ein Generalplaner mit Subplanern hat optimale Möglichkeiten zur passgenauen Teamzusammensetzung. Die gemeinsame Wissensentwicklung stößt wegen des Auftraggeber-/ Auftragnehmer-Verhältnisses und der kurzfristigen Zusammenarbeit an Grenzen. Der Generalplaner kann primär im eigenen Umfeld Wissensaufbau betreiben.

Wenn der Generalplaner sich als ARGE (Arbeitsgemeinschaft) organisiert, verteilt sich das Risiko auf alle Partner. Damit kann das Interesse an gemeinsamer Problemlösung begünstigt werden. Das Interesse an gemeinsamem Wissensaufbau entsteht dann, wenn Perspektiven auf längerfristige Zusammenarbeit bestehen.

Ein dritter Organisationstyp ist der Gesamtplaner, der alle Leistungen im eigenen Unternehmen erbringt. Er hat einerseits optimale Synergien und beste Möglichkeiten zum Wissen-

---

[195] Nach Plum: Untersuchung des Optimierungspotenzials hinsichtlich der nachhaltig wirtschaftlichen Führung eines Generalplanungsunternehmens

2.

Übergaben

2.1.

Start-Briefing

2.2.

Meilenstein-
Briefing

saufbau, allerdings Nachteile hinsichtlich der Sicherstellung gleichmäßiger Auslastung seines Teams, und geringere Möglichkeiten, die Teamzusammensetzung individuell an das Projekt anzupassen.

Abbildung 6-4: Baustein 2 –
Übergaben

Somit geht die Wahl der geeigneten Projektpartner einher mit der Suche nach der geeigneten Organisationsform. Dieses zu erörtern, überschreitet den Rahmen dieser Arbeit.

6.3 Baustein 2: Übergaben

Ein Projekt „stellt eine relativ autonome Organisation auf Zeit dar. Durch den temporären Charakter erlangen die Etablierung des Projekts beim Projektstart sowie dessen formale Auflösung beim Projektabschluss besondere Bedeutung."[196] Bei lang laufenden und komplexen Projekten ändern sich die Projektkonstellationen während der Laufzeit, so dass auch dazwischen Strukturen zur Etablierung der Organisation und des Wissensstandes notwendig sind. Anzustreben ist jeweils ein größtmöglicher Wissensstand als Basis für die Bearbeitung.

---

[196]   Gareis: Der professionelle Projektstart, in: Projektmanagement 03/2000, S. 25

Übergaben und Schnittstellen im Bauablauf

Eine Übergabe im ursprünglich juristischen Sinn bezeichnet den Wechsel im Besitz einer Sache[197] und ist im Rahmen der Bau-Projekt-Abwicklung der Moment (dynamisch), in dem Zuständigkeit und Verantwortung für ein Arbeitspaket auf einen anderen Bearbeiter wechselt.

Den Begriff der Schnittstelle kommt aus der Technik (Software- und Hardwareschnittstellen, Benutzer- und Maschinenschnittstellen) und bezeichnet eine Systemgrenze, die so ausgebildet ist, dass ein anderes System daran anschließen kann.

In der Bauplanung und im Baumanagement gibt es (statische) Schnittstellen unter anderem zwischen Leistungsbereichen, Bauteilen und Software, die im Rahmen der Übergaben zu bewältigen sind.

Übergaben an Schnittstellen sind im Sinne von Wissensmanagement so zu gestalten, dass Inhalte (explizite und implizite) vollständig transportiert werden.

Im Rahmen eines idealtypischen Projektverlaufs finden sich folgende Übergabesituationen:

1. Erfahrungssicherung: Im Interesse des Übernehmenden und des Übergebenden werden die Übergaben zu einer Reflexion des bisher Geschehenen genutzt und die wichtigsten Ergebnisse dokumentiert.
2. Leistungspaket extern: Übergabe von Leistungspaketen außerhalb des Hauses (z.B. Beauftragung eines Gutachters, Beauftragung einer Fassadensimulation, Einbindung eines Tragwerksplaners für die Schal-und Bewehrungsplanung, Einbindung eines Kostenplaners, Einbindung eines Spezialisten für die Vermarktung, …).
3. Leistungspaket intern: Übergabe der abgeschlossenen Teil-Leistung an Bearbeiter der nächsten Leistungsphase
4. neue/r Mitarbeiter/in: Übergabe an neue Mitarbeiter, die das Team verstärken
5. eigene/r Vertreter/in, Nachfolger/in: Übergabe der eigenen Aufgabe an einen nachfolgenden Mitarbeiter (z.B. temporär im Vertretungsfall, dauerhaft bei Ausscheiden aus dem Unternehmen oder Übernahme eines neuen Aufgabenbereichs, …)
6. Übergabe an den Auftraggeber: Übergabe des abgeschlossenen Projektes an den Auftraggeber

Für verschiedene Arten von Übergaben stehen verschiedene Formen der Übergabe zur Verfügung: (Tab. 6-1)

---

[197] Nach www.wikipedia.de/übergabe vom 23.02.2007, siehe § 929 BGB

Randbedingungen der Übergaben				

Tabelle 6-1: Randbedin-gungen der Übergaben

Projektzeitpunkt	Projektstart oder Meilenstein			
Randbedingungen	Übergabe-Workshop	Übergabe-Sitzung	Übergabe-gespräch	Übergabe Material
Teilnehmerzahl	ca. 5–20	ca. 5–20	2	–
Teilnehmer extern möglich	ja	ja	ja	ja
Formalisierungsgrad	mittel	hoch	gering	–
Zeitpunkt	n.n.	n.n.	n.n.	n.n.
Aufwand				
zeitlicher Aufwand	mittel/hoch	mittel	gering	gering
finanzieller Aufwand	mittel	mittel	gering	–
personeller Aufwand	mittel	mittel	gering	gering
Koordinationsaufwand	mittel	mittel	gering	Gering

Nachfolgende Matrix in Tabelle 6-2 zeigt eine Typologie von Übergaben, abhängigen Zielen und erwartetem Nutzen.

Die Skizze in Abbildung 6-5 stellt für einige Bau-Projekt-Abwicklungsformen die Lage der Übergaben bzw. Schnittstellen zwischen Teilleistungen dar. Besonders die konventionelle Abwicklung kennt viele externe Schnittstellen (getrennter Leistungspakete und Verantwortlichkeiten) zwischen verschiedenen Planern und ausführenden Firmen. Die zahlreichen Vertragsgrenzen gelten einigen Bauherren als großes Risiko, so dass es viele Entwicklungen gibt, diese durch übergreifende Leistungspakete zu reduzieren. Sie verlagern die Schnittstellen ins Innere eines Unternehmens und die vertragliche Verantwortung übergreift die Schnittstelle.

Unabhängig davon bietet die Formalisierung der Übergaben großes Optimierungspotenzial. Die Übergaben, die mit der vertraglichen Einbindung eines zusätzlichen Projektpartners auf vertraglichen Dokumenten beruhen, haben einen festen Rahmen (Vertrag, Abnahmeprotokoll, Angebotsabgabe und Ausschreibung), während Standards innerhalb eines Büros oder

Tabelle 6-2: Typologie der Übergaben und Übergabe-methoden

Typologie der Übergaben						
Ziele/erwarteter Nutzen Kriterium	Vertragsgrenze	Hoher Anteil Fakten	Hoher Anteil an implizitem Wissen	Fortführung der Problemlösung	Teambildung, Motivation	Verzahnung
Art der Übergabe						
1. Erfahrungssicherung			X		x	x
2. Leistungspaket extern	X	X		x		
3. Leistungspaket intern			X	X		
4. neue/r Mitarbeiter/in			X	X	X	X
5. eigener Vertreter/ Nachfolger		X	X	X		x
6. Übergabe an AG	x	X				
Typologie der Übergabemethoden						
Schwerpunkt der Methode						
Briefing-Workshop	(x)	x	X	x	X	X
Briefing-Sitzung		x				X
Übergabegespräch	x	x	X			
Übergabe Material	X	X				

Unternehmens selbst entwickelt werden müssen. Im Umkehrschluss profitieren die externen, formalisierten Übergaben häufig davon, wenn auch implizite Inhalte Gegenstand sind.

Der Grad der Durchlässigkeit einer Schnittstelle für implizites Wissen ist abhängig vom Vertragsverhältnis und vom Vertrauensverhältnis. Vertrags- und Vertrauensgrenzen sind häufig, aber nicht immer kongruent. Wenn dies beide Partner anstreben, sind auch über Vertragsgrenzen hinweg Synergieeffekte möglich.

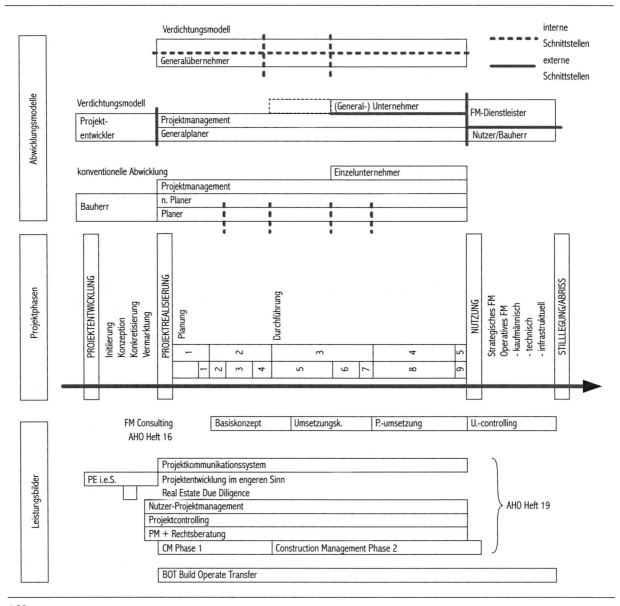

Abbildung 6-5 (links): Leistungsmodelle Bauplanung und -management

Start- Briefing und Meilenstein-Briefing

Das Projektwissensmanagement-Modell verwendet das Start-Briefing[198] zum Projektstart und das Meilenstein-Briefing zu relevanten Meilensteinen (z. B. Startgespräch mit Unternehmen, Kick-off-Gespräch Bauphase, …). Aufbau und Zielsetzung sind identisch, im Detail und Umfang variieren sie. Gemeinsam ist beiden, dass sie folgende Anliegen verfolgen:

1. Vertrauensaufbau im Team
2. Verankerung von Wissens- und Lernzielen
3. Zugänglichkeit von Wissensquellen einschl. Vernetzung (Coach, Netzwerkpartner)
4. Etablierung von Regeln und Arbeitsweisen für das Projekt
5. Strukturierte Übergabe aller Zahlen, Daten und Fakten sowie des Kontextes

Problemstellung und Ziel

Der Projektstart bei Bauprojekten hat unterschiedliche Ausprägungen. Eine lange Tradition haben die Startbesprechungen zum Beginn der Ausführung, wo die neuen Partner mit integriert werden. Meist ist dies der Start einer neuen Phase des institutionalisierten Besprechungswesens (z. B. Bau-Jour-Fixe statt oder im Wechsel mit den Planungs-Jour-Fixen). In größeren Büros ist dieses Besprechungswesen mit standardisierten Tagesordnungs-Listen und standardisiertem Protokollwesen üblich. Inwieweit implizites Wissen in Besprechungen ausgetauscht wird, ist unterschiedlich. Auch hier sind der Grad des Vertrauens sowie die dahinter liegende vertragliche Konstellation die begrenzenden Größen. Der Zeitpunkt muss sorgfältig gewählt werden. Denn ein Projektteam baut sich schrittweise auf, und die Zahl der Bearbeiter wechselt je nach Phase. Die Festlegung muss im Einzelfall erfolgen.

Neben den teils vertraglich fixierten Anforderungen an die Übergaben (z. B. Übergabe des Projektes an den Auftraggeber oder Übergabe von Einzelleistungen an Vertragspartner) lassen sich aus den Überlegungen zum Wissensmanagement weitere Ziele für die Übergaben formulieren:

1. Ein standardisierter Ablauf mit Protokoll sichert die Qualität und Vollständigkeit.
2. Eine mündliche Übergabe begünstigt die parallele Übermittlung von implizitem Wissen und hat damit Vorrang.
3. Wo möglich und sinnvoll, sollen Netzwerkpartner und Experten einbezogen werden.
4. Ansprechpartner für Rückfragen in beide Richtungen sollen bekannt sein (Vernetzung).

---

[198] „Kurzeinweisung (Kurzbesprechung) vor einem wichtigen Ereignis" nach: http://de.wikipedia.org/wiki/Briefing, 21.12.2007

Übergabe, Handlungsraster					
Kriterium / Methode	Übergabe-Workshop	Übergabe-Sitzung	Übergabe-Gespräch	Übergabe Material	
Schwerpunkt der Methode	teamorientiert	ergebnisorientiert	ergebnisorientiert	ergebnisorientiert	
Einordnung des Projekts					
Priorität	hoch	mittel	mittel	gering	
Innovationsgrad	hoch	mittel	gering	gering	
Komplexität	hoch	mittel	gering	gering	
Wissensintensität	hoch	mittel	gering	gering	
Unbestimmtheit	hoch	mittel	gering	gering	
Zahl der Projektbeteiligten	hoch	hoch	gering	gering/hoch	
Interdisziplinarität	hoch	mittel	gering	gering	
Projektrisiko	–	–	–	gering	
Vertraulichkeit des Projektes	mittel	mittel	hoch	gering	
Ziel/erwarteter Nutzen					
Ideenfindung fürs Projekt	hoch	mittel	gering/hoch	gering	
interdisziplinäre Problemlösung	hoch	gering	gering	gering	
Anteil von Fakten	–	–	–	hoch	
Anteil implizites Wissen	hoch	mittel	hoch	gering	
Verzahnung mit Bürowissen	hoch	mittel	gering	gering	
Teambildung	hoch	mittel	–	–	
Motivationswirkung	mittel	gering	hoch	gering	

Tabelle 6-3: Handlungsraster Übergabe, Teil 1

5. Zusätzliche Informationsquellen sollen genannt werden.
6. Persönliche Erwartungen und Anliegen sollen angesprochen werden.
7. Kontext und Vorgeschichte sollen angesprochen werden.

Übergabe, Handlungsraster				
Kriterium \ Methode	Übergabe-Workshop	Übergabe-Sitzung	Übergabe-Gespräch	Übergabe Material
Schwerpunkt der Methode	teamorientiert	ergebnisorientiert	ergebnisorientiert	ergebnisorientiert
Einordnung des Projekts				
Randbedingungen				
Reifegrad für Wissensmanagement	hoch	mittel	mittel	mittel
Teilnehmerzahl	5–20	5–20	2	-
Teilnehmer extern möglich	Ja, evtl. AG	Ja, evtl. AG		
Formalisierungsgrad	Mittel	Hoch	Niedrig	keiner
Zeitpunkt	Projektstart	Projektstart	Projektstart	Projektstart
Aufwand				
zeitlicher Aufwand	hoch	mittel	gering	gering
finanzieller Aufwand	hoch	mittel	gering	gering
personeller Aufwand	hoch	mittel	gering	gering
Koordinationsaufwand	hoch	mittel	gering	gering

8. Bisherige Erfahrungen sollen thematisiert werden.
9. Wissens- und Lernziele im Projekt sollen genannt werden.

Dazu kommen beim Projektstart weitere Ziele:

- Das Team muss kommunikations- und arbeitsfähig werden, der Aufbau eines Vertrauensverhältnisses gilt als Basis für den Wissensaustausch.
- Alle Wissensquellen für das Projekt müssen im Kontext zugänglich gemacht werden.
- Die Projektregeln sollen allen bekannt gemacht, erläutert und gemeinsam verabschiedet werden.
- Wissens- und Lernziele sollen verankert werden.

Außerdem sind „Informationen über die Gründe, die zu einem Projekt geführt haben, und über Entscheidungen, die vor dem Projektstart getroffen wurden, (…) relevant für das Verständnis der Bedeutung des Projektes und für die Entwicklung adäquater Projektstrukturen."[199]

6.3.1 Instrument 2.1. Start-Briefing

Das Instrument

Der Projektstart wird anhand einer Inhalts-Checkliste und des Handlungsrasters vorbereitet und durchgeführt. Die Checkliste ist projekt- und bürospezifisch angepasst und trägt zu einer vollständigen Übergabe der Inhalte bei. Das Handlungsraster bietet in Abhängigkeit vom Projekt eine Palette von Möglichkeiten zur Durchführung an.

Ergebnis ist eine strukturierte und vollständige Übergabe der erforderlichen Informationen und Dokumente, der getroffenen Annahmen und Einschätzungen, der Erläuterung der Ziele sowie die persönliche Vernetzung der Personen. Die Dokumentation des Projektstarts enthält alle erforderlichen Anlagen. Dazu gehören:

- „nach außen: die formellen Verträge mit dem Kunden (bei externen Auftraggebern) bzw. der Projektauftrag (bei internen Auftraggebern) einschließlich des gesamten (ggf. nicht expliziten) Vereinbarungsstandes über Lastenheft und Angebot hinaus,
- nach innen: die Zusammenfassung der eigenen Annahmen, Zielgrößen, Unsicherheiten, Pläne und des eigenen Kenntnisstandes."[200]

Nutzen und Indikatoren

Der Nutzen liegt in folgenden Bereichen:

1. Bestmöglicher Wissensstand für alle Projektbeteiligten: Die Kenntnis der Erfahrungen aus abgeschlossenen Projekten (Lessons Learned) wird beim Projektstart umfassend vermittelt, vor allem, wenn entsprechende Schlüsselpersonen eingeladen werden. Zusätzliche Ansprechpartner (Projektpaten und Kooperationspartner) sind bekannt und stehen für Problemlösungen im Projekt zur Verfügung.
2. Zeitgewinn durch strukturierten Projektstart
3. Umfassendes Verständnis der Aufgabenstellung

---

[199] Gareis: Der professionelle Projektstart, in: Projektmanagement 03/2000, S. 25
[200] Longmuß, Mühlfelder: Projektintegrierte Know-how-Sicherung, in PM 2/2003, S. 22

Abbildung 6-6: Kommunika-
tionsformen im Projektstart-
Prozess

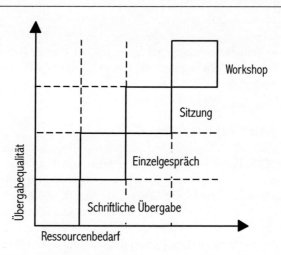

4. Schnelle und umfassende Handlungsfähigkeit des Teams
5. Vertrauensaufbau zur Förderung der Zusammenarbeit
6. Konfliktprävention

Indikatoren für eine gelungene Übergabe sind:

1. eine geringe Zahl und hohe Qualität von Rückfragen
2. ein optimales Arbeitsergebnis

Einsatz und Handlungsraster
Für die Durchführung steht ein Repertoire von Methoden zur Verfügung, das von der schriftlichen Übergabe über das Einzelgespräch bis zur Übergabe-Sitzung (feste Tagesordnung, konkrete Ergebnisse, geringer Diskussionsanteil) oder zum Übergabe-Workshop (offene Tagesordnung, offene Ergebnisse, Ergebniserarbeitung) reicht. (Abb. 6-6)[201]

---

[201] In Anlehnung an Gareis: Der professionelle Projektstart, in: Projektmanagement 03/2000, S. 27

6.3.2 Instrument 2.2. Meilenstein-Briefing

Das Meilenstein-Briefing findet an jeweils markanten Meilensteinen im Projekt statt und gleicht dem Start-Briefing. Das Meilenstein-Briefing kann mit einem Meilenstein-Projektabschluss für die vorangegangene Projektphase kombiniert werden.

6.4 Baustein 3: Lösungsunterstützung

Die Lösungsunterstützung während der Projektbearbeitung dient dazu, zusätzliche Anregungen und Aspekte in die Bearbeitung einzubringen, die aus dem Team heraus nicht möglich wären. Nonakas Forderungen nach entsprechenden Rahmenbedingungen für die Wissensgenerierung (Intention, Autonomie, Fluktuation und kreatives Chaos, Redundanz, notwendige Vielfalt[202]) finden damit Berücksichtigung.

Während der Projektpate als erfahrener persönlicher Projektbegleiter für Entscheidungs- oder Krisensituationen fungiert, setzt das Instrument „Modelle und Simulationen" auf die Wirkung des Perspektivenwechsels, der durch bildliche oder modellhafte Darstellung neue Zusammenhänge erkennbar macht. Beide Interventionen dienen der Überprüfung vorgeschlagener Lösungen, der Suche nach eventuellen Alternativen sowie der Optimierung.

„Die direkte Vernetzung der Know-how-Träger, gezielt unterstützt und ergänzt durch die Organisation bzw. die Gestaltung der Bedingungen dieser Vernetzung"[203], nach Schnauffer ein Erfolgsfaktor in der Produktentwicklung, findet damit in der Projektbearbeitung seine Entsprechung.

6.4.1 Instrument 3.1. Projektpaten

Problemstellung und Ziel
Jedes Projekt gewinnt im Laufe der Zeit seine eigene Dynamik. Längerfristige Ziele geraten in Gefahr, zugunsten der kurzfristigen aus dem Blickfeld zu geraten. Aus diesem „Tunnelblick" heraus können falsche Entscheidungen getroffen werden oder sinnvolle Alternative nicht als solche erkannt werden. Auch Konflikte im Projekt können dazu führen, dass Reaktionen und Entscheidungen nicht den tatsächlichen Erfordernissen entsprechen, und zwar

---

[202] Nonaka, Takeuchi: Die Organisation des Wissens, S. 137 ff.

[203] Schnauffer et al.: Wissen vernetzen, S. 1

3.

Lösungs-
unterstützung

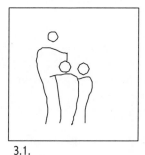

3.1.

Projekt-Paten

3.2.

Modelle und

Simulationen

Abbildung 6-7: Baustein 3 –
Lösungsunterstützung

aus Unüberlegtheit, oder weil unter Zeitdruck bestimmte Informationen nicht verfügbar sind. Das Einholen von Beratung und fachlicher Stellungnahme ist auf technischer Ebene einfacher als für Fragen des Vorgehens, der Taktik oder der Deeskalation.

Das Ziel einer Intervention auf diesem Gebiet ist es, auch in Entscheidungs- oder Krisensituationen durch entsprechende Unterstützung einen konstruktiven, pannenfreien und in Sachfragen richtigen Ablauf sicherzustellen.

Das Instrument

Erfahrene Kollegen, die nicht ins Projekt eingebunden sind, sondern unvoreingenommen von außen darauf blicken, weisen als Projektpaten auf nicht erkannte Probleme hin, prüfen die Plausibilität und bringen Erfahrungen ein. Dadurch, dass sie direkt benannt sind und das Projekt kontinuierlich in größeren Intervallen verfolgen, haben sie den erforderlichen Einblick, kennen die Kontinuität des Projekts und entwickeln ein Vertrauensverhältnis zu den Bearbeitern.

Der Pate ist als Projektpartner im Rahmen des Netzwerks fest in beratender Funktion eingebunden. Die Verantwortung des Projektleiters bleibt unberührt, lediglich in gravierenden Fällen hat der Projektpate ein Vetorecht. Im Sinne der Theorie zur Wissensgenerierung nach

Nonaka wird damit ein kreativer Impuls gesetzt durch andere Personen und deren Wissen, durch redundantes Wissen, zusätzliche Informationen und den Wechsel der Perspektive.[204]

Nutzen und Indikatoren

Der Nutzen eines Projektpaten sowie Indikatoren seines erfolgreichen Wirkens sind

1. rechtzeitiges Erkennen von Risiken durch regelmäßige Reflexion des Projektstandes,
2. Aufdecken von Alternativen durch die zusätzlich eingebrachte Erfahrung,
3. zusätzliche Motivation des Projektteams durch die besondere Aufmerksamkeit,
4. verbesserte Reaktion in Krisensituationen durch die redundant vorliegende Projektkenntnis, z. B. bei Ausfall eines Projektleiters.

Einsatz und Handlungsraster

Je nach Komplexität des Projektes und Erfahrung des Projektleiters werden die Intervalle der Patentreffen zu Projektbeginn festgelegt. Diese variieren zwischen zweiwöchentlich, monatlich oder quartalsweise. Alternativ ist auch die Festlegung von Meilensteinen zur Konsultation des Paten möglich. Der Teilnehmerkreis bestimmt sich ebenfalls je nach Projekt und Situation (bei entsprechender Komplexität das gesamte Team, bei einfacheren Problemstellungen Projektpate und Projektleiter). Der Projektpate ist zusätzlich Ansprechpartner für Fragen und Probleme, die über die Kompetenzen des Teams selbst hinausgehen.

Der Rahmen für die Gespräche sollte offen gestaltet sein, damit Anregungen tatsächlich ausgesprochen und aufgenommen werden können. Eine nutzbringende Variante ist es beispielsweise, eine bevorstehende Projektpräsentation vor den Entscheidungsträgern vorab im Büro zu testen. Dabei können Resonanzen des Projektpaten oder auch anderer Unbeteiligter wertvolle Anregungen für die Ausgestaltung bieten.

Die Leistung des Paten wird vom Projektleiter angefordert und auf dem Projekt-Stundenkonto erfasst. Es besteht eine grundsätzliche Verpflichtung, diese Beratung in Anspruch zu nehmen. Ein Vertrauensverhältnis zwischen Projektleitung, Projektbearbeitern und dem Paten ist Voraussetzung für den Erfolg dieser Konstellation. Daher ist diese Position mit großer Sorgfalt zu besetzen. Ein Paten-Tagebuch, das nur für die Beteiligten einsehbar ist, kann den Prozess dokumentieren.

---

[204] Nonaka, Takeuchi: Die Organisation des Wissens, S. 109 ff.

6.4.2 Instrument 3.2. Modelle und Simulationen

Modelle und Simulationen sind nach Zucker „strategische Knotenpunkte in Entwicklungsprozessen."[205]

Modelle (oder Prototypen) oder Simulationen (oder Szenarien) nehmen Situationen, Entscheidungen und deren Auswirkungen vorweg. Sie vergrößern die Wissensbasis in Entscheidungssituationen. Die Qualifizierung oder Absicherung einer Entscheidung hat den Zweck, Fehlentscheidungen und deren negative Auswirkungen zu reduzieren oder zu vermeiden.

Ein Modell ist dabei eine Materialisierung des Konzeptes, das fachdisziplinenübergreifend lesbar ist. Es ermöglicht den Wechsel der Perspektive und dient als Basis für die Kommunikation mit Interessensträgern.

Für Planer ist kaum etwas selbstverständlicher als die Arbeit mit Modellen. Diese sind, bezogen auf eine Architektur-Planung beispielsweise Arbeits- und Präsentationsmodelle. Musterräume und Musterfassaden haben, in einer anderen Dimension, dieselbe Funktion. Modelle dienen zur Abstimmung, Prüfung und Verifizierung des Konzeptes und zur Präsentation gegenüber Auftraggebern, Finanzierern und allen anderen Interessensträgern. Auch für die interdisziplinäre Abstimmung zwischen Fachplanern bieten Modelle eine breite Verständnisebene. Diese sind Bestandteile der etablierten Leistungsbilder bzw. geübte Praxis und dadurch Auftraggebern und Auftragnehmern vertraut.

Zunehmend gibt es darüber hinaus Möglichkeiten und Methoden, die bewusst initiiert, vereinbart und beauftragt werden müssen.

Virtuelle Modelle können reale Modelle ersetzen. Ihr Vorteil liegt im teils geringeren Aufwand, ihr Nachteil teils in der geringeren realen Erfahrbarkeit, z. B. bei virtuellen Gebäuderundgängen. Der Mehrwert liegt im jedem Fall in der Möglichkeit, im virtuellen Raum Verläufe darzustellen (z. B. Tageszeiten, Sonnenstände) und sich virtuell im realen Maßstab im Raum zu bewegen. Die Grenze zur Simulation ist fließend.

Eine Simulation oder ein Szenario geht über die Darstellung eines Zustandes hinaus und kombiniert verschiedene Randbedingungen zu alternativen Lösungsmöglichkeiten, die miteinander vergleichbar sind. Dabei werden auch sich überlagernde Wirkungen dargestellt (z. B. großer Fensteranteil bedingt geringeren Energiebedarf für Licht, aber erhöhten Energiebedarf für Heizung). Simulationen haben insbesondere bei Optimierungsprozessen von Konstruktionen oder haustechnischen Konzepten große Bedeutung.

---

[205] Zucker: Wissen gewinnt, S. 204

Daneben ist die Entwicklung von Szenarien eine nicht-gegenständliche Form der Vorwegnahme eines möglichen künftigen Zustandes. Deren Wirkung nach Roehl ist es, „in den mentalen Landkarten der Beteiligten tektonische Bewegungen aus(-zulösen).“[206]

Im Bau-Projektmanagement fällt in diese Kategorie das Risikomanagement, das über die Erfassung möglicher Risiken und deren Klassifizierung (hinsichtlich Eintrittswahrscheinlichkeit und Schadensausmaß) eine vertiefte Wissensbasis für Entscheidungen bereitstellt. Auch in der Projektentwicklung nehmen Modellrechnungen, die durch Sensitivitätsanalysen auf ihre Belastbarkeit geprüft werden, eine solche Funktion ein. Im Rahmen der lebenszyklusorientierten Planung hat die Simulation der Betriebsphase von Gebäuden einen zunehmenden Stellenwert.

Eine Anwendung der Szenariotechnik, die eine Abfolge von aufeinander folgenden Schritten ist, kann für einzelne Situationen im Rahmen von Bauprojekten sinnvoll sein, z. B. im Rahmen von Prognosen in der Projektentwicklung, bei der Zielplanung von Baumaßnahmen, die Schnittstellen zur Unternehmensorganisation haben. Dabei ist „die Szenario-Technik (…) eine Methode in der Planung, die auf der Entwicklung und Analyse zukünftiger Szenarien beruht. Diese Szenarien stellen dabei „mögliche Zukünfte“ dar. Die Szenariotechnik fokussiert auf die Analyse von Extremszenarien (positives Extrem-Szenario, negatives Extrem-Szenario, Trendszenario) oder besonders relevante/ typische Szenarien.“[207] Schrittweise folgen die Aufgaben- und Problemanalyse, Einflussanalyse, Trendprojektion sowie Bewertung und Interpretation aufeinander. Sie bietet also Entscheidungsunterstützung und Ansatzmöglichkeiten für die Verwendung in Bauplanung und -management.

Die Theorie der Wissensgenerierung (siehe dort) bestätigt also die große Bedeutung, die Modelle und Simulation in Bauprojekten einnehmen. Damit ist es eine Aufgabe der Managements aus Wissensperspektive, Modelle und Simulationen bewusst und gezielt an strategisch wichtigen Punkten einzusetzen.

Problemstellung und Ziel

Mangelnde Kenntnis der Auswirkungen von Entscheidungen sowie ein mangelnder interdisziplinärer Ansatz zur Lösungsfindung können zu weitreichenden Fehlern und Fehlentscheidungen führen. Der bewusste Einsatz von Modellen und Simulationen wirkt dem entgegen.

---

[206] Roehl: Organisationen des Wissens, S. 128

[207] www.wikipedia.de/szenariotechnik 23.02.2007

Tabelle 6-4: Handlungsraster Modelle und Simulationen

Modelle und Simulationen
Handlungsraster mit Beispielen

Auswahl aus HOAI §15 und AHO Nr. 9			
Projekt-zeitpunkt	Aktivität nach Leistungsbild	Entwicklungs-/Entscheidungsbedarf	Methode
PST 1: Projektvorbereitung			
AHO 9, A 1	Entwickeln, Vorschlagen und Festlegen der Projektziele und der Projektorganisation (…)	Projektziele Projektorganisation	Szenariotechnik Variantenvergleich Nutzwertanalyse
§15/2.	Abstimmen der Zielvorstellungen Aufstellen eines planungsbezogenen Zielkatalogs	Projektziele	
§15/1. AHO 9, B 2	Ideen- /Programm-/Realisierungswettbewerb	Bewertung der eingereichten Ergebnisse	Variantenbildung Entscheidungsgrund-lage: Modelle
§15/2.	Erarbeiten eines Planungskonzepts einschl. Untersuchung der alternativen Lösungsmöglich-keiten nach gleichen Anf. mit zeichn. Darstellung und Bewertung	Bewertung der Alternativen	Zeichnung, Varianten, Modell
–	Verkehrskonzept, Erschließung	Wahl Erschließungs- und Ver-kehrskonzept	Verkehrsstudie, Szenarien
–	Projektfinanzierung	Art der Finanzierung, Grundsatz-entscheidung für das Projekt	Vollständiger Finanzplan, Szenarien
PST 2: Planung			
AHO 9, B/B 2	B/B2 Überprüfung der Planungsergebnisse durch besondere Wirtschaftlichkeitsuntersu-chungen	Planungsentscheidung	Wirtschaftlichkeits-untersuchungen über den Lebenszyklus sind per se Szenarien
§ 15,3.	Zeichnerische Darstellung des Gesamtentwurfs	Planungsentscheidung	Visualisierung, Perspek-tivenwechsel
PST 3: Ausführungsvorbereitung			
PST 4: Ausführung			
–		Bemusterung	Musterfassade Musterraum
PST 5: Projektabschluss			

163

Das Instrument

Über ein Handlungsraster und einen Einsatzplan werden zu Projektbeginn die Zeitpunkte mit den Schwerpunkten „Lösungsentwicklung" und „Entscheidungsbedarf" identifiziert. Diesen ordnet man entsprechende Aktivitäten zu und vereinbart sie mit dem Auftraggeber.

Nutzen und Indikatoren

Nutzen und Indikatoren des Einsatzes von Modellen und Szenarien liegen

1. in einer verbesserten Qualität von Schlüsselentscheidungen,
2. in einer verbesserten Einbeziehung von Projektbeteiligten,
3. in einer verbesserten Präsentation und Darstellung des Projekts sowie
4. im frühzeitigen Auffinden von Problemfeldern.

Einsatz und Handlungsraster

Die Mehrzahl der Modell- und Simulationseinsätze finden sich in den frühen Planungsphasen. Sie sind auch in Leistungsbildern teilweise erwähnt und Bestandteil originärer Planer- oder Management-Leistungen. Kommen zusätzliche oder andere Leistungen als die der HOAI § 15 oder der AHO Nr. 9 zur Ausführung, sollen diese über den Einsatzplan vereinbart werden.

6.5 Baustein 4: Debriefing und Projektabschluss

6.5.1 Problemstellung und Ziel

Obwohl der gezielte Wissensaufbau aus Projekterfahrungen, dies zeigen die theoretischen Betrachtungen im ersten Teil der Arbeit, ein Schlüssel zu mehr Effizienz und ein Vorteil im Wettbewerb sind, wird der Projektabschluss derzeit in Planungs- und Projektsteuerungsbüros nur vereinzelt bewusst vollzogen. Die Folge ist, dass der Rückfluss von Projekterfahrung in das Büro mangelhaft ist. Insbesondere gehört dazu auch das Wissen aus der Realisierungsphase für die Planungsphase eines Folgeprojektes.

Ziel ist es, mit einem praktikablen Vorgehen einen Wissensgewinn für das Büro und den Einzelnen zu erzielen.

4.
Debriefing/
Projektabschluss

4.1.
Erfassung

4.2.
Analyse

4.3.
Aufbereitung

Abbildung 6-8: Baustein 4 - Debriefing/Projektabschluss

Der Abschluss des Projekts bzw. markanter Projektphasen bietet das größte Lernpotenzial und die optimale Möglichkeit zur Wissenssicherung und -rückführung ins Unternehmen. Es geht dabei um die „gezielte Erfassung und Aufbereitung von Mitarbeiterwissen am Ende eines Projekts bzw. einer Projektphase. Ziel ist es, dieses wertvolle Wissen zu bewahren und wieder zu verwenden."[208] Gebräuchliche Bezeichnungen dafür sind Debriefing, Projektreview oder Lessons-Learned-Workshop.

Erfahrungssicherung gelingt dann, wenn sinnvolle Abschnitte überblickt werden können und auch Ergebnisse bestimmter Handlungen und Entscheidungen vorliegen und einer Beurteilung unterzogen werden können. Des Weiteren setzt sie voraus, dass die relevanten handelnden Personen verfügbar sind und deren Erinnerung noch frisch ist. Folgende Projektzeitpunkte sind daher für die Durchführung prädestiniert:

• Meilenstein

Meilensteine markieren den Abschluss relevanter Projektabschnitte und ermöglichen eine zeitnahe Reflexion und Erfahrungssicherung der entsprechenden Teilaufgabe. Gerade bei lang laufenden Projekten wäre dies am Projektende nicht mehr möglich. Eine Gliederung kann themenbezogen erfolgen. Beispielsweise können sich die Ausschreibenden in einem

---

[208] Factsheet zum Projekt-Debriefing der Fa. Softlab, Stand 05/05

Bauvorhaben nach dem Versand der Leistungsverzeichnisse einschließlich der Gebäudehülle in einer Besprechung dazu austauschen, wie die Abstimmung zwischen den Vergabeeinheiten, die Zulieferung von Informationen seitens der Planung und andere Einzelheiten gelungen sind und was daran zu verbessern wäre. Dieses Verfahren wird als „Meilenstein-Abschluss" bezeichnet.

• Projektabschluss

Ein Projekt wird häufig in Stufen abgeschlossen, denn der meist abnehmende Arbeitsumfang bedingt eine schrittweise Reduzierung des Bearbeitungsteams. Gerade weil sich der Projektabschluss dadurch oft „verschleiert", ist es umso wichtiger, ihn in einer festen Form zu durchzuführen.

Meilenstein-Abschluss und Projektabschluss unterscheiden sich hinsichtlich ihrer Vorbereitung, der Dauer, der Zahl der Beteiligten und dem Grad der Analyse, die Methodik selbst ist jedoch identisch. Daher werden sie nachfolgend gemeinsam betrachtet und in die drei Bausteine Erfassung, Analyse und Aufbereitung gegliedert. Die Skalierung auf den konkreten Anwendungsfall erfolgt bezüglich des Zeitpunktes, der Projektgröße, der Zahl der Beteiligten und anderer Faktoren.

In der praktischen Durchführung eines systematischen Projektabschlusses sind mehrere Hürden zu überwinden. Der meist immense Zeitdruck in der Endphase eines Projektes fordert höchsten Einsatz der Bearbeiter, gleichzeitig ist in diesem Moment auch der Nutzen des Projektabschlusses noch nicht erfahrbar. Oft beginnen parallel die Vorbereitungen für ein Folgeprojekt und die Zäsur zwischen zwei Aufgaben ist kaum wahrnehmbar.

Der große spätere Nutzen sollte jedoch Grund genug sein, diese Hürden zu überwinden. Insbesondere im Rahmen eines ritualisierten Abschlusses, z. B. einer abschließenden Besichtigung oder vor einem gemeinsamen Abendessen lässt sich der Meilensteinabschluss oder Projektabschluss gut einbinden. (Tab. 6-5)

Die drei in den nächsten Kapiteln angeführten Instrumente können je einzeln oder auch in einem Arbeitsgang angewandt werden. Wegen ihrer unterschiedlichen inhaltlichen Charakteristik werden sie separat beschrieben.

Tabelle 6-5:Handlungsraster
Debriefing

Kriterium / Methode	Abschluss-Workshop	Abschluss-Sitzung	Abschluss-Gespräch	Abschluss-Bericht
Handlungsraster Debriefing				
Schwerpunkt der Methode	teamorientiert	ergebnisorientiert	ergebnisorientiert	ergebnisorientiert
Einordnung des Projekts				
Priorität	hoch	mittel	mittel	gering
Innovationsgrad	hoch	mittel	gering	gering
Komplexität	hoch	mittel	gering	gering
Wissensintensität	hoch	mittel	gering	gering
Unbestimmtheit	hoch	mittel	gering	gering
Zahl der Beteiligten	hoch	hoch	gering	gering/hoch
Interdisziplinarität	hoch	mittel	gering	gering
Wiederholungsgrad	hoch	mittel	mittel	gering
Vertraulichkeit des Projektes	mittel	mittel	hoch	gering
Ziel/erwarteter Nutzen				
Projektanalyse	hoch	gering	mittel	gering
Gewinnung von How To's	hoch	mittel	mittel	mittel
Anteil von Fakten	mittel	mittel	mittel	mittel
Anteil implizites Wissen	hoch	mittel	mittel	gering
Verzahnung mit Bürowissen	hoch	mittel	mittel	gering
Individueller Lernprozess	hoch	mittel	hoch	mittel
Teamreparatur	hoch	-	-	-
Motivationswirkung	mittel	gering	gering/hoch	gering
Randbedingungen				
Reifegrad für WM	hoch	mittel	mittel	gering
Teilnehmerzahl	5-15	3-20	2	1, n
Teilnehmer extern möglich	Ja, evtl. AG	Ja, evtl. AG	-	-
Formalisierungsgrad	mittel	hoch	niedrig	mittel
Aufwand				
zeitlicher Aufwand	hoch	mittel	gering	gering
finanzieller Aufwand	hoch	mittel	gering	gering
personeller Aufwand	hoch, Moderator	mittel	gering, Moderator?	gering
Koordinationsaufwand	hoch	mittel	gering	gering

6.5.2 Instrument 4.1. Erfassung

Das Instrument

Die Erfassung relevanter Erkenntnisse wird als systematischer Projekt- oder Meilensteinabschluss

- unter Anwendung des Handlungsrasters
- an den zum Projektbeginn festgelegten Meilensteinen
- oder auch aus aktuellem Anlass

durchgeführt. Dabei kommen relevante Projektbeteiligte zusammen, fallweise auch mit einem externen Moderator, lassen das Projekt Revue passieren und erfassen verwertbare Ergebnisse.

Nutzen und Indikatoren

Der Nutzen liegt in der

1. Identifikation von Stärken und Schwächen der eigenen Leistung als Basis für die Weiterentwicklung
2. Identifikation des im Projekt entstandenen Wissens
3. Unterstützung des individuellen Lernens der Teammitglieder
4. Ausdruck der Wertschätzung durch die Geschäftsleitung und Beitrag zur Motivation und Unternehmenskultur

Indikatoren dafür sind die anwachsende Dokumentation sowie ein veränderter, effizienterer Umgang mit Projektwissen auf individueller Ebene und auf Büroebene.

Einsatz und Handlungsraster

Im Wesentlichen ist die Unterscheidung zwischen einem kollektiven (Workshop, Sitzung) oder individuellen (Gespräch, Projektbericht) Vorgehen zu treffen. Der Mehrwert kollektiven Vorgehens liegt in einem Ergebnis, das durch die Perspektiven mehrerer Mitarbeiter geprägt ist und die individuellen Lernprozesse intensiver anregt sowie in der förderlichen zusätzlichen Wirkung auf die Team- und Projektkultur. Der gegenüber dem individuellen Vorgehen höhere Aufwand lohnt sich bei besonderen Vorkommnissen, Konflikten oder Pilotprojekten. Aus einem Pilotprojekt, das neue Felder erschließt, sollten die Erfahrungen nicht nur erfasst und ausgewertet, sondern auch in Form von Handlungsempfehlungen weiter aufbereitet werden.

Die Empfehlungen zum Umfang eines solchen Workshops variieren in der Literatur erheblich, von 4 Stunden (Peipe, Kerner) bis zu 3 Tagen (Kerth). Ein Kriterium für das Design des Workshops wird immer das damit verfolgte Ziel sein. Neben der Komplexität und strategischen Bedeutung des Projektes können auch ein über- oder unterdurchschnittliches Abschneiden des Projektes oder Konflikte Auslöser für den Workshop sein. Auch die Frage nach externer Vorbereitung und Moderation sollte im Zusammenhang mit diesen Kriterien betrachtet werden.

Eine Basis-Variante des Debriefings geht von einem Tag Dauer aus. Erweiterungen und Straffungen sind stufenlos möglich. Je nach verfügbarer Zeit können Analyse und Reflexion intensiver gestaltet und damit eine höhere Qualität und Tiefe der Ergebnisse erreicht werden.

6.5.3 Instrument 4.2. Analyse

Das Instrument

Die Projektauswertung und -analyse sind, nach der Erfassung der Projekterfahrungen, der zweite Schritt im Rahmen des Debriefing. Nach der Aktivierung der Erinnerung („Erfassung") an positive und weniger positive Momente im Projekt geht es um die Analyse der Ursachen und Einflussfaktoren. Folgende Analysemethoden eignen sich:

* Ishikawa

Die Ishikawa-Methode, die im Qualitätsmanagement zur Fehleranalyse verwendet wird, ist als Grundraster auch für die Projektanalyse geeignet. Die fünf Wirkungsfelder („Mensch", „Material", „Methode", „Maschine"; „Mitwelt") werden dabei auf Fehlerursachen und im Vergleich zu anderen Projekten analysiert. Sie ist eine Hilfestellung für eine möglichst vollständige Analyse. Ein Formblatt in der Anlage gibt dafür ein Raster vor.

* Kennzahlenbildung

Kennzahlen ermöglichen den Vergleich zwischen Projekten unter einzelnen Gesichtspunkten und sind Grundlage für Analyse und Steuerung. Inwieweit ein individuelles Kennzahlensystem sinnvoll ist oder man sich an übergreifende Standards anpasst, entscheidet sich je nach

Problemstellung. Ist im Büro ein Kennzahlensystem vorhanden, wird es im Rahmen dieses Vorgangs durch entsprechende Daten ergänzt und gewinnt an Aussagekraft.

Welche Kennzahlen sinnvoller Weise und auf Dauer zu erfassen sind, sollte abhängig von der Bürostrategie, den Arbeitsschwerpunkten sowie eventuell erkannten Defiziten festgelegt werden.

Nutzen und Indikatoren

Die Ishikawa-Analyse dient als Hilfestellung zum Auffinden von Fehlerursachen und Einflussgrößen. Der Nutzen liegt in der schnelleren Identifikation der Fehlerursachen sowie langfristig in der Reduzierung von Fehlern.

Der Nutzen von Kennzahlen ergibt sich aus der Optimierung und Überprüfung von Planungs- und Unternehmensentscheidungen. Wirtschaftliche Bürokennzahlen sind dabei das zentrale Hilfsmittel für die Kalkulation neuer Projektangebote.

Einsatz und Handlungsraster

Anstelle eines Handlungsrasters wird in diesem Fall eine Übersicht über mögliche Kennzahlen in Planung und Projektmanagement angeboten, die die eigene Auswahl unterstützt. (Tab. 6-6)

6.5.4 Instrument 4.3. Aufbereitung

Der dritte Schritt im Rahmen eines Debriefing-Prozesses ist die Aufbereitung der Fakten sowie der Erfahrungsbericht („gelernte Lektionen", Lessons Learned). Insbesondere die Explizierung, d. h. Bewusstmachung und Zugänglichmachung von kritischen Erkenntnissen erfordert Aufmerksamkeit und ist eine wichtige Erkenntnisquelle. Folgende Formen der Aufbereitung bieten sich an:

- Projektsteckbrief

Im Projektsteckbrief werden in kurzer, übersichtlicher und einheitlicher Form die wichtigsten Informationen über ein Projekt einschließlich der Ansprechpartner dokumentiert, die Dokumentation beginnt mit dem Projektstart, wird während der Projektbearbeitung weitergeführt und zum Projektabschluss vollendet. Die Ausführungen zum Projektsteckbrief finden sich im Baustein 1.

Tabelle 6-6: Kennzahlen für Planung und Projektmanagement

Bezeichnung	Einsatz	Nutzen	Verfügbarkeit	Quellen	Zusatzinfos	Risiken
Planungskennwerte						
Flächenkennwerte/DIN 277 (Beispiele Verwaltungsbau)						
BGF/AP	LPH 0,1	Sollgrößen für Bedarfsplanung, Entwurfsoptimierung, Überprüfung	Hoch	BKI, eigene Quellen	Objektbeschreibungen	Mangelnde Erfahrung, Zusatzinfos
NF/AP	LPH 0,1		Hoch			
Flächenkennwerte (Beispiele)						
NF/BGF	LPH 0,1	Entwurfsprüfung	Hoch	BKI, eigene Quellen	Objektbeschreibungen	Mangelnde Erfahrung, Zusatzinfos
BRI/NF			hoch			
Kostenkennwerte (Beispiele)						
1./2. Ebene DIN 276		Überprüfung, Optimierung	Hoch			
LB			Hoch			
Baukostenindex			Hoch		Eigene Markteinschätzung	
Energetische Kennzahlen (Beispiele)						
Jahresheizwärmebedarf	Nachweis EnEV	Überprüfung, Optimierung	Teilw.	Eigene		Kritische Masse
Kompaktheit, A/V-Verhältnis			Teilw.	Eigene		Kritische Masse
Wärmedurchgangs-koeffizient			Teilw.	Eigene		Kritische Masse
Baubetriebliche Kennzahlen (Beispiele)						
Aufwandswerte						
MA/Kran						
h/m3 Beton						
Ökonomische Kennwerte (Beispiele)						
Umsatzrendite			Gering	Eigene Erhebung		Einheitl. Basis
Gemeinkostenfaktor			Gering			

- Projekterfahrungen (Lessons Learned)

In Ergänzung dazu dokumentieren die „Lessons Learned" in wörtlicher Übersetzung die „gelernten Lektionen" im Projekt. Dies können, am besten nach Wahl der Projektbeteiligten, Einzelthemen sein, die hinsichtlich ihrer Methodik im Projekt entwickelt oder weiterentwickelt wurden, oder besondere projektbeeinflussende Ereignisse und die Art der Bewältigung. Neben der Bedeutung, die die Projektbeteiligten dem Thema zumessen, ist bei der Aufnahme in die Büro-Bibliothek noch die Entscheidung zu treffen, inwieweit diese Erfahrungen für weitere Projekte relevant sind.

- Kennzahlen (siehe „Analyse")

Wenn aus Projekten Kennzahlen erfasst werden, geschieht dies sinnvoller Weise in der Struktur einer Datenbank, um optimale Vergleichs- und Verknüpfungsmöglichkeiten zu haben. Wichtig bei der Erhebung von Kennzahlen ist die Kontinuität über mehrere Projekte hinweg. Erst diese macht sie aussagekräftig.

- Expertenprofile

Ein weiterer Baustein der Aufbereitung von Projekt-Fakten und Projekt-Erfahrungen sind die Erfahrungen mit Projekt-Partnern. Auf diese wird im Baustein „Orientierung" im Zusammenhang mit der Unternehmens-Wissensbasis eingegangen. Der Zeitpunkt der Bearbeitung dieser Expertenprofile hängt direkt zusammen mit Projekt-Steckbrief und Lessons Learned.

Problemstellung und Ziel

Dokumente machen nur Sinn, wenn sie gelesen und genutzt werden. Die Aufgabenstellung ist daher, einen Dokumentationsstandard zu entwickeln, der schnell erfassbar und lesbar, gleichzeitig aber für den/die Dokumentierenden einfach handhabbar ist.

Darüber hinaus gilt es, die „richtigen" Dinge zu dokumentieren, diejenigen nämlich,

- deren Wiederverwendung wahrscheinlich ist,
- deren Beitrag zum Projekterfolg hoch ist (Erfolgsfaktoren-Modell nach Borner[209], siehe dort),
- deren Nutzen für andere, frühere oder spätere Projektphasen hoch ist sowie

---

[209] Borner: Prozessmodell für projekt- und erfolgsorientiertes Wissensmanagement

- deren Inhalte die strategische Ausrichtung des Unternehmens widerspiegeln.

Das Instrument

Der Dokumentationsstandard für Lessons Learned trägt dazu bei, dass im Sinne eines „empfängerorientierten Berichtswesens" das entstehende Dokument folgende Anforderungen erfüllt:

- einheitlich: Der einheitliche Rahmen für die Gestaltung und Abfassung der Dokumente dient der Orientierung sowie der Lesbarkeit und Auffindbarkeit.
- logisch gegliedert: Eine Gliederung erleichtert Orientierung, Verständnis und selektives Lesen und ist, wenn das Prinzip vorgegeben ist, auch beim Verfassen der Texte eine Unterstützung.
- Inhaltlich richtig: Die sachlich-inhaltliche Prüfung der Aussagen ist für den Fall der Wiederverwendung eine zentrale Voraussetzung.
- den Kontext beschreibend: Die Beschreibung des Kontextes ist wegen der Kontextabhängigkeit von Erfahrungswissen von großer Bedeutung, und selbstverständlich sollten die richtigen Informationen aufgenommen sein.
- Kurz: soweit möglich, haben die Erfahrungsberichte eine Länge von maximal einer Seite.

Die Gliederungssystematik der Lessons Learned folgt im Büro den Themenfeldern, die von generellem Interesse für das Büro sind. Die Ausführungen zum Wissensmangement-Baustein „Orientierung" im folgenden Teil der Arbeit erläutern dies.

Nutzen und Indikator

Die entstehenden Dokumente sind ein Beitrag zur Bürobibliothek (siehe Baustein Orientierung). Anhand der Häufigkeit ihrer Verwendung misst sich ihr Nutzen. Dieser kann begünstigt werden, wenn neue Dokumente aktiv bekannt gemacht werden, z. B. in Arbeitsgruppen, siehe Baustein 6.2. Die Dokumentation der Ergebnisse schafft darüber hinaus eine Verbindlichkeit für die am Debriefing Beteiligten.

Handlungsraster

Die Anzahl und Ausführlichkeit der Erfahrungsberichte und Projekt-Steckbriefe richtet sich nach der Bedeutung des Projektes für das Unternehmen. Pilotprojekte, die dazu beitragen sollen, dem Unternehmen neue Wissens- und Kompetenzfelder aufzubauen, verdienen höhere Aufmerksamkeit als Projekte, die außerhalb der Kernkompetenzen und der strategischen Ausrichtung des Unternehmens sind.

6.5.5 Der Projektabschluss im Bauprojekt – Exkurs

Neben dem eigenen aktiven Wissensmanagement steht dem Auftraggeber zum Projektabschluss eine Dokumentation des Projektes zu. Welche Unterlagen und Pläne in welcher Form zu übergeben sind, bedarf, vor allem bei einer Nutzung im Facility Management, der detaillierten Vereinbarung. Dazu gehören u. a. eine Übersicht über Abnahmen und Gewährleistungsfristen, TÜV-Zeugnisse und Nachweise der Betriebserlaubnis, der Abschluss der Projektbuchhaltung und die abschließende Berechnung der Baunutzungskosten.

Das Leistungsbild Projektmanagement der AHO-Fachkommission enthält in der Projektstufe 5 beispielsweise Leistungen beim Zusammenstellen und Archivieren der Bauakten, der rechtsgeschäftlichen Abnahme der Planungsleistungen, der abschließenden Aktualisierung der Baunutzungskosten und dem Abschluss der Projektbuchhaltung.[210]

Die besonderen Leistungen des Architekten nach §15 HOAI, Phase 9 gehen über die reine Dokumentation hinaus. Sie beobachten das Gebäude in der Gewährleistungsphase und bereiten Einzelheiten analytisch auf, z. B. in Form der Objektbeobachtung, Baubegehung nach Übergabe, Überwachen der Wartungs- und Pflegeleistungen, Aufbereiten des Zahlenmaterials für eine Objektdatei, Ermittlung und Kostenfeststellung zu Kostenrichtwerten, Überprüfen der Bauwerks- und Betriebs-Kosten-Nutzen-Analyse.[211]

Inwieweit die Aufbereitung von Zahlenmaterial für eine Objektdatei, die Ermittlung von Kostenrichtwerten und die Verifizierung der Betriebskostenprognosen für einen Auftraggeber von Interesse sind, hängt im Wesentlichen davon ab, ob der Auftraggeber ein Interesse am Aufbau einer eigenen Wissensbasis hat. Werden diese Elemente nicht aufbereitet, entziehen sie sich weiterer Nutzung. Der Mehrwert einer systematischen, erweiterten Übergabe, z. B. unter Beauftragung der besonderen Leistungen des §15 HOAI, ist insbesondere Auftraggebern, die Gebäude selbst nutzen oder betreiben, vermittelbar. Die in der Praxis häufige Ausgrenzung der Leistungsphase 9 aus der Beauftragung des Architekten ist damit im Wissensmanagement-Kontext wenig nutzbringend. Die Reserviertheit aus Planersicht gegenüber der Phase 9 resultiert aus anderen Beweggründen, wie z. B. den größeren Umständen bezüglich des eigenen Gewährleistungsbeginns und der Fälligkeit der Schlussrechnung.

---

[210] AHO-Schriftenreihe Nr. 9, S. 16
[211] HOAI, 22. Auflage 2003

Das aus dem angelsächsischen Raum stammende Leistungsbild des Construction Management zielt auf gezieltes Einbringen von Ausführungswissen in die Projektplanung. Im Rahmen der „seven pillars of partnering" [212] werden daher „feedback capturing lessons from projects and task forces to guide the development of strategy"[213] durchgeführt, die zu diesem Wissensaufbau betragen sollen. Hinsichtlich der Wirkung dieser Feedback-Capturing-Lessons besteht auch im angelsächsischen Raum noch Forschungsbedarf.

Im Rahmen dieser Arbeit liegt der Fokus auf der Generierung eines Mehrwerts für die eigene Praxis des Planers oder Bauprojektmanagers, gleichwohl sind die Methoden auf einen am Wissenszuwachs interessierten Bauherrn zu übertragen (z. B. professionelle Bauherren). Das hinzugewonnene Wissen ist für weitere Projektanwendungen zu „retten". Prinzipiell können alle Vertragsparteien davon profitieren, häufiger jedoch wird dieser Projektabschluss ein bürointerner Vorgang sein und als Investition in die eigene Wissensstruktur zu betrachten sein.

Der mögliche Erkenntnisgewinn ist umso größer, je größer der zu überblickende Projekthorizont ist. So können beispielsweise

- Erkenntnisse aus der Ausführung eines Projektes in die Planung des nächsten einfließen (z. B. die praktische Bewährung oder Schadensanfälligkeit von Ausführungsdetails, Rückschlüsse auf das Raumprogramm, …)
- Erkenntnisse aus dem Betreiben eines Gebäudes in die Planung des nächsten einfließen.
- Erkenntnisse aus der Vermarktung eines Projekts in das Finanzierungskonzept des nächsten Projekts einfließen.

Damit haben prinzipiell Unternehmen mit umfassendem Leistungsangebot, vorausgesetzt die entsprechenden Strukturen sind vorhanden, die größten Chancen auf Erfahrungsaufbau und -verwertung. Kleinere Unternehmen mit punktuellen und spezialisierten Leistungsangeboten können über strukturierte Netzwerkarbeit und strategische Partnerschaften dieses Manko des Zugangs zu Wissen kompensieren und ihre Wissensbasis ebenso erweitern. Näheres dazu im Kapitel „Verzahnung" dieser Arbeit.

Generell müssen der eigene Leistungsinhalt oder die aufgrund der Unternehmensstrategie aufzubauenden Wissensfelder Leitlinie für die Wissensbewahrungs-Aktivitäten sein. Daneben ist die Wahrscheinlichkeit der Wiederverwendung ein weiteres Kriterium, das auch den Detaillierungsgrad der Erfassung bestimmt.

---

[212] Nach AHO-Schriftenreihe Nr. 19, S. 99
[213] AHO-Schriftenreihe Nr. 19, S. 99

Dennoch hat auch eine teilweise Passgenauigkeit von Informationen für ein Folgeprojekt ihre Funktion, denn „aus den Erfahrungsberichten eines Projektes lassen sich neue Ideen generieren und das Bewusstsein für mögliche neue Projektrisiken wird geschärft. Dieses System ist also lediglich ein Einstieg in den Erfahrungsaustausch und dient der Ideenfindung und Vernetzung im Unternehmen."[214]

Folgende Themenfelder können Gegenstand der Betrachtung sein:

- die (Weiter-) Entwicklung von Vorlagen und Handlungsleitfäden
- die Identifikation von Know-how-Trägern für bestimmte Themenfelder
- das Einpflegen von Projekterfahrungen in vorhandene Datenbanken (z. B. Planer- und Firmendatenbank, blue pages)
- die Identifikation von Entwicklungsfeldern für das eigene Büro
- die Identifikation von Erfahrungen im Führen von Verhandlungen
- die Identifikation von möglichen Risiken und möglicher Gegensteuerung

Anhand des Projektmanagement-Leistungsbildes kommen exemplarisch die in Tabelle 6-7 aufgezeigten Themen in Betracht.

6.6 Zusammenfassung

Mit den vier bisher dargestellten Bausteinen steht damit ein direkt auf das Projekt bezogenes Instrumentarium zur Verfügung, das die je nach Projektphase unterschiedlichen Schwerpunkte bedient. Dabei haben die Projektvorbereitung und der Projektstart (Übergaben) sowie der Projektabschluss naturgemäß eine besondere Bedeutung. Der Baustein zur Begleitung des Projektes (Lösungsunterstützung) bietet zusätzliches Potenzial, indem er die Gefahr einer „Wissensinsel" reduziert. Auch die Unterstützung der Lösungsfindung durch den noch planmäßigeren und bewussteren Einsatz von Modellen und Szenarien bietet Optimierungspotenzial.

---

[214] Schnauffer et al.: Wissen vernetzen, S. 175 f.

Projektstufe / Handlungsbereich	1 Projektvorbereitung	2 Planung	3 Ausführungsvorbereitung	4 Ausführung	5 Projektabschluss
A Organisation, Information, Koordination, Dokumentation	• (Weiter-)Entwicklung einer Nutzwertanalyse zur Auswahl der Projektbeteiligten • (Weiter-)Entwicklung eines Muster-Projekthandbuches • (Weiter-)Entwicklung einer Nutzwertanalyse zu Aufbauorganisationen	• Identifikation eines Know-how-Trägers für Workshops mit der Öffentlichkeit	• Muster Verhandlungsprotokoll, Erfahrungen mit der Anwendung	• Vorgehensweisen des Claim-Managements in Abhängigkeit von der Vertragsgestaltung	• Einpflegen der Projekterfahrungen in die Planer- und Firmendatenbank (blue pages) • Lessons Learned (LL) zum Einsatz von Projekt-Kommunikations-Systemen
B Quantitäten und Qualitäten	• Anwendung von Flächenkennwerten		• LV-Prüfliste	• Probleme in der Anwendung bestimmter Techniken, Konstruktionsweisen und Materialien	• Einpflegen von Flächenkennwerten
C Kosten und Finanzierung	• Anwendung von Kostenkennwerten		• Ausschreibungsergebnisse Baunutzungskosten		• Einpflegen von Kostenkennwerten
D Termine, Kapazitäten und Logistik		• Verifizierung von Aufwandswerten der Planung		• Verifizierung von Aufwandswerten der Ausführung	• Entwicklung und Einpflegen von Aufwandswerten

Tabelle 6-7: Wissensfelder im Projektmanagement–Leistungsbild der AHO: Beispiele

7 Die Unternehmens-Wissensbasis

Nach Probst setzt sich die organisationale Wissensbasis (oder Unternehmens-Wissensbasis) „aus individuellen und kollektiven Wissensbeständen zusammen, auf die eine Organisation zur Lösung ihrer Aufgaben zurückgreifen kann. Sie umfasst darüber hinaus die Daten und Informationsbestände, auf welche individuelles und organisationales Wissen aufbaut."[215]

Damit ist sie der Rahmen, in den generiertes oder erworbenes Projektwissen einfließen muss, damit sich andere Bearbeiter nützliches Wissen abholen und in ihrem Projekt verwenden können.

Jedoch bedarf der Wissens-Rückfluss aus dem Projekt besonderer Aufmerksamkeit, denn „das Wissen, das in Gruppen oder Teams liegt, ist (…) noch nicht für das Unternehmen als Ganzes verfügbar. Erst wenn es mit der Wissensbasis des Unternehmens rückgekoppelt wird, kann tatsächlich davon gesprochen werden, dass das Unternehmen gelernt hat."[216] Dies wird zusätzlich erschwert, wenn Mitarbeiter ausschließlich in einem Projekt eingebunden sind, denn „Vollzeit-Projektmitarbeiter (…) verlieren Kopplungspunkte für Wissens- und Erfahrungsaustausch zu anderen Projekten."[217]

Diese Kopplung kann auch durch die Art der Unternehmensorganisation begünstigt sein. So führt eine Matrixorganisation durch die gleichzeitige Zugehörigkeit einer Person zu einem Projekt und zu einer Abteilung oder Funktion in der statischen Unternehmensstruktur zu mehr Kopplungspunkten als eine reine Projektorganisation, die neben der Zuordnung von Mitarbeitern zu Projekten keine weiteren Strukturen vorsieht.

In großen Planungsbüros ist dies eine übliche Organisationsform. Projektmitarbeiter entstammen beispielsweise der Entwurfsabteilung, der Planungs-, der Ausschreibungs- sowie der Bauleitungsabteilung. Sie bewahren sich den fachlichen Austausch mit der Abteilung und können damit auch die Know-how-Entwicklung ihres Fachgebietes über die Projekte hinweg betreiben. Den Konflikten, die in dieser Organisationsform durch die doppelte Zugehörigkeit und teilweise auch doppelte Weisungsgebundenheit entstehen können, stehen also bezüglich des Umgangs mit Wissen deutliche Vorteile gegenüber.

Wissensmanagement zielt darauf ab, diese Kopplungspunkte an den inhaltlich und strategisch sinnvollen Stellen zu fördern, mit Inhalten zu füllen oder, falls nicht existent, zu installieren.

---

[215] Probst: Wissen managen, S. 46
[216] Zucker: Wissen gewinnt, S. 50
[217] Schnauffer et al.: Wissen vernetzen, S. 4

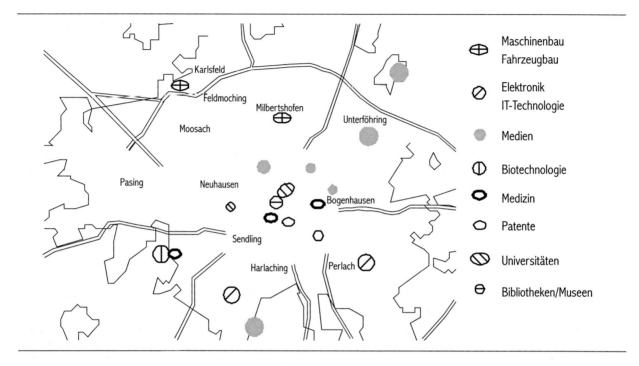

Maschinenbau
Fahrzeugbau

Elektronik
IT-Technologie

Medien

Biotechnologie

Medizin

Patente

Universitäten

Bibliotheken/Museen

Neben der unternehmensinternen Wissensbasis ist auch die unternehmensexterne Wissensbasis von Bedeutung. Diese überschreitet die Unternehmensgrenzen und umfasst außerhalb der eigentlichen Organisation aktiv genutzte Wissensquellen (z. B. Verbände, Hochschulen, informelle Netze), mit denen das Unternehmen in Verbindung steht. Diejenigen Institutionen und Kompetenzen, die sich ein Unternehmen aktiv über Kontakte und Mitgliedschaften erschließt, werden zum Bestandteil seiner Wissensbasis.

Auch der Standort eines Unternehmens kann als Teil der Wissensbasis eine Rolle spielen. Als Beispiel sei hier die Stadt München genannt, die in einer Imagebroschüre „München – Stadt des Wissens" mit den lokal vorhandenen Kompetenzen wirbt. (Abb. 7-1)[218] Diese sind:

Abbildung 7-1: Wissenscluster in München

---

218 Nach: LH München: Stadt des Wissens, S. 7

- „Forschungs- und Entwicklungseinrichtungen einschließlich Universitäten als Keimzellen für die Entstehung von neuem Wissen
- Einrichtungen wie Transferstellen und Patentämter, die dazu beitragen, dass vorhandenes Wissen beschafft und neues Wissen umgesetzt wird,
- Schulen und Universitäten als Vermittler von Wissen,
- Bibliotheken, Museen und andere Kultureinrichtungen bis hin zu Datenspeichern als Einrichtungen, die Wissen systematisch bewahren und präsentieren bzw. speichern"[219]

Der physische Standort eines Unternehmens wird zwar durch virtuelle Vernetzungsmöglichkeiten weniger wichtig, erfährt aber gerade bei kommunikationsintensiven und oft auch interdisziplinären Tätigkeiten wie der Wissensentwicklung (und damit auch großen Teilen der Projektarbeit im Baubereich) besondere Bedeutung.

Der Überblick über die eigenen internen und externen Wissensbestände bietet mehrfachen Nutzen:

Nach außen ermöglicht er die Abbildung des Kompetenzspektrums eines Büros oder Unternehmens und ist, wie im Kapitel 7.2.3. dargestellt, in der Phase der Bewerbung und Akquise wichtig. Die Darstellung des Büros im Internet und in Publikationen gibt Auskunft über vorhandene Kompetenzen, Leistungsfähigkeit und Referenzen und informiert potenzielle Auftraggeber.

Nach innen entsteht Transparenz über vorhandene Kompetenzfelder. Diese macht Dokumente und Experten erreichbar. Eventuelle Kompetenzlücken werden sichtbar gemacht und ermöglichen entsprechende Reaktion und klare Formulierungen der Zuständigkeiten. Denn indem Mitarbeiter bewusst und offiziell als Experten für bestimmte Themen gelten, übernehmen sie Verantwortung für die Aktualität des Wissensbestandes im jeweiligen Fachgebiet. Die Konsultation dieser Experten kann im Rahmen der Projektbearbeitung empfohlen oder vorgeschrieben werden.

Die organisationale Wissensbasis bildet den Rahmen und die Infrastruktur für die Projektbearbeitung und stellt Unterstützung für die Projekt-Kernprozesse bereit, auf die schnell zugegriffen werden kann.

---

[219] LH München: Stadt des Wissens, S. 5

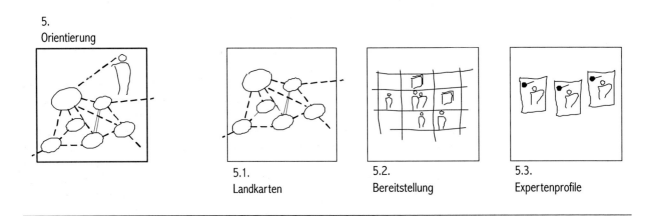

5.
Orientierung

5.1.
Landkarten

5.2.
Bereitstellung

5.3.
Expertenprofile

7.1   Baustein 5: Orientierung auf der Wissensbasis

Abbildung 7-2: Baustein 5 - Orientierung auf der Wissensbasis

Die interne Wissensbasis eines Büros oder Unternehmens besteht aus dokumentiertem und nicht dokumentiertem Wissen unterschiedlicher Form und ist unterschiedlich zugänglich. Die bewusste Identifizierung und Zugänglichmachung sowie der Abgleich mit der Unternehmensstrategie sind Handlungsfelder des Wissensmanagements.

Eine mangelnde Orientierung auf der Wissensbasis verhindert die Nutzung des Wissens und wirkt damit als „Bremse" für alle Geschäftsprozesse. Im Unternehmen vorhandenes, aber nicht bewusstes und nicht greifbares Wissen ist wertlos.

Die Repräsentation von Wissen[220] umfasst folgende Aktivitäten:

1. „Wissen in der Organisation ausfindig machen und identifizieren
2. Wissen explizit und prinzipiell zugänglich machen
3. Wissen dokumentieren und zugriffsbereit ablegen
4. Wissen aufbereiten (zum Beispiel strukturieren, visualisieren)
5. Wissen formalisieren und kodifizieren
6. Wissen speichern und aktualisieren"[221]

---

[220] siehe WM- Modell von Mandl, Reinmann-Rothmeier, Kap. 3.3.1.
[221] Reinmann-Rothmeier: Wissensmanagement lernen, S. 32

7.1.1 Instrument 5.1. Wissenslandkarten zur Identifikation und Visualisierung der Wissensbasis

Die folgende Beschreibung umreißt Inhalte, Funktion und Art der Entstehung von Wissenslandkarten:

„Je nach Zielsetzung werden die Wissensträger, Wissensinhalte und Wissensflüsse im Unternehmen benannt und mit ihren Orten und Zusammenhängen grafisch dargestellt. Wissensinhalte und Mitarbeiter mit speziellem Wissen können auch detailliert aufgelistet werden. Wissenslandkarten dienen dazu, die wichtigsten Schnittstellen und neuralgischen Punkte im Umgang mit Wissen aufzuspüren. In einer detaillierten Form sind sie auch ein Wegweiser zum Auffinden des im Unternehmen vorhandenen Wissens. Wissenslandkarten werden in der Gruppe an der Pinnwand entwickelt, indem die einzelnen Elemente auf Metaplankarten geschrieben und dann sukzessive angeordnet werden. In die Ausarbeitung sollten Mitarbeiter aus allen betroffenen Unternehmensbereichen einbezogen werden."[222]

Problemstellung und Ziel

Das Wissensspektrum eines Unternehmens ist häufig dem einzelnen Mitarbeiter nicht ausreichend bekannt. Den Bekanntheitsgrad des Wissensspektrums nach innen zu erhöhen, ist Voraussetzung für Analyse und die Ableitung strategischer Maßnahmen und damit eine der ersten und grundlegenden Schritte im Wissensmanagement. Die Identifikation vorhandener Wissensressourcen soll daher methodisch unterstützt werden. Der anschließende Abgleich des vorhandenen Wissensspektrums mit dem gegenwärtigen oder geplanten Leistungsspektrum des Büros ist vor allem bei zunehmener Weiterentwicklung und Veränderung der Märkte regelmäßig vorzunehmen. Wissensdefizite oder auch Redundanzen müssen identifiziert werden.

Das Instrument

Die Wissens(land-)karte stellt die vorhandenen (und später auch die gewünschten) Wissensbestände in einheitlicher Begrifflichkeit dar. Sie entsteht unter möglichst umfangreicher Beteiligung der relevanten Wissensträger und kennt verschiedene Formen:

Die Visualisierung in Form einer Landkarte ermöglicht dabei eine räumliche Ordnung nach thematischer Verwandtschaft. Wirkungszusammenhänge in Form von „setzt voraus, wirkt zusammen mit, wirkt sich aus auf, enthält" überlagern die Anordnung.

---

[222] VBM: Wissensmanagement für die Praxis, S. 130

Darstellung Einsatzfeld	Wissens- landkarte	Prozess- darstellung	Alphabe- tisches Register	Zuordnung Personen- profile	Zuordnung Dokumente und Links
Überblick Leistungsspektrum Büro	x			x	
Standortbestimmung Büro	x			x	
Darstellung eines Leistungs- bildes		x			x
Ordnungsstruktur für den Aufbau einer „Bürobibliothek"	x		x		x
Prozess- und Projektunter- stützung		x			

Tabelle 7-1: Handlungsraster Visualisierung der Wissensbasis

Wissens- und Leistungsarten in Form einer Prozessdarstellung ermöglichen eine zeitliche Strukturierung der Themen und besitzen Vorteile für den Einsatz und den schnellen Zugriff in wiederkehrenden Abläufen.

Alphabetische Register sowie die Zuordnung von Personenprofilen und Verweise auf Dokumente ergänzen diese Darstellungen.

Eine offen gestaltete Struktur ermöglicht auch die Integration neu hinzu kommender Themenfelder.

Nutzen und Indikator

Der unmittelbare Nutzen liegt in der Transparenz der Wissensbestände als Voraussetzung für weitere Aktivitäten. Wenn die Darstellungen im Unternehmen als Grundlage für den Wissenszugriff eingeführt sind, gelten entsprechende Zugriffsraten als Indikatoren, die durch die Befragung von Mitarbeitern ergänzt werden können.

Die Darstellung des Wissensspektrums eines Büros nach außen ermöglicht einem potentiellen Auftraggeber ein differenziertes Bild der Leistungsfähigkeit und wirkt vertrauensbildend.

Einsatz und Handlungsraster

Je nach Ziel eignen sich verschiedene Darstellungsformen. Während eine graphische Visualisierung thematische Zusammenhänge aufzeigt, sind alphabetische Listen als Ordnungsstrukturen für Bibliotheken geeignet. Das nachfolgende Handlungsraster unterstützt bei der Wahl der Instrumente. (Tab. 7-1)

Die EDV-technischen Umsetzungmöglichkeiten sind vielfältig und werden hier nur angedeutet. So bietet die Kartendarstellung die Möglichkeit, per Hyperlink auf Personenprofile und Dokumente bzw. Links zuzugreifen. Gleichzeitig kann die Begriffsliste die Ordnungsstruktur für eine Schlagwortsuche oder die qualifizierte Suche per Suchmaschine sein.

7.1.2 Instrument 5.2. Bereitstellung von Wissen und Information

Wissen in Dokumenten: Bibliothek

Schriftlich dokumentierte Information ist Bestandteil von Wissensmanagement, denn „genereller Zweck der Informationsbereitstellung – auch im Bauwesen – ist die Generierung von Fachwissen, das im Allgemeinen zur Aufgaben- und Problemlösung in verschiedenen Institutionen sowie im Besonderen auch für die Aus- und Weiterbildung nachgefragt wird."[223]

Im Verständnis dieser Arbeit ist die Bibliothek dabei der sichtbar gemachte, strukturierte und verantwortlich gepflegte Wissensbestand des Büros und umfasst somit physische Dokumente, Daten, Links sowie Informationen über Kontaktpersonen innerhalb und außerhalb der Organisation.

Problemstellung und Ziel

Schnelle Verfügbarkeit und ein komfortabler Zugriff auf vorhandene Materialien sind im Arbeitsalltag oft entscheidend. Daneben kommt es darauf an, die entsprechend relevanten Themen verfügbar zu haben. Ziel ist es, erforderliches Material zu identifizieren und dies qualitativ gesichert verfügbar zu halten.

---

[223] Morszeck: Von der Fachinformation zum Fachwissen, in: RKW-Bau-Rationalisierung, Dezenber 2004, S. 13 ff.

Das Instrument

Eine systematische und regelmäßige Überprüfung der Bürobibliothek sichert für den Bedarfs-
fall die schnelle und sichere Verfügbarkeit von Wissen und Information. In nachfolgender
Matrix sind die praktischen Schlüsselfragen, die sich bei der Bereitstellung stellen, exemplarisch aufgezeigt. Diese sind:

- Art der Beschaffung: extern (Kauf, Abo, Partner, Personal) oder intern (vorhanden oder
  aufzubauen)
- Form der Bereitstellung: extern (z. B. als Link, über Partnerbüro oder Verband), zentral (z. B. zentrale Bürobibliothek, im Intranet), dezentral (z. B. Fachbereichsbibliothek,
  zugangsgeschützt im Netz), über Kontaktperson
- Form des Wissens: bei zwar häufig fließenden Übergängen lässt sich dennoch ein Schwerpunkt (implizit oder explizit) feststellen
- Art des Wissens: (z. B. Normen, Richtlinien, technische Regelwerke; Gesetze, Recht,
  Vertragswesen; Fremdsprachen; Fremdprojekte; Kontakte; Produkte; Baukosten, Baunutzungskosten; Bauschäden; Literatur; Eigene Leitfäden, QM, WM; Eigene Projekte;
  Projekterfahrungen)

Eine besondere Aufmerksamkeit gilt dabei dem eigenen Büro-Wissen, d. h. eigenen Projektdokumentationen, Lessons Learned sowie auch Wissen über aktuelle Projekte, das in Form
der Projektsteckbriefe, die zu Beginn jedes Projektes erstellt werden, in die Bibliothek ein-
fließt (in Tab. 7-2 durch Großbuchstaben gekennzeichnet).

For einige der Informationskategorien sind Art und Form der Bereitstellung sowie der
Schwerpunkt der Wissensform verallgemeinerbar, für die meisten aber sind die Festlegungen
individuell zu treffen.

Neben einer grundsätzlichen Zuständigkeitsregelung für die Pflege der Bibliothek gilt es
vor allem, inhaltliche Zuständigkeiten für Themengebiete zu definieren und damit die Qualität der Bibliothek zu sichern. Je nach Unternehmensgröße kann diese Aufgabe eine Person
oder eine Gruppe von Personen (Arbeitskreis) übertragen werden.

Nutzen und Indikatoren

Der Nutzen einer gut strukturierten und gepflegten Bibliothek liegt darin, schnell Information hoher Qualität aufzufinden. Dies trägt zu wirtschaftlichen Bearbeitungszeiten von Projekten und fehlerfreien Ergebnissen hoher Qualität bei. Hohe Qualität wiederum minimiert
Nachbesserungsnotwendigkeiten und Streitigkeiten und führt damit auch zur Wirtschaftlichkeit.

Tabelle 7-2: Formen der Wissensbereitstellung

Welches Wissen/ welche Information?		Normen, Richtlinien, Regelwerke	Gesetze, Recht, Vertragswesen	Fremdsprachen	Fremde Projekte	Yellow Pages, Blue Pages	Produkte	Bau(nutzungs-)kosten, Kennzahlen	Bauschäden	Literatur	EIGENE LEITFÄDEN, QM, WM	EIGENE PROJEKTE, P-STECKBRIEFE	PROJEKTERFAHRUNG, LESSONS LEARNED
Art der Beschaffung	extern												
	intern												X
Form der Bereitstellung	extern												
	zentral											X	
	dezentral												X
	Persönl. Kontakt												X
Form des Wissens	explizit	x	x	x	x	x	x	x	x	x			
	implizit			x	x	x	x	x	x		X	X	X

Als Indikator für den Nutzen der Bibliothek gilt die Anzahl der Konsultationen. Sie ist dann hoch, wenn die passenden und notwendigen Informationen vorhanden sind und deren Qualität hoch ist.

Einsatz und Handlungsraster
Die Hinweise zur Bibliothek dienen als Hilfestellung beim Aufstellen oder Überarbeiten einer Systematik für ein Büro oder Unternehmen. Der Schwerpunkt der Aufmerksamkeit sollte auf der Dokumentation der eigenen Leistung und Erfahrung liegen, denn diese macht das Besondere des eigenen Leistungsspektrums aus und grenzt das Unternehmen gegenüber anderen ab. Zentrale Elemente sind die Projektdokumentation und die Projekterfahrungen.

Die Wissensbereitstellungs-Matrix wird sukzessive gefüllt. Themen und Inhalte korrespondieren mit der erarbeiteten Wissenslandkarte.

Die Gliederung der Themen erfolgt über die Prozesse der Leistungserstellung oder anderer Themenfeldern (siehe Wissenslandkarte).

Externe Informationsdienstleister

Für kleinere und mittlere Unternehmen oder auch speziellen Informationsbedarf gilt, dass externe, teils gebührenpflichtige Informationssammlungen und Recherchedienste (z. B. Ausschreibung und Baukosten, Baurecht, Produktinformationen, Bauschäden) oft gegenüber eigenen Lösungen zu favorisieren sind, denn der Aufwand der eigenen Vorhaltung wäre zu groß. Nach Morszeck bieten „Informationsdienstleister (…) fachliche Selektion und gewährleisten in der Regel auch die Authentizität der Informationsquelle."[224] Für qualitativ hochwertige Informationen kann dies wirtschaftlich sinnvoll sein.

7.1.3 Instrument 5.3. Expertenprofile

Der große Anteil impliziten Wissens, der bei Planungs- und Managementleistungen eingebracht wird, erfordert ebenfalls ein geeignetes Konzept.

Problemstellung und Ziel

Die Kenntnis über das Wissen von Personen ist häufig ungleichmäßig verteilt und wird dadurch nicht in ausreichendem Maße in Entscheidungsprozesse einbezogen.

Folgende Prozesse auf Unternehmensebene erfordern Kenntnisse über das Wissen von Personen:

* die Zusammenstellung von (internen) Projektteams
* die Gewinnung von neuen Mitarbeitern (z. B. in Abhängigkeit der vorhandenen Kompetenzen oder für bestimmte Aufgaben)
* die Eingewöhnung neuer Mitarbeiter (z. B. schnelle Orientierung im Büro bzw. Projekt)
* die Suche nach Experten für im Projekt auftauchende Spezialfragen (z. B. Vertragswesen, Vertragsgestaltung)

---

[224] Morszeck: Von der Fachinformation zum Fachwissen, in: RKW-Bau-Rationalisierung, Dezenber 2004, S. 13 ff.

- die Suche nach geeigneten Kooperationspartnern (z. B. Bauleitung, SiGeKo, ...)
- die Suche nach Experten für Spezialfragen (z. B. Brandschutzgutachter, ...)

Ziel ist eine geeignete Dokumentation dieses Wissens zur Unterstützung obengenannter Prozesse, und zwar bezüglich eigenen Personals und externer Kooperationspartner.

Im Baubereich, wo Projekte grundsätzlich Büro- und Unternehmensgrenzen überschreiten, ist die Auswahl der Projektpartner ein Schlüsselprozess mit großem Risiko. Daher ist die Dokumentation von Erfahrungen mit externen Projektpartnern von größter Bedeutung. Es handelt sich dabei um ausführende Firmen, Planer sowie um ehemalige oder zukünftige Auftraggeber, Bankenpartner oder Ansprechpartner bei Genehmigungsbehörden.

Das Instrument

Unternehmensinterne Verzeichnisse von Expertenprofilen („Yellow Pages") enthalten neben Namen, Erreichbarkeit und Stellung im Unternehmen auch die individuellen Fähigkeiten, Erfahrungen und Kompetenzbereiche von Mitarbeitern. Sie sind ab einer bestimmten Unternehmensgröße erforderlich.

Von besonderer Bedeutung für den Bauplanungs- und Projektmanagement-Kontext sind darüber hinaus Verzeichnisse externer Kooperationspartner („Blue Pages"). Analog enthalten sie explizites Wissen über Experten außerhalb des Unternehmens.

Nutzen und Indikatoren

Nutzenkategorien für Expertenprofile sind:

1. die Darstellung der Bürokompetenzen nach außen, einschließlich eventueller Kooperationen
2. die Zugänglichkeit von Kompetenzen in großen, auch über mehrere Standorte verteilten Unternehmen
3. die Personal- und Büroentwicklung
4. der Kompetenznachweis im Rahmen von öffentlichen oder privaten Bewerbungsverfahren
5. die eigene qualifizierte Wissensbasis bei der Zusammenstellung von Projektteams

Der angestrebte Primärnutzen bestimmt die Art der Realisierung des Personenverzeichnisses. Der große potenzielle Mehrfachnutzen sollte jedoch Berücksichtigung finden (siehe Handlungsraster).

Angestrebter Einsatz / Art der Realisierung	Darstellung der Büro-kompetenz nach außen	Zugänglichkeit von Kompetenzen in großen Büros	Personal- und Büro-entwicklung	Bewertungsverfahren	Darstellung der Netz-werkpartner	Projektpartner (z.B. Planer, Firmen, Behör-den …)
interne/ externe Partner	intern	intern	intern	intern	extern	extern
Bürogröße	nicht relevant	groß	nicht relevant	nicht relevant	nicht relevant	nicht relevant
Organisatorische Verortung						
Personalabteilung			X			
Zentraler Projektservice				X		X
Sichtbarkeit und Zugänglichkeit						
Datenbank intern				X		X
Intranet		X			X	
Internet	X					
Autoren und Pflege						
Personalabteilung			X			
Vorgesetzte/r		X	X	X		X
Geschäftsführung	X				X	
Experten persönlich		X		X		
Inhalt						
Name	X	X	X	X	X	X
Titel	X	X	X	X	X	X
Geburtsjahr		X	X	X		
Erreichbarkeit	X	X	X			X
Lebenslauf			X			
Zeugnisse			X			
Fortbildungen		X	X			
Berufserfahrung			X	X		
Besondere Erfahrung	X	X	X	X	X	X
Spezialwissen		X	X		X	X
"Skill Level"			X			
Veröffentlichungen	X		X	X	X	
Projekte	X	X	X	X	X	X
Projektreferenzen, bewertet			X			X
Kontaktperson	X		X		X	X

Tabelle 7-3: Handlungsraster Expertenprofile

Einsatz und Handlungsraster

Das Handlungsraster gibt, abhängig vom angestrebten Einsatz, Empfehlungen für die Art der Realisierung und die Inhalte. (Tab. 7-3)

Verfahren und Zuständigkeiten, die die regelmäßige Aktualisierung der Informationen gewährleisten, müssen Bestandteil des Konzepts sein. Bei Intranetlösungen großer Unternehmen findet sich dafür häufig eine automatische Erinnerungsfunktion: „Remind me every 180 days to update this form".

Die Kategorisierung der einzelnen Wissens-, Kenntnis- und Fähigkeitenarten und deren Niveau erfolgt mit der vierstufigen Gliederung (A, B, C1 und C2) aus Kapitel 3.1.2.. Je nach Kontext wird sie vom Vorgesetzten, vom Experten selbst oder von der Personalabteilung vorgenommen.

Der Öffentlichkeitsgrad dieser Personendaten muss mit größter Sorgfalt abgewogen werden. Auch die Wirkung nach außen ist sorgfältig zu bedenken und sollte im Kontext mit den Leistungen des Unternehmens und der damit verbundenen Vertraulichkeit von Informationen, den Interessen von Auftraggebern und Mitbewerbern abgewogen werden.

In kleinen, überschaubaren Strukturen erübrigen sich interne Expertenprofile häufig wegen des intensiven persönlichen Kontakts. Für Bewerbungen und Außenwirkungen sowie für die Büroentwicklung sind sie dennoch notwendig.

Die Recherche im Rahmen dieser Systeme ist entweder über den Volltext oder optimiert über ein Schlagwortsystem möglich.

Kompetenzzentrum

Kompetenzzentren lokalisieren und bündeln Spezialwissen und agieren damit ähnlich wie Experten als Einzelpersonen. Sie haben die Aufgabe, ein bestimmtes Themenfeld kompetent abzudecken und werden aus dem gesamten Unternehmen konsultiert. Große Baukonzerne arbeiten nahezu ausnahmslos mit dieser Struktur.

Haddick und Iding schildern deren Funktion wie folgt: „Der Schlüssel zum Erfolg bei der Entwicklung, Planung und Abwicklung von Bauvorhaben liegt in der Vernetzung von regionalen Kenntnissen mit dem spezialisierten Know-how der jeweiligen Kompetenzzentren innerhalb von Unternehmen. Dies gilt insbesondere für Global Player, die durch das Organisationsprinzip des vernetzten Unternehmens spezialisiertes Know-How in unternehmensweit operierenden Kompetenz-Zentren bündeln, um es allen Unternehmenseinheiten, die Nachfrager von Bauleistungen sind, schnell und umfassend zur Verfügung stellen zu können. (...) Dabei dienen Kompetenz-Zentren als Ort des Lernens, um Wissen zu managen. Vor allem in Bezug auf technologisches und methodisches Know-how bietet es sich an, organisatorische Einheiten zu bilden, in denen das Wissen gespeichert ist. Dieses können im positiven Sinne

6.

Verzahnung +

Vernetzung

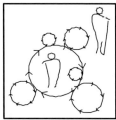

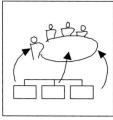

6.1.

Gremium

6.2.

Arbeitsgruppe

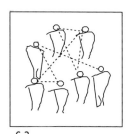

6.3.

Netzwerk

Best Practices sein, die als Leitfaden den Netzwerkpartnern zur Verfügung gestellt werden. Aber auch Fehler- bzw. Mängeldatenbanken können in Form einer Negativabgrenzung als Wissensbasen dienen."[225]

Abbildung 7-3: Baustein 6 - Verzahnung Vernetzung

7.2 Baustein 6: Verzahnung – Vernetzung

Aus der Projektperspektive ist eine Anbindung an außerhalb des Projekts vorhandenes Wissen notwendig. Sie erfordert in gewissem Rahmen offene und durchlässige Strukturen und konkrete Möglichkeiten zur Anbindung. Diese entstehen durch die Zugehörigkeit zu Gemeinschaften (Communities), in denen Menschen Wissen durch Kommunikation und Interaktion weitergeben. In Unternehmen finden sich eine Vielzahl solcher Gemeinschaften (z. B. Abteilungen, Arbeitskreise, Kompetenznetzwerke, Qualitätszirkel).

Diese Gemeinschaften und die Arten der Anbindung lassen sich in zwei Gruppen einteilen:

• Verzahnung

---

[225] Haddick, Iding: Globales Netzwerkmanagement schafft Mehrwert, in Industriebau 5/03, S. 54

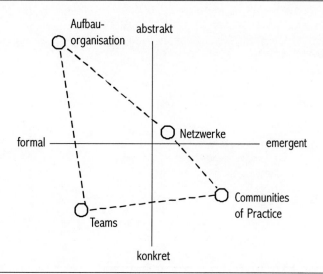

Abbildung 7-4: Formen des Organisierens

Mit Verzahnung wird im Folgenden die An- bzw. Einbindung in Gemeinschaften bezeichnet, die institutionalisiert sind und feste Funktionen innerhalb der Arbeitsprozesse einnehmen (Entscheidung, obligatorische Anhörung vor einer Entscheidung, ...).

• Vernetzung

Im Gegensatz dazu werden freiwillige, nicht verpflichtende und weniger zielgerichtete Verbindungen als Vernetzung bezeichnet. Eine Vernetzung kann immer auch eine Vorstufe zu einer dauerhafteren und institutionalisierten Verbindung sein.

Die Vernetzung innerhalb des Unternehmens homogenisiert den Wissensstand, pflegt ihn und entwickelt ihn weiter. Dies betrifft allgemeine Themen (z. B. Kenntnis aktueller Projekte, Kenntnis der Unternehmensziele und -erfolge) und Spezialthemen (z. B. Kenntnis über in einem Projekt gefundene Sonderlösungen und die entsprechenden Experten). Mitarbeiter mit ähnlichen Aufgaben (z. B. Bauleiter, Ausschreibende, Terminplaner, Führungskräfte, Entwurfs-Spezialisten) brauchen einen projektübergreifenden Rahmen, in dem sie ihren Wissensstand weiterentwickeln können.

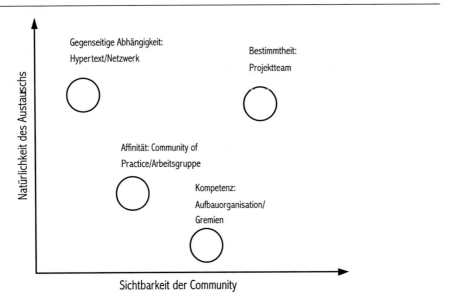

Abbildung 7-5 Communities nach Snowden

Auch die Vernetzung nach außen bedarf aktiver Pflege. Sie ermöglicht den Zugang zu Wissen außerhalb des Unternehmens und dient der Weiterentwicklung, aber auch der Bündelung von Interessen und Aktivitäten.

Klassische Netzwerke sind Verbände oder, in teils verpflichtender Form, Kammern. Neuere Formen von Netzwerken bilden sich kurzfristig und anlassbezogen und lösen sich schneller wieder auf.

Die Vernetzung nach außen spielt für kleinere Büros und Unternehmen eine noch größere Rolle, da die Möglichkeiten innerhalb der eigenen Organisation begrenzter sind. Grundsätzlich lassen sich Gruppierungen nach Ihrem Formalisierungs- und Konkretheitsgrad einteilen. (Abb. 7-4)[226]

Snowden teilt sie nach ihrer Sichtbarkeit und der Natürlichkeit des Austauschs ein und weist ihnen jeweils charakteristische Eigenschaften zu (Abb. 7-5)[227]

---

[226] Zucker: Wissen gewinnt, S. 125

[227] nach Schütt: Wie das Cynefin-Modell entstand, in: WM 02/04, S. 16

1. In Gremien kommen diejenigen Personen zusammen, die aufgrund Ihrer Kompetenz im Rahmen von Aufbauorganisationen zusammenarbeiten. Diese Gruppe arbeitet regelmäßig und über einen längeren Zeitraum zusammen, ist in der Aufbauorganisation des Unternehmens (oder des Projektes) verankert und mit festen Funktionen (z. B. Entscheidung, Erarbeitung, Beschlussfassung) versehen. Gremien sind eine wichtige Informations- und Entscheidungsschnittstelle zur Gesamtorganisation. Es besteht allerdings die Gefahr, dass dort Wissensaustausch und Kommunikation durch Taktik- und Machtinteressen überlagert werden.
2. In Projektteams arbeiten Personen, die dazu bestimmt worden sind, projektbezogen zusammen. Dort ist die Interaktion aufgrund der Konzentration auf die Aufgabe oft besonders gut.
3. In Arbeitsgruppen (Netzwerken, Arbeitskreisen, Communities of Practice) treffen sich Personen aufgrund einer Affinität zu einem Thema. Der Wissensaustausch geschieht dort freiwillig und ohne direkte Zielsetzung.
4. Eine vierte Gruppe sind die Hypertext-Organisationen[228]. Zwischen deren Mitgliedern bestehen gewachsene Bindungen und sie sind teilweise gegenseitig voneinander abhängig. Sie sind zwar am wenigsten sichtbar und formalisiert, haben aber oft erheblichen Einfluss.[229]

Nachfolgend werden Gremien und die Netzwerke detailliert dargestellt.

7.2.1 Instrument 6.1. Verzahnung in der Aufbauorganisation: Gremien

Problemstellung und Ziel

Die nach Kompetenzen (Zuständigkeiten) zusammengesetzten Gremien haben nach Snowden bezüglich des Umgangs mit Wissen Schwächen, die der Relevanz der dort getroffenen Entscheidungen häufig wenig zuträglich sind. Auch die praktische Erfahrung sagt, dass manche Gremien Entscheidungen zwar interessensorientiert, teils aber nicht auf Basis des bestmöglichen Wissensstandes treffen. Dazu trägt auch die Tatsache bei, dass über mehrere Hierarchieebenen die Gefahr von Fehlinterpretationen steigt.

In Entscheidungsgremien auf Auftraggeberseite befinden auch fachfremde Personen über Bau-Sachverhalte. Dies ist eine besondere Herausforderung für das Erzielen einer sach- und fachgerechten Entscheidung und rückt die Vorbereitung der Inhalte auf einer möglichst all-

---

[228] Siehe Schnauffer et al.: Wissen vernetzen
[229] Nach Schütt: Wie das Cynefin-Modell entstand, in: Wissensmanagement 2/2004, S. 14

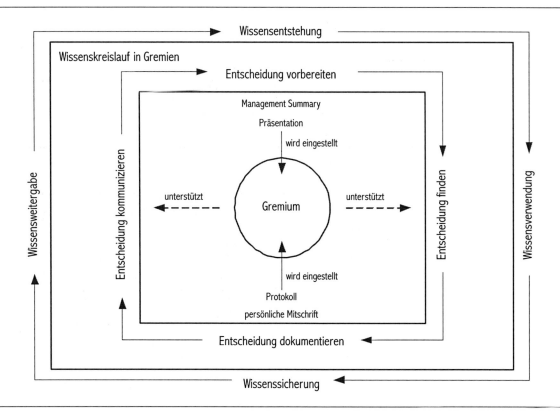

gemein zugänglichen Wissens-Ebene in ein zentrales Licht (siehe hierzu auch das Kapitel Lösungsunterstützung).

Häufig stößt das Anliegen des Wissensaustausches in Gremien auch an zeitliche Grenzen, so wurde „im Rahmen der Fallstudien (…) immer wieder Zeitdruck als Störgröße für die Nutzung solcher Besprechungen als Foren zum Wissensaustausch angeführt: Die Zeit für die entsprechenden Gremiensitzungen ist begrenzt."[230]

Abbildung 7-6: Wissenskreis-lauf in Gremien

---

[230] Schindler: Wissensmanagement in der Projektabwicklung, S. 71

Tabelle 7-4: Handlungsraster Gremium

Baustein	Beschreibung der Maßnahme	Wirkung
Mitglieder	Sinnvolle Auswahl der Gremienmitglieder, Gremien-mitglieder sind namentlich benannt,	Transparenz, Durchgängigkeit der Entscheidungs-strukturen
Gäste	Je nach Thema werden kompetente Gäste ins Gremium geladen	Einbeziehung von Wissens- und Erfahrungsträgern
Zuständigkeit	Die Zuständigkeiten des Gremiums sind klar kommuniziert (Organigramm)	
Zuständigkeiten	Moderator und Schriftführer erfüllen kompe-tent ihre Aufgaben, die Sitzung wird gründlich vorbereitet	Disziplin, Transparenz, Effizienz
Tagesordnung	Fristen für die Aufnahme von Themen auf die Tagesordnung werden eingehalten, Beiträge können von allen Betroffenen eingereicht werden Erfahrungsberichte, offene Diskussionsthemen ohne Entscheidungsdruck werden grundsätzlich als ein Tagesordnungspunkt vorgesehen.	Transparenz, offene Behandlung aller Themen mit Diskussions- und Entscheidungsbedarf
Rahmen	Informelle Anteile sind bei jeder Gremiensitzung vorzusehen (z. B. Gäste, Imbiss, Ausklang, Erfah-rungsberichte, Pausen, Ortstermine)	Der informelle Rahmen trägt zum informellen Wissensaustausch am Rande der Gremiumssitzung bei
Medien	Visualisierungen und andere Medienwechsel sind fester Bestandteil	Visualisierungen und Medienwechsel führen zu Perspektivenwechseln und damit zur Generierung neuer Aspekte
Dokumentation	Die Diskussionsergebnisse und Entscheidungen werden dokumentiert und allen Betroffenen/ Interessierten zugänglich gemacht.	Sichere und schnelle Verteilung des Wissens, damit Sicherung der Anwendung

Zudem ist die Einbindung eines Gremiums in Informationskreisläufe durch ein Berichts-wesen verbesserungswürdig. Ein Modell der Einbindung und dessen grafische Darstellung („Gremiensteuerungssystem") nach Born sei daher als Beispiel genannt. (Abb. 7-6)[231]

Dem Projektmanager kommt bei dieser Thematik eine große Verantwortung zu, denn die Vorbereitung, Durchführung und Nachbereitung dieser Zusammenkünfte gehören häufig zu seinem Aufgabenfeld.

---

[231] nach Born, Dix, Zeh: Alles aus einer Hand, in: wissensmanagement 08/05

Das Instrument
Das in Tabelle 7-4 dargestellte Handlungsraster gibt einen Überblick über die Stellgrößen der Gremienarbeit und deren wissensrelevante Aspekte.

Nutzen und Indikatoren
Nutzen und Indikatoren wissensbezogener Gremienarbeit sind:

* Verbesserte Qualität der Entscheidungen
* Verbesserung des informellen Informationsflusses
* Verbesserung des Informationsflusses auf die Arbeitsebenen.

Einsatz und Handlungsraster
Gremienstrukturen, die projektbezogen installiert werden, bedürfen vor ihrem Beginn einer detaillierten Planung. Vorhandene Gremien in Unternehmen sollen turnusmäßig überprüft und gegebenenfalls angepasst werden. Dabei gelten die oben genannten Kriterien und Ziele.

7.2.2 Instrument 6.2. Arbeitsgruppen als themenbezogene Vernetzung im Unternehmen

Problemstellung und Ziel
Einzelne Wissensgebiete entwickeln sich in großer Geschwindigkeit weiter, so dass alle in einem Büro vorhandenen Wissensgebiete dauernder Pflege und Aktualisierung bedürfen. Die thematische Weiterentwicklung in einzelnen Schwerpunkten (z. B. EDV, Kostenplanung, Risikomanagement, Projektentwicklung, bautypbezogene Probleme, Flughafenbau, …) sichert und steigert die Kompetenz eines Büros. Eine themenbezogene Kommunikation im Unternehmen kann Einsparungen bei anderen Projekten bringen. Dieses Potenzial ist häufig nicht ausgeschöpft und nur der Initiative Einzelner überlassen. Ein Unternehmen, das im Wettbewerb bestehen möchte, sollte es nutzen.

Instrument
Arbeitsgruppen „sind informelle bereichsinterne oder bereichsübergreifende Personengruppen oder -netzwerke innerhalb einer Organisation, die aufgrund gemeinsamer Interessen

über einen längeren Zeitraum hinweg miteinander kommunizieren, kooperieren, Wissen und Erfahrungen austauschen und dabei voneinander lernen."[232]

Sie haben neben dem Austausch und der gemeinsamen thematischen Weiterentwicklung keine produktiven Aufgaben. Die Teilnahme ist freiwillig.

Einsatz und Handlungsraster

Ab einer gewissen Unternehmensgröße bilden die Arbeitsgruppen denjenigen, die thematisch ähnliche Probleme bearbeiten, aber organisatorisch nicht miteinander verbunden sind, eine ergänzende Struktur. Sie organisieren sich weitestmöglich selbst. Eine möglichst effiziente Organisation wirkt unterstützend. In der Reinform übt die Unternehmensleitung keinen Druck aus und verteilt keine Aufgaben. Ein regelmäßiger Tätigkeitsbericht dient dazu, das restliche Unternehmen zu informieren. Eine Einbindung der Arbeitsgruppen-Aktivitäten in ein Anreizsystem bzw. die grundsätzliche Anregung, an mindestens einer Arbeitsgruppe teilzunehmen, ist als Führungsinstrument geeignet.

Nutzen und Indikatoren

Arbeitsgruppen bündeln für das Unternehmen relevante Themengebiete und entwickeln sie weiter. Sie leisten daneben einen Beitrag zur Flexibilisierung der Unternehmensstrukturen quer zur Unternehmenshierarchie und machen das Unternehmen reaktionsfähiger. Die Unternehmenskultur wird durch zusätzliche Vernetzung bereichert.

Insbesondere dann, wenn sie ohne feste Aufgaben und unbeobachtet agieren können, stiften sie innovatives Gedankengut. „Die Betonung liegt bewusst auf „unbeobachtet", da innovatives Gedankengut zunächst einen Reifeprozess durchlaufen muss, bevor es einer breiteren Öffentlichkeit zugänglich gemacht wird – denn wer will sich schon mit einer unreifen Idee lächerlich machen?"[233]

Ein weiterer Nutzen ist die Verbesserung der Wissenskultur im Unternnehmen, die die Effekte von Wissensmanagement-Maßnahmen erheblich erhöhen kann.

Die Bündelung und Weiterentwicklung von Wissen manifestiert sich auch in möglichen (aber freiwilligen) Arbeitsergebnissen der Gruppe (z. B. Entwicklung von Standards, von neuen Leistungsangeboten des Unternehmens, …).

---

[232] Reinmann-Rothmeier: Wissensmanagement lernen, S. 92

[233] Ortega: Es kommt wieder Bewegung ins Spiel, in: Wissensmanagement 01/03, S. 50 ff.

7.2.3 Instrument 6.3. Netzwerke außerhalb des Unternehmens

Ein Netzwerk ist nach Reinmann-Rothmeier „die Kooperation von Organisationen und Unternehmen mit dem Ziel gemeinsam einen Mehrwert zu schaffen." [234]

Problemstellung und Ziel
Eine häufige Ausgangslage in Unternehmen ist das Vorhandensein von Vernetzungen auf individueller Basis. Ein Mehrwert ist durch zielorientierten Einsatz zu erreichen, dem eine Bestandsaufnahme und Analyse des individuellen Potenzials von Netzwerken vorausgeht.

Die Funktion eines Projektmanagers oder Planers im Bauprozess erfordert ein leistungsfähiges Netzwerk. Dies kommt beispielsweise bei der Bewerbung im Rahmen eines Konsortiums oder bei der Beratung eines Bauherrn zur Bildung des Projektteams oder der Wahl ausführender Unternehmen zum Tragen. Eine weitere Zielsetzung der Netzwerkarbeit ist die Information über neue Entwicklungen und mögliche Betätigungsfelder.

Das Instrument
Eine Bestandsaufnahme der bestehenden Netzwerkarbeit kann auf persönlicher Ebene und auf Unternehmensebene erfolgen. Diese ist in regelmäßigen Abständen zu aktualisieren und gegebenenfalls neu zu priorisieren. Die Funktionen im Netzwerk reichen von der aktiven Tätigkeit im Vorstand über eine eher passive Fördermitgliedschaft und erfüllen unterschiedlichen Nutzen.

Einsatz und Handlungsraster
Oft wird in traditionellen, inhabergeführten Bürostrukturen die Netzwerkarbeit als „Chefsache" betrachtet und betrieben. Im Sinne des teils dezentral im Büro vorliegenden Fachwissens und der Notwendigkeit, auch dieses weiterzuentwickeln, ist es notwendig, die Netzwerkarbeit auf eine breitere Basis zu stellen.

Dabei gilt: je kleiner und spezialisierter das Unternehmen, desto wichtiger ist die externe Vernetzung. Nach Pawellek brauchen „gerade sog. Mikrounternehmer (…) Partner, vor allem um ihr Produkt- und Dienstleistungsangebot zu erweitern. Nur so können sie oft erst größere Aufträge akquirieren und ihr spezifisches Fachwissen gewinnbringend einsetzen. (…) Damit vergrößert sich der Aktivitätsradius für das einzelne Unternehmen. (…) Gründe für die Zusammenarbeit sind im Wesentlichen in der Optimierung der eigenen Geschäftsprozesse, einer schnelleren Anpassung an neue Märkte, Erleichterungen bei der eigenen Ent-

---

[234] Reinmann-Rothmeier: Wissensmanagement lernen, S. 92

scheidungsfindung, der zeitsparenden Wissenserweiterung und den Erwartungen an eine höhere Produktivität zu sehen.“[235]

Je größer und arbeitsteiliger das Unternehmen, desto wichtiger ist es, die Netzwerkarbeit für alle im Unternehmen identifizierten relevanten Wissensfelder zu betreiben und besonders auch die informelle Vernetzung zu fördern.

Eine wichtige Anforderung an Netzwerke ist ihre Flexibilität. Besonders in arbeitsintensiven Projektphasen steht für die Verzahnung kaum Zeit zur Verfügung. Netzwerke sollten so tragfähig sein, dass sie auch größere Zeitintervalle überdauern und dass sie, je nach Bedarf und individueller Situation mit mehr oder weniger Intensität betrieben werden können.

Vernetzungsmöglichkeiten, die besonders geringen Aufwand bedeuten (z. B. Bürozeitung oder rein netzbasierte Communities) bergen zwar auch Nachteile oder gelten als weniger wirksam, können dennoch im Einzelfall auch eine angemessene Lösung sein.

Die Teilnahme an Netzwerken stellt an die Teilnehmer eine hohe Anforderung bezüglich ihrer sozialen Kompetenz, denn auf alle Arten von Vernetzungen trifft zu, dass die Beziehungsstrukturen im Vergleich zur Hierarchie eher komplex sind. „So kann ein und derselbe Netzwerkakteur in unterschiedlichen Kontexten Kooperationspartner bzw. Wettbewerber sein.“[236]

Nutzen und Indikatoren

Wesentliche Nutzenaspekte der Beteiligung an Netzwerken sind der Zugang zur Information sowie das Schaffen einer Basis für gemeinsame Aktivitäten (Interessenvertretung, projektweise Zusammenarbeit).

Die Netzwerkarbeit misst sich mittelfristig in Form neuer Kunden, in Form erfolgreicher Interessensvertretung oder anderen gesteckten Zielen, z. B. auch neuer Anregungen und Ideen. Die Ausrichtung der Netzwerkarbeit an konkreten Zielen ist für die Erfassung des Nutzens bzw. Erfolgs Voraussetzung.

Netzwerke sind immer auch eine potentielle Vorstufe zu Kooperationen oder Partnerschaften, wie Abbildung 7-7[237] verdeutlicht.

Netzwerke sind vielgestaltig. Sie können eher passive Verbindungen sein, die sich zum Austausch von Informationen oder zum Verfolgen idealer Ziele treffen. Dies schließt konkrete Nebeneffekte und Geschäftsanbahnungen nicht aus, das Netzwerk dient hier sozusagen als Plattform. Aktivere Netzwerke verpflichten sich auf ein gemeinsames Ziel oder gemein-

---

[235] Pawellek, Spengler-Rast: Spielregeln für Netzwerke, S. 13

[236] Henning, Oertel, Isenhardt: Wissen – Innovation – Netzwerke, S. 140

[237] Nach: Pawellek, Spengler-Rast: Spielregeln für Netzwerke, S. 14

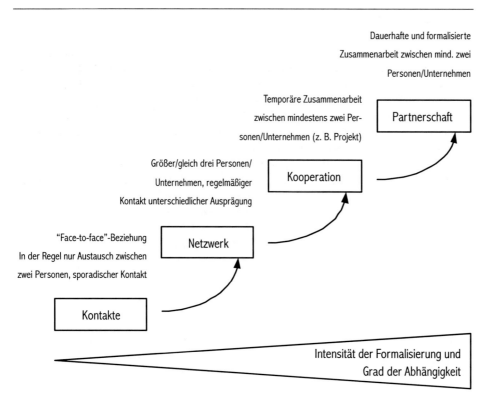

Abbildung 7-7: Formen unternehmerischer Zusammenarbeit

same Standards in der Projektbearbeitung (z. B. Gutachter-Netzwerk, Energieberater-Netzwerk). Wenn es zu gemeinsamen Projektabwicklungen kommt, kann der Zugriff auf diese gemeinsamen Standards ein echter Wettbewerbsvorteil sein.

Netzwerken wird in einem zunehmend turbulenten wirtschaftlichen Umfeld ein großes Potenzial zugesprochen: „Man könnte sogar so weit gehen, zu vermuten, dass Netzwerke im Außenverhältnis der Organisation das leisten, was Teams im Innenverhältnis leisten.“[238]

---

[238] Henning, Oertel, Isenhardt: Wissen – Innovation – Netzwerke, S. 51

7.3 Zusammenfassung

Die Unternehmens-Wissensbasis ist der komplementäre Baustein zur wissensbasierten Projektbearbeitung. Strukturen zur Orientierung und Vernetzung stützen die laufende Projektarbeit. Besonders in der Phase der Projektvorbereitung und beim Projektstart ist der Nutzen aus der Unternehmens-Wissensbasis besonders groß. Qualitativ hochwertige Angebote und eine überzeugende Darstellung der eigenen Leistungsfähigkeit entstehen so in kurzer Zeit. Die Wissensbasis ermöglicht auch eine abgesicherte Beurteilung des Projekts und der eigenen Leistungsfähigkeit.

Während bei größeren Unternehmen die interne Wissensbasis größeres Gewicht hat, spielt bei kleineren Unternehmen die Pflege der externen Wissensbasis eine größere Rolle.

8 Zusammenfassung und Ausblick

Mit dem vorgestellten Bau-Projekt-Wissensmanagement-Modell steht ein Hilfsmittel zur Verfügung, das prototypisch die wissensrelevanten Vorgänge im Rahmen der Projektbearbeitung eines planenden oder beratenden Ingenieurbüros identifiziert und unterstützt.

Die sechs Bausteine des BPWM-Modells bilden einen Orientierungs- und Ordnungsrahmen für Wissensmanagement in Bauprojekten, insbesondere aus dem Fokus der meist in kleinen und mittleren Unternehmensformen organisierten Planungs- und Beratungswirtschaft. Diese war bisher nicht Gegenstand der Wissensmanagement-Forschung. Die Entwicklung der erforderlichen angepassten Vorgehensweisen ist somit ein neuer und notwendiger Beitrag zur Diskussion. Die branchenbezogenen Konkretisierung der Methodik des Projektwissensmanagements und die Einbindung in die Unternehmensprozesse wurden dabei als Schwerpunkte gewählt.

Die Bausteine unterstützen zum einen unmittelbar die Projektarbeit (Bausteine 1–4), aber auch die notwendige Verzahnung mit dem Unternehmen (Bausteine 5–6):

1. Projektvorbereitung:

Die Vorbereitung eines Projektes (Angebotsphase, Arbeitsvorbereitungsphase) beinhaltet eine qualifizierte Einschätzung des Projektes hinsichtlich der Chancen und Risiken und der Machbarkeit. Dieser zentrale Moment erfordert maximales Wissen und wird daher durch eine strukturierte Abfrage verfügbarer Informationen und deren Analyse unter maximaler Einbeziehung verfügbarer Wissensträger unterstützt. Auch die Vorbereitung der Teambildung erfolgt strukturiert unter Einbeziehung des für das Projekt erforderlichen Wissens sowie des über eigene Mitarbeiter und Kooperationspartner verfügbaren Wissens.

2. Übergaben:

Übergaben an andere Bearbeiter sind Gefahrenstellen für den Verlust relevanten Wissens. Eine Typologie von Übergaben, denen verschiedene Formen der Durchführung zugeordnet sind sowie eine individuell anzupassende Inhalts-Checkliste dienen dabei als Unterstützung.

3. Lösungsunterstützung:

Es wurde nachgewiesen, dass die Entwicklung neuer Lösungen wesentlicher Bestandteil der betrachteten Ingenieurleistungen ist, daher wird diese methodisch unterstützt, und zwar durch ein Rollenkonzept (Projektpaten, die als erfahrene Ansprechpartner dem Projekt auf Anfrage zur Verfügung stehen) und die strukturierte Planung des Einsatzes von Modellen und Simulationen.

4. Debriefing/Projektabschluss:

Der dreistufige Projektabschluss (Erfassung, Analyse, Aufbereitung) zum Ende des Projektes bzw. zu relevanten Meilensteinen dient dazu, relevantes neu gewonnenes Wissen für das Unternehmen zu identifizieren und verfügbar zu machen. Daneben wird durch den Projektabschluss in der dargestellten Form ein individueller und kollektiver Lerneffekt bei den Beteiligten erreicht, der zusätzlich zur Sicherung des erworbenen Wissens beiträgt. Dies erfolgt vor dem Hintergrund, dass das Wissen aus abgeschlossenen Projekten ein wesentliches Kapital eines Unternehmens ist.

5. Orientierung:

Auf Unternehmensebene erleichtern die Instrumente „Landkarten", „Bereitstellung"; und „Expertenprofile" die Orientierung. Das verfügbare Unternehmenswissen wird dabei strukturiert erfasst und in geeigneter Form dargestellt. Die Bereitstellung dieses Wissens in Form von Dokumenten, Links, Hinweisen auf Personen oder Institutionen wird unterstützt. Schließlich sorgen interne und externe Expertenvereichnisse dafür, dass das Wissen von Personen zugänglich ist.

6. Verzahnung und Vernetzung:

Der Verzahnung (institutionalisiert) und Vernetzung (nicht institutionalisiert) ist, wegen ihrer großen Bedeutung für Wissenskommunikation und -generierung und des aber gleichzeitig großen damit verbundenen Aufwandes regelmäßig strategisch auszurichten. Diese Ausrichtung wird über eine strukturierte Bestandsaufnahme unterstützt.

Der aktuelle Stand der WM-Forschung und die relevanten Schwerpunkte (KMU, Projekt, Ingenieurdienstleistungen, Wissensentwicklung) wurden einbezogen.

Die notwendige Praxisrelevanz bezieht das Modell aus einer qualitativen Befragung von ca. 100 Architekten und Bauingenieuren sowie aus drei Interviews und zwei Fallstudien. Diese spiegeln wider, dass die Relevanz des Themas allgemein bewusst ist, jedoch bezüglich einer konkreten Umsetzung in Maßnahmen Zurückhaltung herrscht.

Durch die theoretische und empirische Herangehensweise wurde erreicht, dass die für die Bauplanungs- und Beratungspraxis relevanten Stellhebel bestmöglich identifiziert werden konnten und die direkte Verknüpfung mit den Geschäftsprozessen erfolgen konnte, die dem aktuellen WM-Forschungsstand entspricht und maximalen Nutzen bei geringstem Aufwand verspricht.

Es ist zu wünschen, dass das BPWM-Modell dazu beiträgt, den Bezug zwischen der Planungs- und Beratungspraxis und dem Werkzeug zur effizienten Bewirtschaftung der Ressource Wissen herzustellen und als Unterstützung bei der Diagnose, Optimierung und Gestaltung der Wissensmanagement-Prozesse dient.

Zusätzliche Praxisnähe erhält das Modell durch die prototypisch und exemplarisch ausgearbeiteten Hilfsmittel zu einzelnen Bausteinen sowie durch die strukturierte Sammlung von Praxisbeispielen, die sich in der Anlage befinden. Die Möglichkeit des schrittweisen Vorgehens (Baustein für Baustein) und die Skalierbarkeit geben dem Modell darüber hinaus die in der Praxis nötige Flexibilität.

Sie zeigen auch, dass der Umgang mit Wissen schon derzeit ein integraler Bestandteil der Praxis ist. Dessen gezieltere strategische Ausrichtung und praktische Unterstützung ist gerade in einer Phase der Neuorientierung der Baubranche (Internationalisierung, Nachhaltigkeit, Management) von größter Bedeutung.

Ein weiterer Wunsch ist, dass sich die Planungs- und Beratungswirtschaft, insbesondere in den kleinen und mittleren Unternehmen, dieser Instrumente rasch annimmt, denn die Stärkung ihrer Wettbewerbsfähigkeit ist geboten.

Der Nutzen der Anwendung des Modells liegt in einer Stärkung der Wettbewerbsfähigkeit mittelständischer Bauplanungs- und Beratungsunternehmen hinsichtlich der Effizienz ihrer Leistungserbringung sowie ihrer Qualität und Innovation. Die Merkmale Qualität und Innovation wurden als zentrale Merkmale der betrachteten Ingenieurleistungen identifiziert. Ein weiterer Nutzen besteht in der Möglichkeit, die Leistungsfähigkeit eines Unternehmens durch seinen Umgang mit Wissen darzustellen. Beinhaltet die eigene Leistung auch die Auswahl bzw. Unterstützung bei der Auswahl weiterer Projektpartner, so ist es ein geeignetes Instrumentarium zur Identifizierung des geeigneten Partners und notwendiges Werkzeug zur Erbringung der eigenen Leistung.

Dem Modell ist daher größtmögliche Verbreitung und Aufnahme zu wünschen.

Während der Ausarbeitung des BPWM-Modells wurde umfangreicher zusätzlicher Forschungsbedarf identifiziert, und zwar in folgenden Feldern:

• Unternehmensübergreifender Wissensaufbau

Wie im Baustein „Netzwerke" dargestellt, liegen im unternehmensübergreifenden Wissensaustausch nicht nur Potenziale für Wissens-Synergien. Die Netzwerkarbeit ist auch die zentrale vorbereitende Aktivität zur Entwicklung von projektbezogenen und dauerhaften Kooperationen. Die immer weiter zunehmende Tendenz zur Projektausschreibung für Konsortien und Arbeitsgemeinschaften bedingen die Notwendigkeit, Partnersuche, Partnerauswahl und Zusammenarbeit wissensbezogen zu unterstützen. Damit ist auch gemeinsamer Wissensaufbau für zukünftige gemeinsame Bewerbungen eine Notwendigkeit der Praxis, zu der bisher kein ausreichendes Instrumentarium verfügbar ist.

• Standardisierung des Wissensmanagement-Themenfeldes

Ein allgemein anerkanntes und verbreitetes Wissesnsmanagement-Verständnis, gepaart mit verbindlicher Terminologie ist erst im Aufbau. Die Recherchen im Rahmen der vorliegenden Arbeit bestätigen, dass der Mangel an Standards eine Weiterentwicklung behindert. Forschungs-, Gremien- und Verbandsarbeit, die diese Standards diskutiert und weiterentwickelt, ist daher als wichtiger Beitrag zur weiteren Etablierung von Wissensmanagement zu betrachten.

• Ursachen- und Wirkungsforschung bei Maßnahmen des Wissensmanagements

Die Wirkungszusammenhänge bei Wissensmanagement-Maßnahmen sind komplex und bedürfen weiterer vertiefter Untersuchung, um die WM-Maßnahmen noch zielgenauer einsetzen zu können.

• Bewertung der Leistungsfähigkeit von Unternehmen, z. B. im Rahmen von Vergabeprozessen

Inwieweit es über Wissensmanagement möglich ist, die Leistungsfähigkeit von Unternehmen im Rahmen von Vergabeprozessen zu beurteilen, ist eine im Rahmen des Wegfalls der Honorarordnungen aktuelle Fragestellung, die an der TU Graz bearbeitet wird.

- Projektabschluss und Projektauswertung

Im angelsächsischen Raum sind Feedback-Capturing-Lessons ein auch im Baubereich übliches Instrumentarium, das unter anderem in Partnering-Modellen niedergelegt ist. Bezüglich der angemessenen Form, der Auswahl der relevanten Themen und der entsprechenden Aufbereitung konnte auch die vorliegende Arbeit nur im Rahmen des entsprechenden Bausteins eingehen. Eine vertiefte Forschung wäre wünschenswert.

- Unternehmenskultur, Kommunikation, Raum

Die Bereiche der Unternehmenskultur und der Kommunikation sowie die Bedeutung des Raumes für die Entstehung und den Transport von Wissen konnten in dieser Arbeit nur erwähnt werden, bilden aber eigene umfangreiche Forschungsfelder.

- Informations- und Kommunikationstechnologie

Die Informationstechnologie gilt vielfach als Treiber für Wissensmanagement. Da sie andererseits die „am wenigsten begrenzende Größe" ist, wurde sie in dieser Arbeit nicht berücksichtigt, sondern der Schwerpunkt bewusst auf die Prozessunterstützung und die branchen- und tätigkeitsbezogene Anpassung der Instrumente gelegt. Ihre Bedeutung für Wissensmanagement und ihre äußerst dynamische Entwicklung sei dennoch bestätigt.

Die Arbeit schließt mit der Hoffnung, dass die bewusste Erschließung des Potenzials von Wissensmanagement für die neutralen und unabhängigen Planer und Projektsteuerer ein Beitrag zur Wettbewerbsfähigkeit ist, und dass diese Arbeit hierzu einen Beitrag leisten kann.

9 Anlagen

9.1 Projektwissensmanagement-Vorlagen und Checklisten

Zur Überprüfung der Relevanz und Praktikabilität wurden im Rahmen der Arbeit exemplarisch Vorlagen und Checklisten erarbeitet, die auf Anfrage bei der Verfasserin zur Verfügung stehen. (Tab. 9-1)

Tabelle 9-1 Projektwissens-
management-Vorlagen und
Checklisten

Baustein	Instrument	Funktion/Erläuterung
1. Projektvorbereitung	1.1 Projekt-Steckbrief, Basis	Erste Zusammenstellung der Projekt-Fakten, Inhaltsraster
	1.1 Projekt-Steckbrief, erweitert	Erweiterte Zusammenstellung der Projekt-Fakten, Inhaltsraster
	1.2 Projekt-Analyse	Strukturierte Analyse der Projekt-Fakten, Inhaltsraster
	1.3 Projekt-Teamplan	Bearbeitungs- und Team-Konzept, Vorlage
	1.4 Wissensmanagement-Check Projektpartner	Beitrag zur Planerauswahl: Prüfung des Umgangs mit Wissen
2. Übergaben	2. Inhalts-Checkliste Übergabe	Inhaltsraster für vollständige Projektübergaben
3. Lösungsunterstützung	–	Handlungsraster zur Methodenwahl siehe Kap. 6.4.
4. Debriefing	4.2 Inhaltsraster Projektanalyse	Inhaltsraster für die Analyse eines abgeschlossenen Projektes/Leistungsteils
	4. Muster- Agenda Abschluss-Workshop	Beispiel-Agenda zur Vorbereitung eines Abschluss-Workshops
	4.3 Projekterfahrungen	Inhaltsraster für Projekterfahrungen
5. Orientierung auf der Wissensbasis	5.3 Expertenprofil intern/extern	Strukturierte Erfassung von Experten innerhalb und außerhalb des Unternehmens
6. Verzahnung - Vernetzung	6.3 Bestandsaufnahme Netzwerke	Inhaltsraster zur Bestandsaufnahme der Netzwerkarbeit

9.2 Praxisbeispiele für wissensbezogene Bausteine und Instrumente

Im Rahmen der betreuten Masterarbeiten, der Befragungen und Recherchen entstand eine Sammlung von Praxisbeispielen, die nach den Modellbausteinen geordnet ist. (Tab. 9-2)

Baustein	Beispiel	Unternehmen	Funktion/Erläuterung
1. Projektvor-bereitung	Checkliste für Angebotserstellung	Redle Architekten	Projektsteckbrief zur Erfassung von Projekt-daten und Leistungsanforderungen
	Grundsätze zur Teamzusammenstellung	Juhr Architekturbüro Wuppertal	Leitlinien aus dem QM zur Teamzusammen-stellung
	Handwerker- und Planerdaten-bank mit Empfehlungen	www.architekten-service.de	Webbasierte öffentliche personalisierte Expertenprofile
	Scoringmodell zur Auswahl von Projektbeteiligten	-	Raster zur Auswahl von Planern, basierend auf Referenzen und persönlichem Eindruck
	Nutzwertanalyse für VOF-Verfahren	Bayerische Ingenieure-kammer Bau	Auswahlkriterien mit Gewichtung für Planerauswahl
	Online-Bewerbung für Nachun-ternehmer	Klebl Neumarkt	Nachunternehmer-Bewerbungsprofil
2. Übergaben	Workshops zur Bedarfsplanung	Henn München	Visualisierende Methode zur Bedarfspla-nung mit Nutzer- und Bauherrenbeteiligung
	Standardablauf zur Erstellung eines Fassadenkonzeptes	Priedemann Berlin	Strukturiertes Vorgehen mit Varianten
	Projektübergabe in einem aus-führenden Holzbauunternehmen	Finnforest Merk	Strukturierte Übergabe mit impliziten und expliziten Anteilen
3. Lösungsun-terstützung	Planungscoaching-Workshop	Dräger Medical	Strukturiertes Einziehen von Experten

Tabelle 9-2 (Teil 1) Praxis-beispiele für wissensbezogene Bausteine und Instrumente

Baustein	Beispiel	Unternehmen	Funktion/Erläuterung
4. Debriefing/ Projektab- schluss	Projektabschlussbesprechungen im Planungsbüro	Gewerbeplan Regens- burg	Ansätze zur Projektanalyse
	Projektreview im Planungsbüro	Juhr Architekturbüro Wuppertal	Leitlinien aus dem QM zum Projektabschluss
	Wissenssicherung zum Neubau eines Automobilwerks	BMW-Werk Leipzig	Wissenschaftlich begleitete Wissenssiche- rung
	Projektabschlussprotokoll in einem Holzbauunternehmen	Finnforest Merk Aichach	Projektanalyse und -auswertung
	Projektreview	Automotive, Cogneon	Moderierter P.-abschluss
	Lessons-Learned-Workshop	Lufthansa	Teambezogener Abschluss
5. Orientierung	Wissenslandkarte im Studienbe- trieb einer Hochschule	Hochschule Augsburg	Visualisierung von Themenfeldern
	Internetauftritt einer Anwalts- kanzlei	Kaufmann Lutz München	Auflistung der Wissensfelder
	Leistungsbild Projektsteuerung	AHO	Standardisierter und dokumentierter Wissensstand
	Who is who im Studienbetrieb einer Hochschule	Hochschule Augsburg	Expertenprofile im Studienbetrieb
	Nachunternehmer- bzw. Planer- datenbank mit Bewertung	Reitenberger Laugna- Asbach	Nachunternehmer-Bewertungsraster
6. Verzahnung	Kommunikationsaufbauorgani- sation in der Projektvorberei- tungsphase	Preuss Projektma- nagement München	Darstellung der Gremienorganisation in einem Projekt
	Arbeitsgruppen innerhalb eines Unternehmens	Hochtief	Tertiärorganisation im Unternehmen
	Regionales Bau-Kompetenz- zentrum	Kompetenzzentrum Bau Neumarkt	Unternehmensübergreifender Verbund für Wissensentwicklung
	Verbände und Kammern	Berufsverbände	Tradierte unternehmensübergreifende Interessensvertretung
	Partnernetzwerk	Automobilindustrie	Netzwerk als Basis für Kooperation
	Mittagsdiskussion	Ingenieurberatung	Informeller Wissensaustausch

9.3 Fallstudien, Interviews und Fragebögen

Folgende Fallstudien, Interviews und Fragebögen fliessen in die Modellentwicklung ein:

Unternehmen	Art der Untersuchung	Erläuterung
Baureferat der Landeshauptstadt München	Interview mit Fragebogen	Fallbeschreibung
Goldbeck Public Partner, Bielefeld	Interview mit Fragebogen	Fallbeschreibung
Intep Beratungsgesellschaft, München	Fallstudie mit Fragebogen, 12 Mitarbeiter	Auswertung und Optimierungsvorschläge
Patrizia Immobilien AG, Augsburg	Fallstudie mit Fragebogen, 6 Mitarbeiter	Auswertung
Wipflerplan Ingenieurges., Pfaffenhofen	Beratungsprojekt mit Fragebogen, 14 Mitarbeiter	Auswertung und Optimierungsvorschläge

Tabelle 9-3: Liste Fallstudien, Interviews und Fragebögen

10 Verzeichnisse

10.1 Abbildungen

10.2 Tabellen

10.3 Abkürzungen

AHO	Ausschuss der Verbände und Kammern der Ingenieure und Architekten für die Honorarordnung e.V.
AG	Auftraggeber
AP	Arbeitsplatz
ARGE	Arbeitsgemeinschaft
BGF	Brutto-Grundfläche
BKI	Baukosten-Informationszentrum
BPWM	Bau-Projektwissensmanagement
BRI	Brutto-Rauminhalt
DIN	Deutsche Industrie-Norm
DVP	Deutscher Verband der Projektmanager in der Bau- und Immobilienwirtschaft
EDV	Elektronische Datenverarbeitung
EnEV	Energieeinsparverordnung
FM	Facility Management
FMEA	Failure Mode Efficiency Analysis
GAEB	Gemeinsamer Ausschuss Elektronik im Bauwesen
GF	Geschäftsführung
GP	Generalplaner
GU	Generalunternehmer
HOAI	Honorarordnung für Architekten und Ingenieure
IKT	Informations- und Kommunikationstechnologie
i.d.R.	in der Regel
K+F	Kosten und Finanzierung
KM	Knowledge Management
KMU	Kleine und mittlere Unternehmen
LB	Leistungsbereich
LL	Lessons Learned
LLL	Lebenslanges Lernen/Lifelong Learning
LPh	Leistungsphase
LV	Leistungsverzeichnis

M	Mensch
NBP	Nutzerbedarfsprogramm
NF	Nutzfläche
NU	Nachunternehmer
NWA	Nutzwertanalyse
O	Organisation
OIDK	Organisation Information Dokumentation Koordination
PM	Projektmanagement
PPP	Public Private Partnership
PST	Projektstufe
PWM	Projekt-Wissensmanagement
Q+Q	Qualitäten und Quantitäten
QM	Qualitätsmanagement
sog.	so genannt(e)
T	Technik
VOF	Verdingungsordnung für freiberufliche Leistungen
WM	Wissensmanagement

10.4 Literatur

Abel Friedel: Wenn Baukosten aus dem Ruder laufen, in SZ 11.02.05

AHO-Fachkommission Projektsteuerung/ Projektmanagement: Heft 9, Projektmanagement-Leistungen in der Bau- und Immobilienwirtschaft, Bundesanzeiger 2004, ISBN 3-89817-391-7

AHO-Fachkommission Projektsteuerung/ Projektmanagement: Heft 19, Projektmanagement in der Bau- und Immobilienwirtschaft, Bundesanzeiger 2004, ISBN 3-89817-436-0

Albers Olaf: Zukunftswerkstatt und Szenariotechnik, Walhalla-Verlag, ISBN 3-8029-4555-7

Architektenkammer Nordrhein-Westfalen: Interner Unternehmens-Check, Broschüre, 2005

Australian Standard AS 5037 (2005) nach North: Wissensmanagement Down Under, in: Wissensmanagement 01/06, S. 49

Audretsch David; „Es kommt von oben herunter. Wie Schnee", in Brand eins 08/04, S. 46

Bauer H. G., Brater M., Büchele U., Dahlem H., Maurus A., Munz C.: Lernen im Arbeitsalltag, W. Bertelsmann Verlag 2004, ISBN 3-7639-3181-3

Bayerische Ingenieurekammer-Bau: VOF-Vergabeverfahren, Juli 2002

Beccard Andreas: Die integrale Planung der Gebäudehülle, Masterarbeit FH Augsburg 2004

Bennett John, Jayes Sarah: The seven pillars of partnering, Telford London 1998, ISBN 0-7277-2690

Born Volker, Dix Laureen, Zeh Tanja: Alles au seiner Hand, in: Wissensmanagement 08/05, S. 46 ff.

Borner Ralf: Einsatz und Potenziale von Wissensmanagement in Unternehmen der Bauwirtschaft, in: Bauingenieur Bd. 76, Mai 2001, S. 256 – 260

Borner Ralf: Erfolgsorientiertes Wissensmanagement für General- und Totalunternehmen – Prozessmodell, in: Bauingenieur, Bd. 79, Februar 2004, S. 43-49

Borner Ralf: Erfolgsorientiertes Wissensmanagement für General- und Totalunternehmen – Identifikation von Wissensclustern, in: Bauingenieur Bd. 79, Januar 2004, S. 23-31

Borner Ralf: Prozessmodell für projekt- und erfolgsorientiertes Wissensmanagement zur kontinuierlichen Verbesserung in Bauunternehmen, vdf Hochschulverlag AG an der ETH Zürich 2005, ISBN 3 7281 2995 x

Bretschneider Markus, Hummelsheim Stefan: Wissensbilanzierung mit Profil, in: wissensmanagement 08/06

Bundesministerium für Verkehr, Bau und Wohnungswesen: Informationen der Initiative kostengünstig qualitätsbewusst bauen, Januar 2005

Bundesministerium für Wirtschaft und Arbeit: Wissensbilanz – Made in Germany, Leitfaden August 2004, Dokumentation Nr. 536

Bundesministerium für Wirtschaft und Technologie, Wettbewerbsausschreibung „WissensMedia", 2002

Busch Hendrik: Concurrent Engineering, in: Wissensmanagement 01/2006, S. 37

Clark Don: after action review, in: http://www.nwlink.com/~Donclark/leader/leadaar.html, 14.08.2007

Cüppers Andrea: Wissensmanagement in einem Baukonzern, VDI Verlag 2006, ISBN 3-18-320404-5

Deuringer Jürgen: Praxisorientiertes Qualitäts- und Wissensmanagement im Ingenieurbüro anhand ausgewählter Schwerpunkte, Masterarbeit an der HS Augsburg, 2007

Dick Michael: Diskussionsbeitrag DGWF-Jahrestagung 14.09.2006

Diederichs Claus Jürgen (Hrsg.) (2000); DVP-Verlag, Wuppertal, Strategien des Projektmanagements - Teil 4: Wissensmanagement im Baumanagement - Seminar 27.10.2000 in Frankfurt/Main

DIN 69901, nach: Greiner, Mayer, Stark: Baubetriebslehre Projektmanagement, S. 3

DIN EN ISO 9000:2005 Qualitätsmanagementsysteme – Grundlagen und Begriffe

Domler Manuel: Entwicklung von Standards für die Ausschreibung, Vergabe und Abrechnung schlüsselfertiger Leistungen unter Nutzung vorhandener Software, Diplomarbeit HS Augsburg, 2008

Donhauser Bernhard: Projektvorbereitung/ strategische Planung, Skript HS Augsburg, Mai 2003

Doppler Klaus, Lauterburg Christoph: Change Management, Campus 2002, ISBN 3-593-36819-6

Drees & Sommer Leistungskatalog, siehe www.dreso.com, vom 24.10.2007

Drucker Peter: Die Kunst des Managements, Econ 2000, ISBN-13: 9783430122375

Fleischer Jürgen, Stepping Andreas: Reifegrade des Wissensmanagements, WM 05/04, S. 32 ff.

Frank Ulrich, Schönert Silke: Wissensmanagement in Projekten, in Projektmanagement 4/2001, S. 25–33

Friedag Herwig R., Schmidt Walter: Balanced Scorecard, Haufe 2004, ISBN 3-448-06149-2

Fürstenau Bärbel Prof. Dr.: Wissensbewahrung mit Lessons Learned bei Aufbau des BMW-Werks Leipzig, in: Wissensmanagement 8/04, S. 18

Gaede Bernd: Bewertung von Wissensmanagement-Projekten und die Balanced Scorecard, in: wissensmanagement 01/04

Gareis Roland: Der professionelle Projektstart, in Projektmanagement 03/2000, S. 23 ff.

Gillies Constantin: Wenn das Team weit weg ist, Financial Times Deutschland 30.04.04

Gillies Constantin: Den Spezialisten finden per Tastendruck, Financial Times Deutschland 30.04.04

Girmscheid Gerd: Unternehmenserfolg durch Best Practice, in: Diederichs Jubiläumsschrift zur Emeritierung 2006, S. 132 – 141

Goldbeck-Magazin Ausgabe 34 Herbst 2006

Greiner Peter, Mayer Eduard, Stark Karlhans: Baubetriebslehre Projektmanagement, Vieweg 2002, ISBN 3-528-17706-3

Groupware Bau Hochschultag: Groupware-Einsatz für Bauprojekte, DVP-Verlag Wuppertal, ISBN 3-925734-83-x

Grossmann Nadina: Innovative Raum- und Arbeitsplatzkonzepte, Diplomarbeit an der Bauhaus Universität Weimar, Prof. Dr. Nentwig, 04.03.2005

Haas Roman: Konzept zur Erweiterung des Angebotsportfolio eines Ingenieurbüros, Masterarbeit FH Augsburg, 2005

Haddick Carsten: Globales Netzwerkmanagement schafft Mehrwert, in Industriebau 5/03, S. 52

Haeder Kai: Durch Qualifizierung aktiv die Zukunft gestalten, in: Deutsches Architektenblatt 09/2006, S. 62 ff.

Hauß Ilja: Bau-Expert, Vortrag auf der KnowTech 15.10.02

Henn Gunter: Der Raum des Wissens, Vortrag Fraunhofer Institut Arbeitswirtschaft und Organisation, 28.11.2005

Henn Programming: Skriptum, FH Augsburg, 15. Juni 2001

Henning K., Oertel R., Isenhardt I.: Wissen – Innovation – Netzwerke, Springer 2003, ISBN 3-540-00668-0

HOAI Honorarordnung für Architekten und Ingenieure, 22. Auflage 2003

Hochtief-Baubude: Wissenstransfer über Grenzen, März 2006

Hofer-Alfeis Josef: Vortrag Gesellschaft für Wissensmanagement, 24.Mai 2007

Hopfenbeck, Müller, Peisl: Wissensbasiertes Management, Verlag Moderne Industrie 2001, IXBN 3-478-39705-7

Hülsbusch Werner et al.: Führen auf Distanz, in: Wissensmanagement 01/2006, S. 41 f.

Keitel Hans-Peter in: Immobilienzeitung aktuell: 11.05.2006

Jamnitzky Jens: Konzeption eines Dienstleistungszentrums für ein europaweit agierendes Großunternehmen, Masterarbeit FH Augsburg 2005

Jensch Werner: Facility Management und Integrale Planung, Vortrag im Rahmen des Industrie-Fachseminars Energieanalyse und Facility-Management, Schliersee, 29./30. April 1998

Kahlen Hans: integrales Facility Management, in: Schneider Bautabellen 1998, ISBN 3-8041-3478-5

Kanban Consult GmbH: Ohne Standards keine Prozessverbesserung, www.kanbanconsult.de, 22.11.2007

Kerth Norman L.: Post Mortem, mitp-Verlag Bonn 2003, ISBN 3-8266-1348-1

Kluge Jürgen, Stein Wolfram, Licht Thomas, Kloss Michael: Wissen entscheidet, Redline Wirtschaft Überreuther 2003, ISBN 3-8323-0881-4

Kögel Beate, Bilfinger Berger AG: Telefoninterview am 09.05.2006

Krön Elisabeth: Wissensmanagement an der Hochschule? Die „Baumanagement-Wissensbörse" als WM-Maßnahme in einem weiterbildenden Studium, S. 179, in: DGWF Beiträge 45, DGWF e.V. Hamburg 2007, ISBN 978–3-88272-129-4

Krön Elisabeth: Wissensmarktplatz Hochschule, in: Zeitschrift Wissensmanagement 03/06, S. 48

Landeshauptstadt München, Hrsg.: München Stadt des Wissens, 2003, LH München, Referat für Arbeit und Wirtschaft, Herzog-Heinrich-Straße 20, 80336 München

Langen Manfred, Hansen Thorbjorn: Wissensaustausch in Open-Source-Projekten, in: Wissensmanagement 05/04, S. 38 ff.

Lechner Hans: Wissensmanagement im Baumanagement, in: DVP Strategien des Projektmanagements, Teil 4 Wissensmanagement im Baumanagement, DVP-Verlag Wuppertal 2000, ISBN 3-925734-67-8

Lindstaedt Stefanie, Koller Stefan: Eine Wissensinfrastruktur für Projektrisikomanagement – Identifikation und Management von Wissensrisiken, in: Tagungsband KnowTech 2004, ISBN 3-936-771-31-6

Lipp Ulrich, Will Hermann: Das große Workshop-Buch, Beltz Verlag 2001, ISBN 3-407-36375-3

Longmuß Jörg, Mühlfelder Manfred: Projektintegrierte Know-how-Sicherung, in: Projektmanagement 2/2003

Lucko Sandra, Trauner Bettina: Wissensmanagement, Hanser 2002, ISBN 3-446-21729-0

Lutz-Temsch Birgit: Von Frauen und Technik, SZ Nr.38/ 2005, S. 42

Morszeck Thomas: Von der Fachinformation zum Fachwissen in RKW-ibr 12/04, S. 13

Nentwig Bernd: Modellbildung als Mittel zur Planung und Steuerung von Planungsprozessen, S. Roderer Verlag Regensburg, 1996

Nonaka Ikujiro, Takeuchi Hirotaka: Die Organisation des Wissens, Campus Verlag 1997, ISBN 3-593-35643-0

North Klaus: Wissensmanager des Jahres 2002, Vortrag vom 19.11.2004

North Klaus: Wissensorientierte Unternehmensführung, Gabler 2002, ISBN 3-409-33029-1

Ohle Frank: Wissensmanagement in deutschen Unternehmen, ME Unternehmensberatung, Düsseldorf 2003

van Oost John: Know-How-Management in der Immobilienbranche, in: Immobilien Zeitung 01.03.2007

Ortega Carlos: Es kommt wieder Bewegung ins Spiel, in: Wissensmanagement 01/03, S. 50 ff.

Pawellek Irene, Spengler-Rast Christa: Spielregeln für Netzwerke, RKW-Verlag 2004, ISBN 3-89644-220-1

Pawlowsky Peter, Gerlach Lutz, Hauptmann Stefan, Puggel Annett: Wissen als Wettbewerbsvorteil in kleinen und mittelständischen Unternehmen, Fokus Prints 09/06, ISSN 1862-4464

Peipe Sabine, Kerner Martin: Projektberichte, Statusreports, Präsentationen, Haufe 2005, ISBN 3-448-06211-1

Pena William: Problem Seeking, Cahners Books International, 1977

Peschke Barbara: Netzwerke im Bauwesen, Masterarbeit FH Augsburg, 2001

Peters Tom, nach Zillig Ulf: Vortrag Fraunhofer Institut Arbeitswirtschaft und Organisation, 28.11.2005

Plum Diane: Untersuchung des Optimierungspotenzials hinsichtlich der nachhaltig wirtschaftlichen Führung eines Generalplanungsunternehmens, Masterarbeit FH Augsburg, 2007

Preuß Norbert: Skriptum Projektmanagement, FH Augsburg, 2007

Probst Gilbert J.B.: Wissen managen, Gabler 1999, ISBN 3- 409- 39317-x

Rabl Martin: Wissensmanagement in KMU – Chancen und Grenzen, in: wissensmanagement 07/2005

Ramhorst Dirk: Wissensaustausch in/ zwischen Projekten, Vortrag auf der KnowTech 2004, 18.10.2004, München

Rebholz Felix: Praxiserfahrungen zu Kennzahlen im Wissensmanagement, in: wissensmanagement 07/04

Reinhardt Jürgen: Baupartnering – Neue Wege der regionalen Zusammenarbeit aller Baubeteiligten, in: Bauen in Netzwerken

Reinmann-Rothmeier, Mandl: Individuelles Wissensmanagement, Verlag Hans Huber Bern 2000, ISBN 3-456-83425-x

Reinmann-Rothmeier, Mandl, Erlach, Neubauer: Wissensmanagement lernen, Beltz Verlag 2001, ISBN 3-407- 36376-1

Roehl Heiko: Organisationen des Wissens, Klett-Cotta 2002, ISBN 3-608-91036-0

Romhardt Kai: Wissensgemeinschaften, Versus 2002, ISBN 3-03909-001-1

Rüger Marc, Linde Tim: Die Balanced Scorecard als Basis für Anreizsysteme im Wissensmanagement, in: Wissensmanagement 1/2004, S. 14 –18

Sarshar M., Amaratunga D.: Improving project processes: best practice case study, in: construction innovation 2004:4

Schelle Heinz: Projekte zum Erfolg führen, Deutscher Taschenbuch Verlag 1999, ISBN 3-423 058889, S. 11.

Schild Marion: Ideen, die Hochtief weiterbringen, in: Baubude, März 2007

Schindler Martin: Wissensmanagement in der Projektabwicklung, EUL Verlag 2002, ISBN 3-89936- 038-9

Schmidle Christian Michael: Projektbasiertes Prozessmodell für ereignisorientiertes Wissensmanagement in mittleren und größeren Bauunternehmen, vdf Hochschulverlag AG an der ETH Zürich, ISBN 3 7281 2974 7

Schmidle Christian Michael: Prozessmodell für ereignisorientierte Wissensmanagement in Bauunternehmungen, in: Bauingenieur Bd. 78, Juni 2003, S. 284-291

Schmied Jürgen: WM in der Software-Entwicklung, PM 01/2001

Schmid Prof. Arno Sighardt, in: Initiative kostengünstig und qualitätsbewusst bauen, Jan. 05, S. 1

Schnauffer Hans-Georg, Stieler-Lorenz Brigitte, Peters Sibylle: Wissen vernetzen, Springer 2004, ISBN 3-540- 21349-x

Schneck Ottmar: Lexikon der Betriebswirtschaft, dtv 1998, ISBN 3-423-058102

Schneider Ulrich H.: Aus Erfahrung wird man klug, in: Wissensmanagement 02/02, S. 51

Schönberger Carsten: Effiziente und kostengünstige Abwicklung von Bauvorhaben durch gewerkeübegreifende Organisationsstrukturen im Ausbauhandwerk kombiniert mit der Leistung aus einer Hand, in: Initiative kostengünstig qualitätsbewußt bauen, 01/05, S. 10

Scholl W. et al: The future of Knowledge Management, Journal of Knowledge Management 8, 2004

Schütt Peter: Wie das Cynefin-Modell entstand, in: Wissensmanagement 2/2004, S. 14-18

Senge Peter M.: Die fünfte Disziplin, Klett Cotta 1996, ISBN 3-608-91379-3

Seitz Reinhard: Projektmanagement im Gesamtplanungsbüro, Skript FH Augsburg 10/2004

Spandl Frank: QM und WM im Spannungsfeld, in Diederichs: Strategien des Projektmanagements, Teil 4 Wissensmanagement im Baumanagement, DVP-Verlag Wuppertal 2000, ISBN 3-925734-67-8

Stauber Elisabeth: In und aus Projekten lernen, in: Projektmanagement 3/2002, S. 29 ff.

Staiger Mark und Voigt Stefan: Kampf den Wissensinseln, Vortrag 18.10.04 auf der Know-Tech 2004, München

Strohmeier Heinz: Was ist eigentlich Projekterfolg?, in: Projektmanagement 03/2003

UBS outlook: Bauwirtschaft, 15 Thesen zur Stärkung der Wettbewerbsfähigkeit und der Zusammenarbeit in der Bauwirtschaft, Hrsg. UBS AG, Postfach, 8098 Zürich

Vajna Sándor: Produktlebenszyklus-Management, in: Frankfurter Allgemeine Zeitung 27.01.2003, S. 22

Verband der bayerischen Metall- und Elektro-Industrie (Hrsg.): Wissensmanagement für die Praxis

Verdingungsordnung für freiberufliche Leistungen VOF Ausgabe 2006

Verordnung über die Vergabe öffentlicher Aufträge (Vergabeverordnung – VgV), Stand 09.01.2001

Vester Frederic: Die Kunst vernetzt zu denken, DTV 2002, ISBN 3-423-33077-5

VgV Verordnung über die Vergabe öffentlicher Aufträge, Stand 23.10.2006

Vitzthum Dieter: Skript Managementsysteme, FH Augsburg, 29.09.2006

Weber Stefan: Hochtief weitet Dienstleistungen aus, in: Süddeutsche Zeitung 24./25.03.2005

Wiesenbauer Ludwig: Erfolgsfaktor Wissen, Beltz Verlag 2001, ISBN 3-407-36371-0

Wikipedia http://de.wikipedia.org/wiki/Briefing, 21.12.2007, www.wikipedia.de/szenario-technik 23.02.2007

Zillig Ulf: Van Technology Center Stuttgart, Vortrag Fraunhofer Institut Arbeitswirtschaft und Organisation, 28.11.2005

Zimmermann Josef: PPP-Modelle – Chancen für die Bauwirtschaft, auf PPP-Tagung an der TU München, Januar 2006

Zucker Betty, Schmitz Christof: Wissen gewinnt, 2000, ISBN 3-89623-213-4

10 Verzeichnisse

10.5 Index